JN146756

保育所保育指針 準拠

記入に役立つ！

CD-ROM付き

# 1歳児の指導計画

横山洋子 編著

ナツメ社

## はじめに

　指導計画を立てることは、若い保育者には難しいことかもしれません。今、目の前で泣いている子どもにどう対応すればよいのかで精一杯で、「何とか泣きやんで笑顔になってほしい」という願いはもつものの、そのためにはどのような経験がこの子には必要か、そのためにはどのような環境をつくり、どのような援助をしなければならないのか、などということは、なかなか考えられないでしょう。

　それでも、いやおうなしに指導計画を立てるという仕事は付いてまわります。保育は行き当たりばったりではなく、計画的でなければならないからです。計画を立てて環境を準備しなければ、子どもたちが発達に必要な経験を十分に積むことができないからです。そう、計画は大切なのです！

　では、どうすれば適切な計画を立てることができるのでしょうか。苦労に苦労を重ねなくても、「スルスルッと自分のクラスにピッタリの計画が魔法の箱から出てくればいいのに」「自分が担当してる子どもの個人案が、明日の朝、目覚めたら、枕元に置いてあればいいのに」と、誰もが一度や二度は思ったかもしれません。

　その願いにこたえて、本書は生まれました。どのように考えて書けばよいのか、文章はどう書くのか、個人差にはどう対応するのかなど、難しそうなことを簡単

　に説明し、年間指導計画から月案、個人案、週案、日案の実例を数多く載せました。また、それぞれのページに、「保育のヒント」や「記入のコツ」を付けました。さらに、文例集のページがあるので、自分のクラスや担当の子どもにぴったり合う文を選べるようになっています。

　それから、大切にしたのは「子ども主体」の考え方です。これまで、「養護」は保育者の側から書くことになっていました。「養護」は「保育者がするもの」だったからです。けれども本書では、あえて「養護」も子ども主体で書きました。「快適に過ごす」のは子どもであり、子どもは自分の人生を主体的に生きているからです。子どもを「世話をされる存在」としてではなく「自らの生を能動的に生きる存在」としてとらえ、そのような子どもに、私たち保育者がどのように手を差しのべたら、その生を十分に輝かせられるのかと考えることが、これからの保育にふさわしいと確信するからです。また、このような記述により「教育」との統一が図れ、「ねらい」もすっきりと子ども主体で一本化できました。

　本書が、指導計画を立てることに喜びと手ごたえを感じて取り組める一助となることを願っております。

横山洋子

## 2018年実施 3法令改訂

# 未来の創り手を育てる

幼児教育施設として、未来を見据えて子どもの力を育む必要があります。幼児期への学びの連続性を考えていくことが重要です。

● 幼児教育において育みたい資質・能力

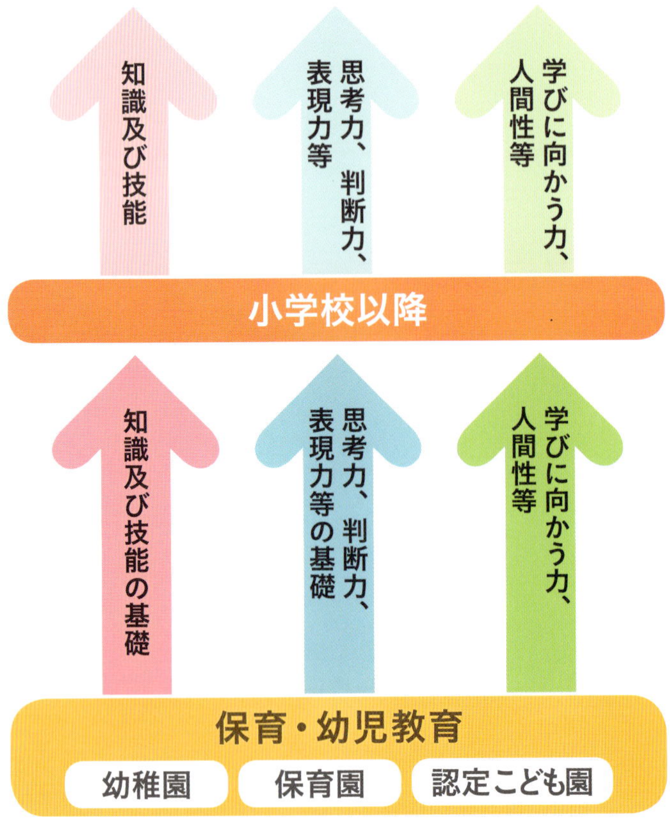

↑ 知識及び技能
↑ 思考力、判断力、表現力等
↑ 学びに向かう力、人間性等

**小学校以降**

↑ 知識及び技能の基礎
↑ 思考力、判断力、表現力等の基礎
↑ 学びに向かう力、人間性等

**保育・幼児教育**
幼稚園　保育園　認定こども園

## 資質・能力の3つの柱とは

今回の改訂で日本の幼児教育施設である幼稚園、保育園、認定こども園のどこに通っていても、同じ質やレベルの保育・幼児教育が受けられるよう整備されました。「資質・能力」の3つの柱は、小学校、中学校、高校での教育を通して伸びていくものです。幼児期には、その基礎を培います。

**1．「知識及び技能の基礎」**
（遊びや生活の中で、豊かな体験を通じて、何を感じたり、何に気付いたり、何が分かったり、何ができるようになったりするのか。）

**2．「思考力、判断力、表現力等の基礎」**
（遊びや生活の中で、気付いたこと、できるようになったことなどを使いながら、どう考えたり、試したり、工夫したり、表現したりするのか。）

**3．「学びに向かう力、人間性等」**
（心情・意欲・態度が育つ中で、いかにより良い生活を営むか。）

先の2つは、何かについて知る、考えると

● **幼児期の終わりまでに育ってほしい姿**

- 健康な心と体（健康）
- 自立心（人間関係）
- 協同性（人間関係）
- 道徳性・規範意識の芽生え（人間関係）
- 社会生活との関わり（人間関係・環境）

- 思考力の芽生え（環境）
- 自然との関わり・生命尊重（環境）
- 数量や図形、標識や文字などへの関心・感覚（環境）
- 言葉による伝え合い（言葉）
- 豊かな感性と表現（表現）

いう知的な力です。あとの1つは、様々なことに意欲をもち、粘り強く取り組み、より高いところを目指して努力する力です。これらの力を園生活の中で育てていくことが求められます。

## 0、1、2歳児で大切なこと

改訂でうたわれた「幼児期の終わりまでに育ってほしい姿」を意識すると、目の前の子どもがそうなっているだろうか、という目で見てしまいがちです。まじめな保育者ほど、早めにレールを敷いて安全にその姿へと思ってしまいます。でも、ちょっと待ってください。

0、1、2歳児は、出口を気にして評価する時期ではありません。今を快適に過ごせるように、そして、今、興味をもっていることへ十分に関われるようにすることが、何よりも大切です。笑顔で生活しているか、目をキラキラさせて環境と出合っているかをしっかり確かめてください。それが、すべての育ちの土台です。すべてはそこからスタートするのだと肝に銘じましょう。

# もくじ

はじめに …………………………………………… 2
2018年実施 3法令改訂 未来の創り手を育てる … 4
本書の使い方 ……………………………………… 8

## 第1章 指導計画の考え方 …………… 9

1歳児の指導計画を立てるには ………… 10
指導計画はなぜ必要なのでしょう？ …… 12
指導計画の項目を理解しよう …………… 18
年間指導計画の考え方 …………………… 22
月案の考え方 ……………………………… 23
個人案の考え方 …………………………… 24
週案・日案の考え方 ……………………… 27
防災・安全計画の考え方 ………………… 28
保健計画の考え方 ………………………… 30
食育計画の考え方 ………………………… 32
子育て支援の指導計画の考え方 ………… 34
指導計画の文章でおさえておきたいこと … 36
1歳児の発達を見てみよう ……………… 38

## 第2章 年間指導計画の立て方 41

年間指導計画 ……………………………… 44
年間指導計画文例 ………………………… 46
こんなときどうする？ 年間指導計画 Q&A …… 48

## 第3章 月案の立て方 …………… 49

4月月案 …………………………………… 52
5月月案 …………………………………… 54
6月月案 …………………………………… 56
7月月案 …………………………………… 58
8月月案 …………………………………… 60
9月月案 …………………………………… 62
10月月案 ………………………………… 64
11月月案 ………………………………… 66
12月月案 ………………………………… 68
1月月案 …………………………………… 70
2月月案 …………………………………… 72
3月月案 …………………………………… 74

4月月案文例 ……………………………… 76
5月月案文例 ……………………………… 78
6月月案文例 ……………………………… 80
7月月案文例 ……………………………… 82
8月月案文例 ……………………………… 84
9月月案文例 ……………………………… 86
10月月案文例 …………………………… 88
11月月案文例 …………………………… 90
12月月案文例 …………………………… 92
1月月案文例 ……………………………… 94
2月月案文例 ……………………………… 96
3月月案文例 ……………………………… 98
こんなときどうする？ 月案 Q&A ……… 100

## 第4章 個人案の立て方 101

4月個人案 ………………………………… 104
5月個人案 ………………………………… 106
6月個人案 ………………………………… 108
7月個人案 ………………………………… 110
8月個人案 ………………………………… 112
9月個人案 ………………………………… 114

　　10月個人案 …………………… 116
　　11月個人案 …………………… 118
　　12月個人案 …………………… 120
　　1月個人案 ……………………… 122
　　2月個人案 ……………………… 124
　　3月個人案 ……………………… 126

　　4月個人案文例 ………………… 128
　　5月個人案文例 ………………… 130
　　6月個人案文例 ………………… 132
　　7月個人案文例 ………………… 134
　　8月個人案文例 ………………… 136
　　9月個人案文例 ………………… 138
　　10月個人案文例 ………………… 140
　　11月個人案文例 ………………… 142
　　12月個人案文例 ………………… 144
　　1月個人案文例 ………………… 146
　　2月個人案文例 ………………… 148
　　3月個人案文例 ………………… 150
　こんなときどうする？　個人案 Q&A …… 152

## 第5章 週案・日案の立て方 …………… 153

　　4月週案　新入園・進級 ………… 156
　　7月週案　水遊び ………………… 158
　　10月週案　運動会 ……………… 160
　　3月週案　進級 …………………… 162
　　4月日案　新入園・進級 ………… 164
　　6月日案　保育参観 ……………… 166
　　10月日案　遠足 ………………… 168
　こんなときどうする？　週案・日案 Q&A …… 170

## 第6章 保育日誌の書き方 ……………… 171

　　4・5月保育日誌 ………………… 174
　　6・7月保育日誌 ………………… 175
　　8・9月保育日誌 ………………… 176
　　10・11月保育日誌 ……………… 177
　　12・1月保育日誌 ……………… 178
　　2・3月保育日誌 ………………… 179
　こんなときどうする？　保育日誌 Q&A …… 180

## 第7章 ニーズ対応 ……………………… 181

　　防災・安全計画① 避難訓練計画 …… 184
　　防災・安全計画② リスクマネジメント計画 …… 186
　　事故防止チェックリスト ………… 187
　　防災・安全 ヒヤリ・ハット記入シート …… 188
　　保健計画 ………………………… 192
　　食育計画① ……………………… 196
　　食育計画② ……………………… 198
　　食育計画③ ……………………… 200
　　子育て支援の指導計画① 在園向け …… 204
　　子育て支援の指導計画② 地域向け …… 206
　　子育て支援の指導計画 事例レポート …… 208
　こんなときどうする？　ニーズ対応 Q&A …… 210

　　CD-ROMの使い方 ……………… 211

# 本書の使い方

## 1 カラーの解説ページで指導計画を理解

本書ではカラーページを使って、「指導計画の必要性」からはじまり、「年間指導計画」「月案」「個人案」「週案・日案」の考え方を説明しています。また「項目の理解」「文章の書き方」など、初めて指導計画を立てる保育者の方にも分かるように、イラストや図を使いながら丁寧に説明しています。

## 2 記入の前に計画のポイントを整理

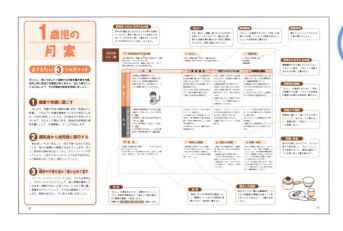

それぞれの指導計画の前には、子どもの姿をどのように見て、それをどのように計画へ反映していけばいいのかを「おさえたいポイント」として解説しています。さらに各項目に記入すべき内容を、分かりやすく説明しています。

## 3 数多くの文例から文章を選べるCD-ROM付きで時間も短縮

「月案」「個人案」「保育日誌」は12か月分、「週案」「日案」は園行事など使う頻度の高い指導計画を紹介しています。「年間指導計画」「月案」「個人案」には、文例集も付けていますので、多くの文例の中から子どもに即した計画が立てられます。CD-ROM付きですのでパソコンでの作業も簡単。データを収録してあるフォルダ名は各ページに表記しています。

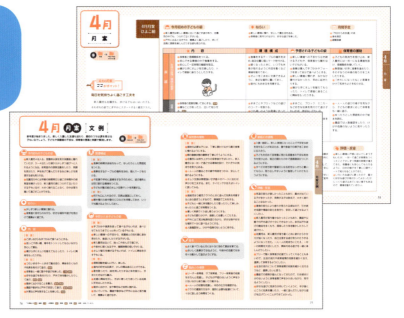

# 第1章

# 指導計画の考え方

ここでは「指導計画」が子どもにとってなぜ必要なのか、各項目にはどのように記入していけばいいのかについてまとめています。

# 1歳児の指導計画を立てるには

昨日できなかったことが今日はできる、というように、目覚ましい成長を見せる子どもたち。いつ次の段階に進んでも慌てないですむよう準備をし、指導計画の中にも入れておきましょう。予想外のことも多いので、あらゆる可能性を想定しておく必要があります。

## 受け止める保育者の存在

　歩けるようになり、両手が使えるようになることで、行動範囲は広がります。でも、振り返ったときには、そこに特定の保育者にいてほしいと子どもは望んでいます。一対一で**応答的に関わってくれる保育者の存在が、子どもを安定させ、安心して探索活動を楽しむことにつながる**からです。

　不安になったときには、いつもそばにいて抱きしめてくれる、困ったときには助けてくれる、いつも自分を受け止めてくれる特定の保育者が、子どもには必要です。情緒的な絆（きずな）が人への信頼感を育んでいくのです。

　片言を言ったり、二語文を話し始めたりと言葉の発達も目覚ましい時期です。子どもの言葉を受け止めて、キャッチボールのように言葉を返すというやり取りが、さらに子どもの言葉を育んでいきます。共に喜んだり笑い合ったりできる保育者、子どもが自分でやろうとする気持ちを尊重し、支えられる保育者でいてください。

## 全身運動を十分に

　まだ歩き方もぎこちなくヨチヨチ歩くという感じですが、カタカタや段ボール箱でつくった玩具を押しながら移動する遊びを、十分に保障しましょう。

　また、坂道を転がったりロープを引っ張ったりなど、**全身を使った遊びが十分にできるよう、環境を整えます**。ボールなど玩具の数も多めに用意し、友達と取り合いをしなくてもすむように、満足できるまで遊べるようにします。

　さらに、いじる、たたく、つまむ、転がすなど、手や指先を使う遊びも用意し、目と手

の協応が徐々にできるように導きます。

　全身を使ってたっぷり遊べると食も進み、午睡も十分に眠ることができるでしょう。メリハリのある暮らしづくりを計画的に進めることが大切です。雨天時にはどのように過ごすかという計画も、常に立てておかなければなりませんね。

## 好奇心から世界を広げる

　様々なものに興味をもち、行動範囲を広げ探索活動を展開する子どもたち。かごの中の物を全部引っ張り出したり、狭い所へ入り込んだり、いろいろな物を触ったりなめたりして、様々なことを知っていきます。

　これらは自分の周りの世界を知っていく大切な行動であり、学習している過程です。**集中力や探究心が育つ基盤**となるのです。禁止したり狭い所に閉じ込めたりしないように、しっかり見守りながら**探索を存分に楽しめる**ようにしましょう。

　また、**何でも自分でしたがる時期**です。主体性を育てるためには、自分で選ぶ、自分でやってみるということを大切にしたいものです。たとえうまくいかなくても、「ここまでできてえらかったね」と十分に認めて、できないところだけを手助けしましょう。

　言葉でまだうまく表現できないので、「ダンゴムシさん、たくさんいたね」など、子どもが注目していたものを言葉で示して共感するといいですね。

　このように、**安心できる環境の中で、自分のやりたいことを存分にする生活が、子どもの世界を広げ、主体性を育てていきます。**

　また、友達がいることにも気付き、じっと見たりまねをしたりして、刺激を受けることも多いでしょう。よい形で友達と出会えるように、保育者が仲介しましょう。

　これらのことを基本方針にしながら、指導計画にはそれぞれの活動について、具体的に記述していくことが望まれます。

# 指導計画はなぜ必要なのでしょう?

## 指導計画とは?

園には、**保育の方針や目標に基づき、保育の内容が発達を踏まえて総合的に展開されるよう作成された「全体的な計画」**があります。これは、子どもや家庭の状況、地域の実態、保育時間などを考慮し、子どもの育ちに関する長期的な見通しをもって適切に作成されなければなりません。

また、その「全体的な計画」に基づき、**具体的な保育が適切に展開されるよう、子どもの生活や発達を見通した「長期的な指導計画」**と、**より具体的な子どもの日々の生活に即した「短期的な指導計画」**を作成することも必要です。さらに、保健計画や食育計画なども、各園が創意工夫して保育できるようにつくることになっています。

長期指導計画(年・期・月)は、年齢ごとに一つつくります。同じ年齢のクラスが複数ある場合は、担任たちが集まって共同で作成します。

短期指導計画(週・日)は、同じ年齢のクラスが複数あれば、それぞれのクラスごとに作成します。クラス担任が1クラスに複数いる場合は、相談してつくります。

大切なのは、計画の出来ばえではありません。どんな「ねらい」がふさわしいか、その「ねらい」に近付くためには、どのような「内容」を設定するか、その「内容」を子どもたちが経験するためには、どのような環境を構成すればよいのか、もし子どもが嫌がったら、どのような言葉でどのように対応すればよいのかということを、悩みながら考え、書いては消すという作業をくり返す過程にこそ、計画を立てる意味があるのです。

経験年数の少ない保育者は、この指導計画作成の過程で、先輩保育者の「ねらい」の立て方や援助の仕方を知り、どのように文章に表現していくかを学ぶことができます。

ですから、急いでさっさとつくってしまおうという取り組み方ではなく、目の前の子どもの姿をしっかりと見つめ、次にどのように援助をするこ

### 全体的な計画からの流れ

**全体的な計画**
各園の方針や目標に基づき作成する大本の計画。入所する子どもすべてを対象としたもの。

**長期指導計画(年・期・月)**
「全体的な計画」を実現するために立案する年・期・月を単位とした指導計画。年齢ごとに一つ作成する。

**短期指導計画(週・日)**
「全体的な計画」を実現するために立案する週・日を単位とした指導計画。クラスごとに作成する。

他に、**保健計画、食育計画等も作成する。**

保育園では厚生労働省の「保育所保育指針」を基にすべての計画がつくられます。年間計画や月案など何種類もの計画がありますが、なぜこれらは必要なのでしょうか。ここでは、それらの必要性について、もう一度考えてみます。計画のない保育はあり得ないことが理解できるでしょう。

とが、この子たちの成長につながるのかをよく考えることが望まれます。

3歳未満児については、**個別の指導計画**も作成することが義務付けられています。3歳以上児については、作成するのが望ましいとされています。

他にも、食育や保健計画など、テーマごとに作成されるものもあります。

## 「養護」と「教育」の一体化

「養護」とは、子どもの「生命の保持」および「情緒の安定」のために保育者等が行う援助や関わりです。**「生命の保持」「情緒の安定」**が「ねらい」となっています。「教育」とは、子どもが健やかに成長し、その活動がより豊かに展開されるために行う援助です。「ねらい」は、1歳以上児においては**「健康」「人間関係」「環境」「言葉」「表現」**の5領域から構成されています。

1歳以上3歳未満児は、発達の連続性を考え、乳児の3つの視点を継続したり3歳以上児の5領域に踏み込んだりなど、柔軟に対応する必要があります。また、目の前の子どもが今していること、今育っていることが、3つの視点や5領域のどの部分であるかを分類することに苦心する必要はありません。**「養護」と「教育」を一体化した**ものとしてとらえ、相互に関連をもたせながら、「ねらい」や「内容」を考えていけばよいのです。

● 「養護」と「教育」の関わり

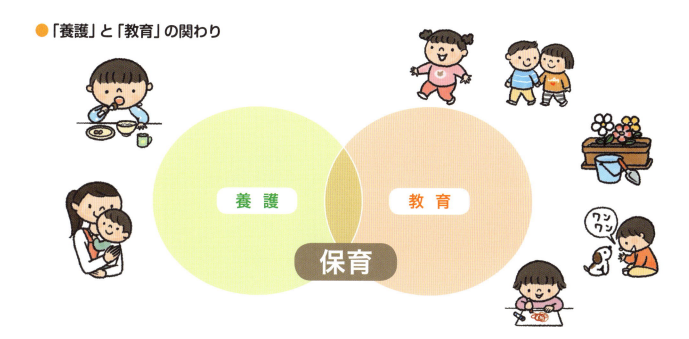

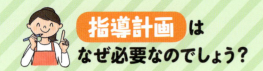

## 指導計画はなぜ必要なのでしょう？

### 乳児保育の視点

　乳児の保育は下の図に示したように、**養護をベースにして3つの視点で育ちを見ていきます**。計画的に何かをさせようとするよりも、子どもにとって心地よい環境をつくることを心がけたいものです。子どもが動いたり、声を出したりしたときに、すぐに温かく受容的に関わることができれば十分です。下の図では、便宜的に3つの視点を当てはめていますが、カチッと切り分けられるものではありません。1歳児以降の5領域の「ねらい」と「内容」につながっていくのだという意識ももてればよいでしょう。

### 1歳以上3歳未満児の保育

　ここでの1歳以上や3歳未満児は、厳密な暦年齢のことを示しているのではありません。早産の子もいれば、予定日に生まれない子もいます。発達の速度も一人一人違います。ですから、「おおよそ〇歳になったら」ととらえましょう。大事なのは、一人一人の子どもの発達の連続性を丁寧にとらえていくことです。**0歳児の「ねらい」と「内容」が大体クリアできたなと感じた頃に、5領域の視点で見ていけるとよいでしょう。**

　歩けるようになると、環境との関わりが飛躍的に増えます。安全に配慮しながら、様々な物との

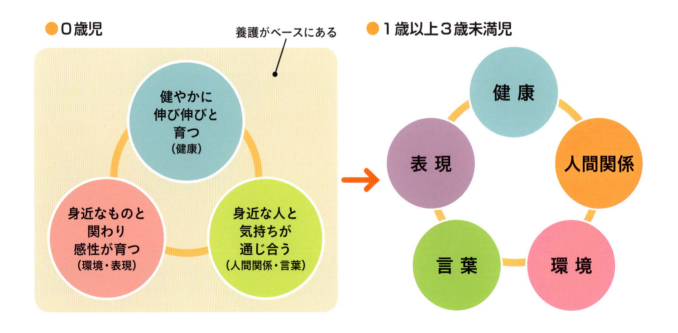

出合いを演出したいものです。同じようなおもちゃばかりでなく、感触の違う物、形が変わる物、自然物など、「何だろう？」「知りたいな」「もっとやってみよう」を引き出す物的環境の準備が必要になります。季節や自然の変化、地域の行事とも考え合わせながら、わくわくする保育を計画していきましょう。

## 非認知能力を育てる

　非認知能力というのは、認知能力ではないということ。認知能力とは、記憶ができる、知識を正確に理解する、読み書きができるという、いわゆる学力に相当する力です。これは、テストなどで目に見えやすい能力です。

　対して、**非認知能力は目に見えにくいものを指します。具体的には、好奇心が豊か、失敗してもくじけない、集中力がある、我慢できる、自己肯定感がある、友達と協力して取り組む**、などです。このように測ることが難しいけれど生きていくために必要な力を乳幼児期にしっかり育てなければなりません。それがどうすれば育つのかを考え、計画を立てることが求められています。

　受容的で応答的な対応はもちろんのこと、やりたいことが存分にできる環境が大きな支えとなるでしょう。どんな子どもに育つかは、指導計画に関わっているのです。

# 指導計画はなぜ必要なのでしょう?

## 「保育士等の自己評価」とは?

「自己評価」とは、保育者が自分で立てた指導計画に沿って保育をした結果、**子どものどこが育ったのか、それにはどのような援助があったのかを振り返って洗い出してみること**です。よい姿が現れた場合は、援助が適切であったと評価できます。一方、援助が空振りに終わっている場合は、不適切だったと考えられます。

それらの評価を踏まえ、次の指導計画を立案する際に生かしていきます。

PDCAサイクルを確立しましょう。記録を書きながら反省することは、Check（評価）です。「次には、こうしたい」と新たな援助を考えられたら、すでにAction（改善）です。「あの遊具の置き方はよくなかった。他の遊びとの間にもっとスペースをとろう」と遊具を2m移動させるのも、Action（改善）です。さあ、次のPlan（計画）を立てましょう。今日を踏まえ、今週を踏まえ、今月を踏まえ、次からの子どもたちの「もっといい生活」のために、環境も援助も考え直すのです。そして、Do（実践）！ 何と楽しい営みでしょう。目の前の子どもたちにぴったり合う保育は、このようにして創られるのです。

### ☆記録を通して

一日、一週間、一か月などの計画に対応して、子どもの姿を思い浮かべ、そこで見られた成長や、これからしなければならないと気付いた援助などを具体的に記述します。保育者は一瞬一瞬、よかれと思う方向へ判断を下しながら保育していますが、そのすべてが最善であるとは限りません。「あのとき、別な判断をしていれば」と反省することもあるでしょう。そのようなことも、しっかり書き込み、**「次にそのような場面と出会った際には、このように援助したい」と明記しておくこと**で、援助の幅を広げられるのです。

● PDCAサイクル

### ☆保育カンファレンスを通して

　気になる子どもへの援助や、保護者への対応など、クラス担任だけでは行き詰まってしまうことがあります。定期的に、あるいは必要に応じて、**問題や課題に関係する職員が集まって話し合うことが大切**です。

　期や年の評価の際は、同じ年齢を担当する保育者が全員で、計画したことが十分に行えたか、子どもの育ちが保障されたか、援助は適切だったかなどについて、一人一人が具体的に意見を述べ、評価につなげていく必要があります。

### 「保育所の自己評価」とは？

　保育園は、保育の質の向上を図るため、保育内容などについて自ら評価を行い、その結果を公表するよう努めなければなりません。その地域の人々から期待された保育ニーズを果たしているのか、保育者等の自己評価などで挙がった課題を把握し、期あるいは単年度から数年度の間で実現可能な計画の中で進めるようにしているかなどを、評価する必要があります。

　**施設長のリーダーシップの下に、第三者評価などの外部評価も入れるなど、保育の質を高めるとともに、職員一人一人の意欲の向上**につながるようにしなければなりません。

　保育園の自己評価は、なるべく園だよりやホームページなどを利用して、保護者や地域の人々に公開します。そうした行為が、人々との対話や協力関係づくりに役立つでしょう。地域の力を借りながら、地域に愛される園になることが、お互いの生活を豊かにしていくことにつながります。

# 指導計画の項目を理解しよう

計画表には様々な項目が並んでいます。それぞれの欄に何を書けばいいのか正しく理解していますか？ここでは各項目に何を書くのかをイラスト付きで分かりやすく説明します。

指導計画を書くには、一つ一つの項目を理解し、何のためにそれを書いているのかを意識しなくてはなりません。どこにでも同じようなことを書いていては、意味がありません。

**指導計画の項目は、目の前の子どもの姿をしっかりとらえることから始まります。**医師が患者さんの治療方針を立てるときに、まず現在の症状を正しく理解し、それから治すための薬や治療の方法を選んでいく過程と同じです。私たちも目の前の子どもの現在の育ちを読み取り、今月はこのような「ねらい」を立てよう、と決めていくわけです。それぞれの項目は保育者の考えに沿ってビーズを糸に通し一本に流れていくように組み立てられています。月ごとに一つのストーリーを予測しながら記しましょう。

## ●月案の場合

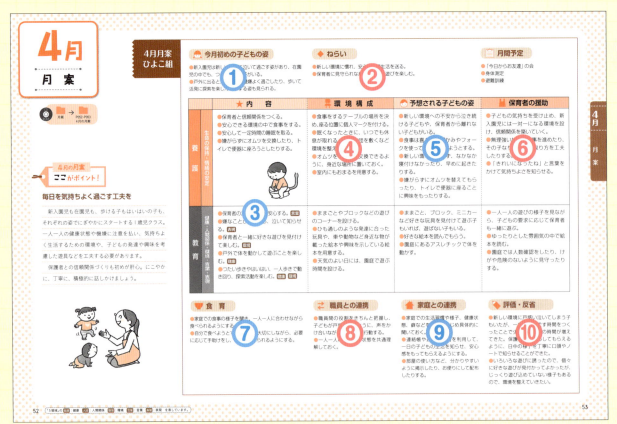

## ① 前月末（今月初め）の子どもの姿には何を記入する？

### 現在の子どもの様子を知る

していたことを羅列するのではありません。子どもがどこまで育っているのかが分かる姿を事実として書きます。また、子どもが何に興味をもち、何を喜んでいるのかをとらえます。どのようなときにどのような行動をとるかも書くとよいでしょう。「ねらい」を立てるに当たり、その根拠となる姿であるべきです。
※4月は「今月初めの子どもの姿」となります。

**📝 例文**
年上の子どもたちの運動遊びを見て、まねをする。

## ② ねらいには何を記入する？

### 子どもの中に育つもの・育てたいもの

「ねらい」には、保育者が子どもの中に育つもの・育てたいものを子どもを主語にして記します。「前月末の子どもの姿」や「期のねらい」を踏まえて導き出します。こういう姿が見られるといいな、という保育者の願いをいくつか書いてみると、「ねらい」にしたくなる文が出てくるでしょう。

**📝 例文**
保育者と遊びながら、友達や年上の子にも興味を示し関わりを楽しむ。

## ③ 内容には何を記入する？

### 「ねらい」を達成するために経験させたいこと

「ねらい」を立てたなら、どうすればその「ねらい」を子どもが達成することができるかを考えます。具体的に日々の生活でこのような経験をさせたい、ということを挙げます。

 **生活と遊びの両面でとらえる**

「養護」と「教育」の項目で、それぞれ「内容」、「環境構成」、「予想される子どもの姿」、「保育者の援助」を考えます。低年齢ほど、「養護」と「教育」にきちんと線引きすることは難しいものです。総合的に考え、近いと思われる方に書いておけばよいでしょう。

**📝 例文**
養護／他児のまねをして、おまるや便座に座ろうとする。
教育／歌や曲を聞いて、音やリズムを体で表現して楽しむ。

## ④ 環境構成には何を記入する？

### やりたくなるような環境を準備する

「内容」に挙げたことを、子どもが経験できるよう環境を整えます。主体的に行動できるような物的環境や時間・空間的な雰囲気などを書き、人的環境は「保育者の援助」の項目で書きます。

📝 例文

養護／座ってズボンの脱ぎはきができるよう、ベンチを置く。
教育／子どもが知っているアップテンポな曲を、2〜3曲用意する。

## ⑤ 予想される子どもの姿には何を記入する？

### 「子どもたちは、どう動くかな」と考える

環境設定したところへ子どもが来た際、どのような動きをするかを予測します。喜んで入る子やためらう子もいるでしょう。「万一こうなったら」と想定して書くと、心の準備ができます。

📝 例文

養護／尿意を知らせておまるに座るが、出ないこともある。
教育／曲に合わせて足踏みすることや拍手することを楽しむ。

## ⑥ 保育者の援助には何を記入する？

### 子どもたちに何に配慮して関わるか

子どもが「ねらい」を達成するように、「内容」で挙げた事柄がより経験できるための援助を考えます。予想される負の姿への対策など様々な想定をしておくと援助の幅が広がります。

📝 例文

養護／尿意を知らせることができたこと、おまるに座れたことを認め、「また知らせてね」と温かく伝える。
教育／友達の動きを見ている子には、「楽しそうだね」とそばに付いて声をかけ、背中を指でトントンと曲のリズムを伝える。

## ⑦ 食育には何を記入する？

### 食に関わる援助を書く

食に対する取り組みは、今後の食習慣を形成していくために重要です。つかみ食べ、フォークの使用などを発達に応じて促し、食は楽しいと感じられる援助を挙げます。

**✏️例文**
自分で食べようとする気持ちを大切にしながら、必要に応じて手助けをし、楽しく食べられるようにする。

## ⑧ 職員との連携には何を記入する？

### 今月、特に留意する連携について書く

保育はチームプレーです。他の職員との情報交換や引き継ぎなど、円滑に保育が進むよう配慮します。通年で心がけることではなく、今月、特に留意する事柄について書きます。

**✏️例文**
登る・降りる・跳び下りるなど、体全体を使って遊ぶ際は、必ずそばに付いてやり方を知らせながら見守る。

## ⑨ 家庭との連携には何を記入する？

### 保護者と共に子育てをするために

保護者との情報交換や、親子での活動などを積極的に行うために伝えておきたいこと、用意してほしい物などを記載します。

**✏️例文**
汗をかいて着替えの回数が増えるので、衣服の補充をお願いする。

## ⑩ 評価・反省には何を記入する？

### 一か月の子どもの育ちと保育を振り返ろう

月案に基づいて保育し、子どもの育ちを感じたところ、変更した点やハプニングなどもあったでしょう。それらを記して、改善策を考え来月の保育で心がけたいことを書きます。

**✏️例文**
戸外で遊ぶようになり、転ぶことも増えている。職員同士で声をかけ合い、危険がないよう心がけたい。

# 年間指導計画の考え方

「年間指導計画」は園で作成している「全体的な計画」に基づき、目の前の子どもたちの成長を踏まえて一年間の計画をつくります。各年齢で一つ作成します。

## 「全体的な計画」を軸に考える

年間指導計画は、その年齢の発達を踏まえ、一年間の育ちを見通して、「子どもの姿」と「ねらい」「内容」などを記載します。同じ年齢が複数クラスあっても、担当する保育者全員で話し合い、各年齢で一つ立案します。

本書では、一年を4期に分けています。4〜6月を1期、7〜9月を2期、10〜12月を3期、1〜3月を4期とし、それぞれの期にふさわしい「ねらい」「内容」を挙げます。

## 「子どもの姿」から計画を立てる

「ねらい」を立てるには、まず目の前の子どもがどのような姿なのかを把握することから始まります。そのような子どもたちに、**一年後にはどのような姿に育っていることを期待するのかを明確**にし、期ごとにその過程となる「期のねらい」を挙げていきます。そして、その「期のねらい」の姿に近づくためには、どのような環境を構成し、どのような援助を心がけることが大切かを書いていきます。

## 「内容」のとらえ方

「ねらい」を実現するために「経験する必要があること・経験させたいこと」が「内容」です。

本来、「ねらい」も乳児（0歳児）は3つの視点に、1歳以上3歳未満児は5領域に対応しているはずです。でも、3歳未満児の場合は、あまり項目にこだわりすぎると全体としての育ちをとらえにくいことがあります。2、3の領域にまたがる「ねらい」もあるからです。

本書では、「ねらい」は大まかに挙げ、「内容」を3つの視点や5領域の目で見ています。その要素が入っているなと意識できれば十分なのです。

● 年間指導計画の流れ

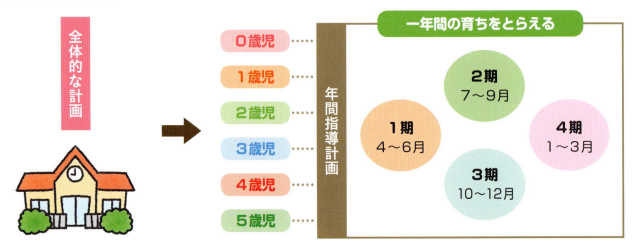

# 月案の考え方

「年間指導計画」を基に、クラスごとに月単位で立案します。前月末の子どもの姿をとらえながら、今月のねらいを立て、一か月の保育の展開を考えていきます。

## そのクラスならではの月案を

月案は、年間指導計画を基にクラスごとに月単位で立案する指導計画です。クラスの実情に応じて作成するものですから、同じ園の同年齢クラスと違いがあっても当然です。

クラスにいる子どもの一人一人の特徴やクラスの雰囲気なども考慮に入れ、クラスに応じた月案を作成することが望まれます。

## クラスの担任が全員で

月案の作成に当たっては、担任の全員が話し合って、共通理解の下で立案することが重要です。その月の柱となるわけですから、中身を理解しないで保育することは不可能です。同じ方針の下、同じ援助の仕方で子どもに対応しなければ、子どもたちが混乱してしまうでしょう。ですから、**立案の際には前月の気付きを全員が出し合い、情報を共有して、最善の計画を作成するというチームワークが大切**になります。

## 「予想される子どもの姿」のとらえ方

本書では、まず「前月末の子どもの姿」を最初に挙げ、「ねらい」と「内容」を考えています。そして、その「内容」が経験できるように、「環境構成」を考えて設定します。次に、そのような環境の中で、子どもたちはどのように動き、どのような姿を見せるだろうかと予想します。同じ環境にあっても喜ぶ子もいれば、不安を示す子もいるからです。そして、そのような様々な姿を表す子どもたちに対して、どのように援助するかを記載しています。

このように**流れで保育を考えることによって、保育者はより鮮明に子どもの動きがイメージでき、その際に必要な援助を考えやすくなる**のです。

● 月案の流れ

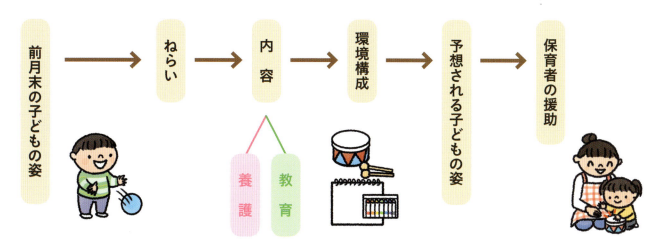

前月末の子どもの姿 → ねらい → 内容（養護・教育）→ 環境構成 → 予想される子どもの姿 → 保育者の援助

# 個人案の考え方

発達の個人差が大きい0～2歳児には、個別に「個人案」を作成することが求められています。一人一人の子どもが主体性をもって活動できる計画にしていきます。

## 個人の発達段階を見極める

0～2歳児においては、心身の発達が著しく、発達の個人差も大きいので、**個別の指導計画を作成**する必要があります。一般的には、「前月末の子どもの姿」を基に、翌月の指導計画を個別に作成することが多いでしょう。子どもの個性や特徴をとらえ、その子にとって最もよい環境や援助を考え、具体的に記します。クラスの月案も考慮に入れますが、「内容」を設定する際は、その子の発達段階を最優先するので、月案と多少違っていてもよいのです。

## 家庭生活との連続性を大切に

個人案を作成するには、**保護者との話し合いが不可欠**です。母子手帳などで生育歴を確認しながら、その子の癖や好きな物、入眠する際の手順などを詳しく聞き、できるだけ家庭と同じやり方で子どもが安心できるようにするためです。また、保護者の要望も聞きながら、できる範囲でこたえるようにします。

## 個人案は、その子への愛の証

子ども一人一人が大切にされ、その子らしい成長が遂げられるよう、保育者は最大限の努力をして保育をしています。**個人案は、保育者がその子をどのようにとらえ、どのような姿に育つことを願っているかを具体的に記すものです**。「不安そうにしているから何とか安心して笑顔を見せてほしい」「トイレの排泄で成功して自信をもたせたい」など、保育者は少し先の成長を見越して、そのような姿に近付くための援助を行っています。その取り組みを、そのまま個人案に書くのです。また、歩けるようになる喜び、言葉が増えていく喜びを知らせ、そのための適切な援助について書き、その結果をも記していくのです。

● 個人案のとらえ方

個性

個人の発達

**保育者の個の理解**
・その子の発達段階を読み取る
・その子の気持ちを読み取る
・その子に必要な経験は何か考える

その子に合った援助
育ち
環境構成
家庭との連携
個人案

## 配慮を要する子の個人案

# 発達が気になる子ども

### 援助に戸惑わないように

　成長の過程で、目が合わなかったり、落ち着きがなかったりすることから、障害があることが分かる場合があります。０〜２歳児では障害に関係なく、すべての子どもについて個人案を作成しますが、３歳児以上でも、**特別に配慮を要する場合には、個人案を作成することが望まれます**。障害の有無や程度にかかわらず、一人一人の育ちを保障する保育の基本は、他の子どもたちと変わりはありません。けれども、延長保育に移る際や新規の保育者が入った場合に、その子に対する援助の仕方で戸惑わないように、３歳児以上でも個人案があった方がよいのです。

### チーム態勢での支援

　障害のある子どもや障害の疑いがある子どもの個人案を作成するに当たっては、**クラスの担任だけでなく、保育園の管理者、保護者、さらに地域の専門家にも入ってもらい、チームで取り組むとよいでしょう**。保護者がそれを望まない場合もありますが、子どもが抱える困難さと、これからの生活のしやすさを考え、できるだけ同意を得られるようにします。家庭でも、子どもへの対応に困る場合があるので、個人案の内容を保護者も利用できるようにするとよいでしょう。

### 「子どもの姿」を記録する

　その子はどのような際にどのように行動するのか、何が好きで何が嫌いなのか、ということを生活の中から読み取り、子どもが安心できる環境をつくることが重要です。そのためには、**行動をよく見て記録する必要**があります。この援助ではうまくいかなかったが別の援助では納得した、などということも書き留めておくと立案に役立ちます。

●発達が気になる子どものとらえ方

職員のチーム態勢

保護者の要望

計画

記録の共有化

安心できる環境づくり　援助

配慮を要する子の個人案

# 友達に手を出す子ども

### 安全を守る

　発達に遅れはなくても、配慮を要する子はいろいろな場合があるでしょう。3歳児以上では個人案を作成する義務はありませんが、立案しておく方が指導しやすくなります。

　特に配慮したいのは、人にけがをさせる危険のある子どもです。かみついたりひっかいたり、目に指を入れたり、後ろから急に引っ張ったりという行為で、相手に重大な被害が及んでしまうこともあります。そのような園内の事故を防ぐためにも、**その子がそのような行為をしなくてもすむように、安全で快適に過ごすための個人案が必要になります。**

### 行動の背景を考える

　なぜ、その子が友達に攻撃をしてしまうのか、自分を守るためなのか、その子に興味があるだけなのか、思いが伝わらないからなのかなど、共に生活しながら、その子の思いを受け止めつつ、そのような行動をとってしまう背景を考えます。

　どのようなときに不機嫌になるのか、誰の近くに行くと行動が起きるのか、**記録しながらその子と関わり、手を出さなくても安心して生活できるようにしていきます。**そのやり方を詳しく個人案に記しておくことで、他の保育者がその子と関わる際も、一貫した対応ができるわけです。

### 望ましい行動を知らせる

　「危険がないように止めること」ばかりにとらわれず、その子のやりたいことが存分にできるように、**その子のよい面が他の子に認知されるように働きかける必要もあります。**「〜したかったんだね」と抱きかかえ、相手の子から離します。「こっちでできるよ」と安心できる場に移し、落ち着けましょう。

●友達に手を出す子のとらえ方

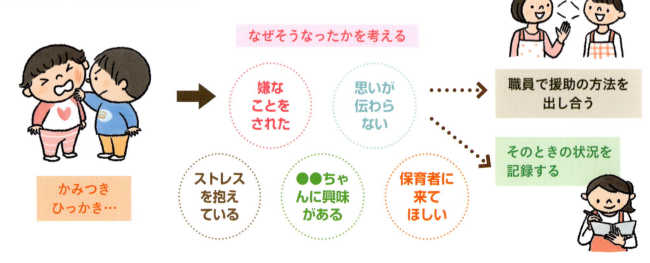

# 週案・日案の考え方

「月案」を基に週ごとにつくるのが「週案」、一日単位でつくるのが「日案」です。成長が著しい年齢ですから、計画ばかりにとらわれずに柔軟な対応も必要です。

### 「環境構成」などを具体的に示す

週案とは、月案を基に週の単位で作成した指導計画です。「最近の子どもの姿」をまず把握し、「今週のねらい」を立てます。そして、それに近付く「内容」、「環境構成」、「保育者の援助」を書きます。クラスに一つ作成します。

週案の下半分を一週間分の保育日誌として活用している園もありますし、一週間の予定を日ごとに書いている園もあります。

園内の保育者同士で相談し、負担なく書けて役に立つスタイルを、独自に編み出していくとよいでしょう。週の「評価・反省」は、次週の「ねらい」の基となるので、具体的に書いておくことが望まれます。

### 登園から降園までの流れをつくる

日案とは、月案や週案を基に作成する一日分の指導計画で、クラスごとに作成します。「予想される子どもの生活」では、登園から降園まで子どもたちがどのように一日を過ごすのかを記します。室内遊びではどのような遊びが予想されるのか、外遊びではどうかを考え、環境設定しなければならないことや用意しなければならない遊具を決定していきます。

一日のうちの部分案であることもありますが、どちらも子どもの動きを予想し、必要な援助を具体的に考えて記さなければなりません。時刻を書いたからといってその通りに子どもを動かすのではなく、あくまでも子どもの育ちや気持ちを優先します。

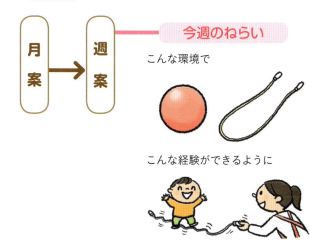

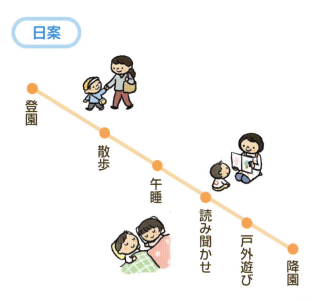

ニーズ対応

# 防災・安全計画の考え方

園ごとに、火災や地震などの災害の発生に備え、緊急時の対応の具体的なマニュアルを作成しておきましょう。そして、子どもの命を守る安全対策を様々な角度から考えます。

## 避難の仕方を明確にする

　地震や豪雨による土砂災害などは、いつ起きるのか分かりません。万一の場合に備えて、園の近辺で大きな災害が起こることを想定した備えや安全対策を考える必要があります。

　まず、**どのような災害の危険があるか、洗い出しましょう**。異常な自然現象のほか、人為的原因によって受ける被害も含まれます。毎月、**避難訓練を実施する際、どのような想定でするかを吟味し、年間計画を立てておくことが望まれます**。同じように非常ベルが鳴ったとしても、保育者の指示により、いくつもの避難の仕方のうちの一つを迅速にとれるようにしておかなければならないのです。

　必要以上に怖がらせる必要はありませんが、「大切な〇〇ちゃんの命を守るために、ちゃんと逃げる練習をしておこうね」と、子どもにも分かる言葉で伝えましょう。物のように子どもを運ぶのではなく、子どもが自分の意志で危険から身を守れるようになる方向で働きかけるのです。避難した後は「上手に逃げられたね」と良い点を認め、自信がもてるようにしたいものです。

## ヒヤリ・ハットを今後に生かす

　どんなに安全な環境づくりを心がけていたとしても、保育中にヒヤリ・ハットすることはあるものです。それを大事に至らなかったからと、「なかったこと」にするのではなく、「一歩間違えたら危険に陥る出来事」として丁寧に記録する習慣をつけましょう。書いたことで非難される雰囲気をつくってはいけません。「あなたが不注意だったからでしょ」で済ますことも厳禁です。情報をオープンにして共有することで、危険を防ぐ対策がとれるのです。二重三重の対策を考え、子どもの安全を守っていきましょう。

### 園の安全対策

緊急時の行動手順、職員の役割分担、避難訓練計画等に関するマニュアルを作成したか。

### ハザードマップで地域を知る

自治体が発表している、ハザードマップを見て、自分の園に必要な防災対策をしているか。

### 避難場所の確認

火災時、地震時、津波時など、場面に応じた避難場所を設定し、職員間、保護者へも周知しているか。

### 避難訓練

緊急の放送や保育者の声かけに対して、何のための訓練か、どう行動すべきか、子どもに伝えているか。

## 園の防災チェック

実際に火災や地震が起きたときに、安全に慌てず対処できるよう、日ごろから準備や訓練が必要です。

### 保護者との連携

災害発生時の連絡方法、および子どもの引き渡しを円滑に行えるよう確認しているか。

### 非常用品

薬品や絆創膏、タオル、クラス名簿や連絡先等の非常持ち出し用リュックは点検日を決めて確認しているか。

### 防災教育

子どもへ避難する大切さを伝え、頭を守るダンゴムシのポーズや防災頭巾のかぶり方などを知らせているか。

### 協力体制

地域（町内会、近隣の小・中学校、集合住宅等）や警察、消防の力を借りられるよう連携しているか。

# ニーズ対応
# 保健計画の考え方

子どもたちの健康を支援するために、保健指導や各種検診など発達の著しい乳幼児期を看護師・家庭等と連携し、年間を通しての取り組みを計画しましょう。

## 季節に応じた活動を

心身が健全に成長しているか、毎月の身体測定の他にも、各種の検診が予定されていることでしょう。同じ時期に重なり、子どもに負担をかけないよう、バランスに配慮しましょう。また、水遊びが始まる時期や蚊に刺されやすくなる時期、風邪が流行する時期など、**季節に応じて必要なことを適切に計画する必要**があります。

**園だけで行えないことは、家庭にも知らせ、同じ方針で子どものケアをしてもらえるようにしましょ**う。第一子などの場合、保護者が異常に気付かないことも多いもの。また、気付いてもどう対応すればよいのか分からないということもよくあります。"困ったことなどは何でも相談してください"のスタンスで、子どものために一番よい対応を、園と保護者で力を合わせて行います。

## 発達に応じて対応する

うがいをする、鼻をかむ、歯みがきをするなど、はじめはなかなかうまくいきませんが、少しずつ慣れさせやり方を教えます。発達するにつれて自分でできるようになりますから、援助の手を少しずつ引いていきましょう。自信をもって自分でできるようになるまで、しっかり見守り、できるまでの過程を認めていく必要があります。

## 食に対する配慮を

食中毒にならないよう、給食室の環境に留意することや給食を扱う保育者の手洗い、マスク着用は徹底したいもの。アレルギー児の食事は、他児と取り違えることのないよう注意が必要です。嘔吐や下痢の処理はどのように行うのか、全職員で共有し、すべての子どもの健康を守る意識をもちましょう。

保護者　保育者　看護師　嘱託医

## 子どもの健康支援

### 健康状態・発育及び発達状態の把握
- 身体測定
- 健康診断
- 配慮を必要とする子どもの把握

### 健康の増進
- 手洗い・うがい
- 虫歯予防
- 生活リズム

### 疾病等への対応
- 予防接種の奨励
- 登園許可証の必要な病気の把握
- 与薬についての管理

## 安心できる空間づくり

### 環境
- 適正な湿度・温度の管理
- 換気
- 掃除用具の整理

### 衛生の管理
- 消毒薬の扱い
- 食事・調乳等の衛生的な取り扱い

### 安全の管理
- 子どもの口径を意識した玩具選び
- 遊具の安全確認
- 子どもの衣服等の安全確保

# ニーズ対応
# 食育計画の考え方

食育計画は、全体的な計画に基づき、創意工夫して作成します。子どもが主体的に楽しくおいしく食べることを考えましょう。

## 「食育指導」を基に

保育園における食育は、健康な生活の基本としての「食を営む力」の育成に向け、その基礎を培うことが目標とされています。「保育所における食育に関する指針」では、「おなかがすくリズムのもてる子ども」、「食べ物を話題にする子ども」、「食べたい物、好きな物が増える子ども」、「一緒に食べたい人がいる子ども」「食事づくり、準備に関わる子ども」の5つの項目を設けています。食育計画は、**子どもが主体的に食に取り組むことができ、食べることを楽しめるような計画**が望まれます。

## 一人一人に応じた食の計画

入園前の生育歴や入所後の記録などから、**子どもの発育・発達状態・健康状態・栄養状態・生活状況を把握**し、それぞれに応じた必要な栄養量が確保できるように留意することが大切です。

また、子どものそしゃくや嚥下機能などに応じて、食品の種類、量、大きさ、固さ、食具などを配慮し、食に関わる体験が広がるように工夫しなければなりません。

スプーンの持ち方にも気を配り、上からの握りに慣れたら、下からの握りにかえて正しく使えるように導きましょう。家庭と連携して進めたいものです。

## アレルギーに配慮して

食物アレルギーのある乳幼児への対応について、「保育所におけるアレルギー対応ガイドライン」がつくられています。小麦、卵、牛乳、そば、ピーナッツなど、様々なアレルゲンがあります。保護者と連携し、アナフィラキシーショックに陥ることのないよう、安全な食を保障することが求められているのです。

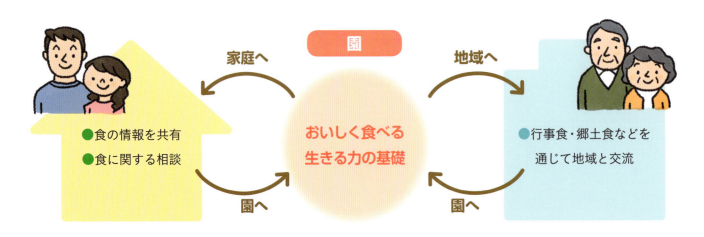

### 食育の目標

「保育所保育指針」で述べられている保育の目標を食育の観点から具体的な子どもの姿として表したもの。

**おなかがすくリズムのもてる子ども**
食事の時間になったら「おなかがすいた」と感じられるような生活を送る。

**食べ物を話題にする子ども**
食べ物に対する関心が深まり、会話できるような体験をする。

**食べたい物、好きな物が増える子ども**
栽培・収穫した物を調理する体験を行う。

**食事づくり、準備に関わる子ども**
食事づくりや準備に対して興味がもてる体験をする。

**一緒に食べたい人がいる子ども**
みんなと一緒にいる楽しさを味わう経験をする。

### 食育の5つの項目

3歳児以上の食育のねらい及び内容はこの5つの項目ごとに挙げられています。

**食と人間関係**
食を通じて、他の人々と親しみ支え合うために、自立心を育て、人と関わる力を養う。

**食と健康**
食を通じて、健康な体と心を育て、自ら健康で安全な生活をつくり出す力を養う。

**食と文化**
食を通じて、人々が築き、継承してきた様々な文化を理解し、つくり出す力を養う。

**いのちの育ちと食**
食を通じて、自らも含めたすべてのいのちを大切にする力を養う。

**料理と食**
食を通じて、素材に目を向け、素材に関わり、素材を調理することに関心をもつ力を養う。

ニーズ対応

# 子育て支援 の指導計画の考え方

園の特性を生かし、子どもも保護者も安心して楽しく遊べる場づくりを目指します。計画には「次回も行ってみたい」と感じられるよう、季節の行事や保護者同士が関われる活動を盛り込みましょう。

## 保護者同士のつながりを

　親になると子どもと向き合う時間が増え、ストレスを抱えている保護者も少なくありません。園は在園向け、地域向け両方の保護者を支援していく必要があります。ここに来たら、保育者が子どもと関わってくれる、という安心感と、子どもから少し離れて客観的に子どもを見られるという解放感がうまれます。こうした時間も保護者には大切なことです。

　また保護者同士をつなぐのも、保育者の役割です。「○くんと△くんは、同じ年齢ですね」「お住まいはお近くですね」などと、共通点を見付けながら、保護者同士が話をしやすい雰囲気をつくります。「うちもそうです」というように、話がはずんだら大成功！　話すことで、心が軽くなることが多いからです。何度か会うと顔なじみになり、近くに座ることもあるかもしれません。そのきっかけを上手につくることも、大切な支援です。

## 相談には適切な対応を

　「うちの子、こういうところが困るのです」。保育者と信頼関係ができると、心を開いて相談をもちかけられることがあります。**親身になって話を聞き、相づちを打ちながら悩みを共有**しましょう。そして「こういうことで、お悩みなのですね。よく分かりました」とまず受け止めます。そのうえでこれまで保育者として子どもと関わってきた経験から、自分の思いと、これからのようにしていけばよいかという方向性を丁寧にアドバイスしたいものです。**経験が少なくて答えられない場合は、先輩保育者に引き継ぎます**。

　これまでの保護者のやり方を否定せず、より子どものためになる対応を示唆します。そして、よい方向に向かったら、共に喜び合いましょう。

● 子育て支援の役割

親子

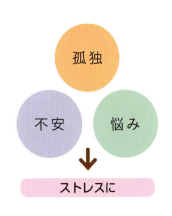
孤独／不安／悩み → ストレスに

子育て支援：外へ出る／人と会話する／子どもと保育者の関わりを見る／相談する／他児と遊ぶ　安心感／解放感

## 在園児の保護者のために

　登降園の際に、家庭での子どもの様子をたずねたり、園での様子を伝えたりなど、保護者と情報を共有することが大切です。引っ込み思案でなかなか保育者に話しかけられない保護者もいるので、こちらから積極的に声をかける必要があります。保育者を避けるタイプの保護者もいますから、子どもの嬉しい成長などを伝え、呼び止められることは喜びだと思ってもらえるようにしたいものです。

　園の行事も、子育て支援につながります。作品展や運動会、発表会などの姿を見てもらい、普段話せない父親などとも言葉を交わしましょう。園の活動を理解してもらうよい機会になるはずです。

　また、子どもの成長した姿を日々のおたよりで知らせるなど、保護者が子育てを楽しめるように、様々なサポートを計画に記していきましょう。

　もし保護者に不適切な養育等が疑われる場合は、市町村や関係機関と連携し、適切な対応を図る必要があります。虐待が疑われる場合には、速やかに市町村や児童相談所に通告しなければなりません。子どもたちを救う使命も、私たちに課せられているのです。あらゆることを想定し、計画に位置づけておくことが望まれます。

## 地域の保護者へ向けて

　園は、在籍していない地域の子どもたちの保護者へ対しても、保育の専門性を生かした子育て支援を積極的に行うことが義務付けられています。地域に開かれた支援が求められているのです。

　一時預かり事業を行う際は、一人一人の子どもの心身の状態などを考慮し、日常の保育に参加させることもできます。その子にとって質の高い保育環境となるよう配慮しましょう。

● **在園児の保護者への対応**

**個別の支援**
保護者一人一人の状況を理解し、園全体でサポートする。

**保護者との相互理解**
毎日のやりとりの中で園と家庭での子もの様子を共有する。

**不適切な養育が疑われる家庭の支援**
児童虐待などの発見や抑制につなげる。

● **地域の保護者への対応**

**地域に開かれた支援**
一時預かりや子育て支援を行う。

**地域との連携**
保護者と地域の人とのつながりをつくる。

# 指導計画の文章でおさえておきたいこと

ポイントは6つ！

指導計画は、他の保育者や主任・園長にも伝わるように書かなければなりません。そのために、おさえておきたい6つのポイントを確認しましょう。

　指導計画は、誰が読んでも分かりやすいということが大前提です。このクラスは現在、どのような発達の過程にあり、子どもたちは今、何に興味をもっているのか、保育者はこれからどのような環境を準備し、子どもたちの何を育てようとしているのか、子どもたちにどのような経験をさせたいと思っているのかが、一読して理解できなければなりません。毎日、生活を共にしている担任だけに分かるものでは、役に立たないのです。

　そこで、**ここに気を付けたいこと6項目**を挙げました。前向きな保育観を出しながら、読みやすく伝わる書き方を目指しましょう。**書いた後にはもう一度読み返し、チェックする**ことも忘れないようにしましょう。

## 1 計画は現在形で書く

指導計画は、明日のこと、一週間先のことなど、未来に起こることを想定して書くものです。けれども、文章は未来形ではなく現在形で書きます。現在進行形にもなりがちですが、文が長くなるので、避けた方がすっきり読めます。

 NG　小麦粉粘土に触ることを楽しむだろう。

GOOD　小麦粉粘土に触ることを楽しむ。

## 2 子どもの姿が目に浮かぶように書く

書いている本人はいつも子どもを見ているので具体的な様子も分かりますが、主任や園長など、毎日接していない人には、どういう姿なのかイメージできないことがあります。リアルに様子が浮かぶような記述を心がけましょう。

 NG　好きな遊びを見付けて、楽しむ。

GOOD　コイン落としやパズルなど、指先を使う遊びを楽しむ。

## 3 「〜させる」を控える

成長を促すために、様々な経験をさせたいと保育者は願いますが、「〜させる」という文が多いと、保育者が指示をして、子どもは従わされているような印象になります。「〜するよう促す」や「〜できるように配慮する」など主体的に行動する子どもを保育者がサポートするニュアンスを大切にしましょう。

**NG** 体を使う遊具を準備し、全身を使って遊ばせる。

▼

**GOOD** 体を使う遊具を準備し、全身を使った遊びが楽しめるようにする。

## 4 「〜してあげる」を控える

保育者は子どもに様々な援助をしますが、それを、「〜してあげている」と思っているようでは困ります。子どものために保育するのが仕事ですから、恩着せがましい表現をせず、どちらかというと、「保育させていただいている」という謙虚な気持ちで書きましょう。

**NG** 鼻水が出ていたら、ティッシュペーパーで拭いてあげる。

▼

**GOOD** 鼻水が出ていたら、片方の鼻を押さえてかむことを知らせながら関わる。

## 5 「まだ〜できない」、という目でとらえない

子どもは常に成長の過程にいます。「まだ〜できない」という目で見ないで、ここまで発達したところだ、と肯定的に育ちをとらえましょう。そして、次の課題に向かおうとする子どもを温かい目で見つめ、立ち向かえるように陰ながら応援するのです。

**NG** 嫌いな物を食べようとしない。

▼

**GOOD** 嫌いなジャガイモも、コーンと一緒にスプーンにのせると、少しずつ食べられるようになった。

## 6 一つの文に同じ言葉を重複して使わない

状況を細かく説明しようとするあまり、同じような表現が続くと、ワンパターンな記述になってしまうことがあります。一文の中やその後に続く文にも、同じ言葉を2回以上は使わないように心がけるとよいでしょう。

**NG** 泥遊びでは、水に触る、裸足になる、泥に触れるなど、段階を踏んで泥に親しめるように泥遊びを進める。

▼

**GOOD** 水に触る、裸足になる、泥に触れるなど、段階を踏んで泥に親しめるようにする。

# 1歳児の発達を見てみよう

### 6か月〜1歳3か月未満

座る、はう、立つなどして、生活空間が大きく変わる時期です。愛着ある人との関わりを喜び、見知らぬ人には「人見知り」をして泣き出すこともあります。見守られている中で、探索活動を始めます。

「座る」から「歩く」へと運動機能が発達してきます。7か月頃から一人で座れるようになり、座った姿勢で両手が自由に使えるようになります。9か月頃までにはいはいが上手になり、両手に物を持ってたたき合わせることもできます。1歳前後には、つかまり立ちやつたい歩きができ、手押し車を押して歩くことも楽しみます。

特定の大人との応答的な関わりにより情緒的な絆が深まりますが、「人見知り」もするようになります。初語は、1歳前後に出ます。

また、離乳が始まり、離乳食から幼児食へと徐々に移行します。1歳頃には手づかみで口に入れるようになります。

## 養　護

 **生命の保持**
- 免疫力が弱まり、感染症にかかりやすくなる
- 離乳が始まり、かむ、飲み込むの経験をくり返して、幼児食へと移行する

 **情緒の安定**
- 特定の人との愛着関係がさらに強まる
- 知らない人の顔を見ると泣くなど、人見知りをする

## 教　育

**健康**
- 座ったり、はったり、立てるようになったりする
- いろいろな食材の味に親しみ、手づかみで食べる

**人間関係**
- 知っている人と知らない人を、区別して認識する
- 見慣れた人には身振りをまねたり、積極的に関わったりする

**環境**
- 行動範囲が広がり、探索活動が活発になる
- 両手が自由に使えるので、様々な物に触れたり、周りの物を指差したりする

**言葉**
- 自分の思いを身振りや喃語で伝えようとする
- 「まんま」「ねんね」など、簡単な言葉が理解できるようになる

 **表現**
- 嬉しいときには満面の笑顔と全身をゆすって表現し、嫌なときには大声で泣いて訴える
- 身近な大人の気持ちを感じられるようになり、それに応じた表現をする

**指導計画を立てるには、まず子どもの発達を理解**することが大切です。月齢や生育歴などで、一人一人の発達の内容や速度には著しい個人差があります。今、この子はどの側面がどのように成長しているところなのか、ということをしっかりとらえなくてはなりません。そして、**その姿がやがてどのような姿に育っていくのか、という道筋**が見えていることが大切です。

　ここでは、**「養護」と「教育」の観点から、その月齢の子どもが見せる育ちの姿**を示してあります。各項目に分けてありますが、それぞれの要素はきちんと分けにくく、2～3の項目を含んでいることもよくあります。

　指導計画を作成する際に、大まかな発達の全体像を知り、見通しをもった上で、クラスや個人に応じた「ねらい」や「内容」を設定していきましょう。

## 1歳3か月～2歳未満

歩けるようになり両手も使えるようになるので、行動範囲も広がります。大人に認められることを喜び、自信をもって生活します。片言を盛んに言い、大人に伝えたいという欲求も高まります。

　行動範囲が拡大し、環境への働きかけが活発になります。つかまらずに歩けるようになり、物を押したり投げたりもできます。

　手指を使う機会が増え、スプーンを持って食べます。つかむ、めくる、通す、はずす、なぐりがきをする、転がす、などができるようになります。

　また、葉っぱを皿に見立てたり、空き箱を電車にして走らせたりする象徴機能が発達します。大人の語りかけも大体分かり、指差しや身振り、片言などで思いを伝えようとします。1歳後半には、「パパ、カイシャ」(パパは会社に行った)という二語文も話すようになります。友達と一緒が楽しいと感じますが、物の取り合いも激しくなります。

### 養　　護

**生命の保持**
- 免疫力がまだ弱く、発熱したり感染症にかかったりすることが多い
- 食べた経験のない物は口から出してしまうこともあるが、自分で食べようとする

**情緒の安定**
- 安心できる大人との関係を基盤にして、人や物に自発的に働きかける
- 気分が崩れても、なだめたり時間がたったりすると、けろりと立ち直る

### 教　　育

**健康**
- つかまらずに歩けるようになり、脚力やバランス力が身に付く
- 指先を使った操作の種類が確実に豊かになり、自信をもつ

**人間関係**
- 友達と物の取り合いをすることが増える
- 保育者を独り占めしたり、他の子と保育者が関わると嫉妬したりする

**環境**
- 好きな玩具や遊具、自然物に自分から関わり、イメージをふくらませて遊ぶ
- 身の回りの様々な物に触れ、好奇心や興味・関心をもつ

**言葉**
- 大人の言うことが分かり、呼びかけたり、「いや」などの片言を使ったり、指差しや身振りで表そうとしたりする
- 「マンマ、ほしい」などの二語文を話すようになる

**表現**
- 絵本に興味を示したり、クレヨンでなぐりがきすることを楽しんだりする
- 好きな音楽に合わせて体をゆすったり、簡単な振りを付けたりする

# **1歳児**の発達を見てみよう

### 2歳

運動機能が発達し、動いたり止まったりと自分の身体をコントロールできるようになります。自我が育ち、自己主張し、かんしゃくを起こすこともあります。周りの大人のまねをすることも増えます。

手足の動きが連動し、巧みに動かせるようになります。走ったり跳んだりもできるようになります。

自分の身体を自分でコントロールする心地よさを味わうことができるので、行動範囲が広がり、好奇心も旺盛になってきます。

第一次反抗期が始まり、「いや」を連発したり、かんしゃくを起こし、泣いたり暴れたりします。それらは自我の順調な育ちだととらえましょう。

「いないいないばあ」やくり返しの言葉を楽しみ、盛んに話すようになります。使用する語彙は200～300語になり、「語彙爆発」といわれるほどです。しかし個人差が大きく、言葉の出にくい子もいます。

## 養　護

**生命の保持**
- 食事や衣服の着脱、排泄など、身の回りのことを自分でしようとする
- 衝動的に飛び出すなど、事故が起きる危険がある

**情緒の安定**
- 自分のことを自分でしようとする意欲を持って取り組む
- 思い通りにならないと、かんしゃくを起こす

## 教　育

**健康**
- 運動機能が発達し、自分の動きをコントロールできるようになる
- つかむ、ちぎるという手指の操作性が高まる

**人間関係**
- 喜びや感動を、共感してくれる保育者に伝えようとする
- 周りの人の行動に興味を示し、盛んに模倣する

**環境**
- 身の回りの小動物、植物、事物などに触れ、探索や模倣などをして遊ぶ
- 滑り台やブランコなど、保育者の仲立ちによって共同の遊具を使って遊ぶ

**言葉**
- 発音・構音機能も急速に発達して、発声はより明瞭になる
- 日常生活に必要な言葉が分かり、自分のしたいこと、してほしいことを言葉で表す

**表現**
- 自我が育つため、自己主張が強くなる
- 象徴機能や観察力が増し、保育者と一緒に簡単なごっこ遊びを楽しむ

# 第2章

# 年間指導計画の立て方

各年齢で一つ作成する「年間指導計画」。一年間を4期に分け、年間の表と項目ごとの文例を紹介しています。

# 1歳児の年間指導計画

## おさえたい ③ つのポイント

いろいろなことに興味をもち、周りを知っていく時期です。自発性を重んじ、あまり禁止することのない生活を目指しましょう。

### ① 応答的な関係を大切に

特定の保育者との絆を基盤に、自分が泣いたら助けてくれる、自分がニコッとしたら微笑み返してくれるという、信頼関係を育むことが重要です。十分に愛情を注いでもらうことで、子どもたちは前向きに生きるエネルギーを蓄えるのです。指導計画の中にも位置付けていきましょう。

### ② 自我の芽生えを大切に育む

「いや！」「自分で！」と、子どもが自己を主張する時期です。これは順調な発達の姿ですから、喜びをもって受け止め、保護者にも対処の仕方を伝えていきましょう。何かをさせようとするとスムーズにはいかないので、上手にほめながら満足感を味わえるようにして導きます。

### ③ 好奇心は世界を広げる第一歩

身の回りの様々な物に興味をもち、引っ張ったり、口に入れたりします。探索期ともいわれ、散歩に出かけると道草だらけでなかなか進みません。一つ一つの物を自分で五感を通して味わい知っていく時期なので、危険がないようにその時間と場を保障する必要があります。

| | | 1期（4〜6月） | 2期（7〜9月） |
|---|---|---|---|
| 年間目標 | | ●保育者に見守られながら過ごす中で、安心して自分の気持ちを表す。 | |
| 子どもの姿 | | ●園生活に慣れ、生活リズムが安定する。<br>●手づかみやスプーンで食べる。<br>●遊びは保育者に見守られて一人で探索をして楽しむ姿がある。 | ●暑さで食事が進まない子もいる。<br>●友達との関わりが増えて同じことをして遊ぶが、トラブルも多い。<br>●身の回りのことに興味をもち始める。 |
| ねらい | | ●新しい環境に慣れ、安心して園で過ごす。<br>●保育者に見守られながら、好きな遊びを楽しむ。 | ●自分でしようとする気持ちを大切にしながら過ごす。<br>●夏の遊びを十分に楽しむ。 |
| 内容 | 養護 | ●健康状態に配慮され、異常がある場合は適切な対応を受ける。<br>●気持ちや欲求を十分に満たされながら、信頼関係を築く。 | ●夏の健康を十分に配慮され、水分補給や休息などを取り入れながら快適に過ごす。 |
| | 教育 | ●落ち着いた雰囲気の中で、安心して眠る。健康<br>●オムツ替えや着替えをして、心地よさを味わう。健康<br>●保育者や友達と一緒にいる中で、親しみや安心感を得る。人間<br>●戸外遊びを十分に楽しむ。健康 環境<br>●草花に興味をもち、見たり触れたりする。環境 | ●オムツが汚れていたら、しぐさや簡単な言葉で知らせる。健康 言葉<br>●衣服や靴の着脱に興味をもつ。<br>●保育者に仲立ちしてもらいながら、友達と同じ遊びを楽しむ。人間<br>●シャワーや水遊び、泥んこ遊びを楽しむ。環境 表現 |
| 環境構成 | | ●一人一人が落ち着いて遊べる環境や成長に合わせたコーナーづくりを心がけ、玩具をそろえる。<br>●戸外へ関心が向くように、チューリップやキンギョソウが咲いているプランターをテラスに置く。 | ●自分でパンツやズボンをはけるように、牛乳パックでつくった低いベンチをトイレの前に置く。<br>●安全で楽しい水・泥んこ遊びができるように玩具を用意し、場所を確保して環境を整える。 |
| 保育者の援助 | | ●子どもが戸惑わないように、保育者がそれぞれの役割をきちんと把握し、状況に応じた動きを落ち着いて行う。 | ●言葉を受け止め、自分から保育者に話したい気持ちを大切にする。<br>●必要以上に水がかかったり、泥が口に入ったりしないように見守る。 |

### 内容

「ねらい」を達成するために「経験させたいこと」です。保育所保育指針の「1歳以上3歳未満児」の5領域を意識して記述します。
本書では 健康 人間 環境 言葉 表現 で表示します。

### 年間目標
園の方針を基に、1年間を通して、子どもの成長と発達を見通した全体的な目標を記載します。

### 子どもの姿
1～4期に分けて、予想される子どもの発達の状況や、園で表れると思う姿を書きます。保育者が設定した環境の中での活動も予測します。

### ねらい
「年間目標」を期ごとに具体化したもの。育みたい資質・能力を子どもの生活する姿からとらえたものです。園生活を通じ、様々な体験を積み重ねるなかで相互に関連をもちながら、次第に達成に向かいます。

### 環境構成
「ねらい」を達成するために「内容」を経験させる際、どのような環境を構成したらよいのかを考えて記載します。

### 保育者の援助
「ねらい」を達成するために「内容」を経験させる際、どのような援助を行ったらよいのかを考えて記載します。

---

自分からやりたいという気持ちや好奇心が芽生える。
安全な環境の中で、全身を使った遊びや探索活動を十分に行う。

| 3期（10～12月） | 4期（1～3月） |
|---|---|
| 気温差で体調を崩す子がいる。活発に体を動かして遊ぶことを好む。声かけにより、トイレに行き自分での回りのことをしようとしたりする。 | ●言葉のやり取りを楽しみ、思いを伝えられるようになる。<br>●友達とごっこ遊びを楽しむ。積極的に身の回りのことを行う。 |
| 季節の変化や気温差に留意されて、◯◯で快適に過ごす。体を動かすことを楽しむ。 | ●気持ちが満たされ、安定した生活を送る。<br>●保育者や友達と関わる中で、自分の気持ちを表現する。 |
| 季節の変わり目による体調の変化に◯分に注意してもらいながら、健康で◯ったりと過ごす。 | ●体調に留意されながら、寒い時期を健康に過ごす。 |
| トイレに行き、便座に座ることに慣る。[健康]<br>保育者に仲立ちしてもらいながら、◯達と同じ遊びを楽しむ。[人間]<br>歩く、走る、跳ぶなど、全身を動か◯ことを楽しむ。[健康]<br>保育者の語りかけを喜び、模倣す◯とを楽しむ。[言葉][表現] | ●言葉をかけられて、トイレに行き、保育者が見守る中で便器に座り、排泄する。[健康]<br>●簡単な身の回りのことを自分でしようとする。[健康]<br>●同じ遊びを通して友達と関わる。[人間] |
| トイレに行くことが楽しくなるよう◯絵をはり、便座に座ったときにおし◯が冷たくないように便座にカバーを◯るなど、トイレの環境を工夫する。全身運動に適した玩具や、くり返し◯言葉が楽しい絵本などを用意する。 | ●ズボンの着脱がしやすいように台を置いたり、適切なトイレットペーパーの長さが分かるような絵をはったりして、トイレで排泄しやすい環境をつくる。<br>●同じ遊具を複数準備し、友達のまねをしながら一緒に遊べるような空間をつくる。 |
| 自分でしようとする気持ちを大切に◯て、達成感を味わえるように手伝う。一緒に歌を歌ったり、体操をしたり◯て楽しさを共有する。 | ●一人一人の気持ちを受け止め、安心して自己主張ができるようにする。<br>●子どもの言葉に耳を傾け、分かりやすい丁寧な言葉を返して共感する。 |

# 年間指導計画

**記入のコツ!!**
「ねらい」は、子どもを主語にした文で統一しましょう。子どもが主体的に暮らすことを大切にした保育を意識することができます。

**保育のヒント**
水に触れるのが心地よい季節です。様々な玩具や用具、色水、水しぶきを楽しむ工夫など、豊かな環境を考え出しましょう。

♣ **年間目標** ●保育者に見守られながら過ごす中で、安心して自分の気持ちを表す。

|  | 1期（4〜6月） | 2期（7〜9月） |
|---|---|---|
| 子どもの姿 | ●園生活に慣れ、生活リズムが安定する。<br>●手づかみやスプーンで食べる。<br>●遊びは保育者に見守られて一人で探索をして楽しむ姿がある。 | ●暑さで食事が進まない子もいる。<br>●友達との関わりが増えて同じことをして遊ぶが、トラブルも多い。<br>●身の回りのことに興味をもち始める。 |
| ねらい | ●新しい環境に慣れ、安心して園で過ごす。<br>●保育者に見守られながら、好きな遊びを楽しむ。 | ●自分でしようとする気持ちを大切にしながら過ごす。<br>●夏の遊びを十分に楽しむ。 |
| 内容 養護 | ●健康状態に配慮され、異常がある場合は適切な対応を受ける。<br>●気持ちや欲求を十分に満たされながら、信頼関係を築く。 | ●夏の健康を十分に配慮され、水分補給や休息などを取り入れながら快適に過ごす。 |
| 内容 教育 | ●落ち着いた雰囲気の中で、安心して眠る。[健康]<br>●オムツ替えや着替えをして、心地よさを味わう。[健康]<br>●保育者や友達と一緒にいる中で、親しみや安心感を得る。[人間]<br>●戸外遊びを十分に楽しむ。[健康][環境]<br>●草花に興味をもち、見たり触れたりする。[環境] | ●オムツが汚れていたら、しぐさや簡単な言葉で知らせる。[健康][言葉]<br>●衣服や靴の着脱に興味をもつ。[健康]<br>●保育者に仲立ちしてもらいながら、友達と同じ遊びを楽しむ。[人間]<br>●シャワーや水遊び、泥んこ遊びを楽しむ。[環境][表現] |
| 環境構成 | ●一人一人が落ち着いて遊べる環境や成長に合わせたコーナーづくりを心がけ、玩具をそろえる。<br>●戸外へ関心が向くように、チューリップやキンギョソウが咲いているプランターをテラスに置く。 | ●自分でパンツやズボンをはけるように、牛乳パックでつくった低いベンチをトイレの前に置く。<br>●安全で楽しい水・泥んこ遊びができるように玩具を用意し、場所を確保して環境を整える。 |
| 保育者の援助 | ●子どもが戸惑わないように、保育者がそれぞれの役割をきちんと把握し、状況に応じた動きを落ち着いて行う。 | ●言葉を受け止め、自分から保育者に話したい気持ちを大切にする。<br>●必要以上に水がかかったり、泥が口に入ったりしないように見守る。 |

- 自分からやりたいという気持ちや好奇心が芽生える。
- 安全な環境の中で、全身を使った遊びや探索活動を十分に行う。

| 3期（10〜12月） | 4期（1〜3月） |
|---|---|
| ●気温差で体調を崩す子がいる。<br>●活発に体を動かして遊ぶことを好む。<br>●声かけにより、トイレに行き自分で身の回りのことをしようとしたりする。 | ●言葉のやり取りを楽しみ、思いを伝えられるようになる。<br>●友達とごっこ遊びを楽しむ。積極的に身の回りのことを行う。 |
| ●季節の変化や気温差に留意されて、健康で快適に過ごす。<br>●体を動かすことを楽しむ。 | ●気持ちが満たされ、安定した生活を送る。<br>●保育者や友達と関わる中で、自分の気持ちを表現する。 |
| ●季節の変わり目による体調の変化に十分に注意してもらいながら、健康でゆったりと過ごす。 | ●体調に留意されながら、寒い時期を健康に過ごす。 |
| ●トイレに行き、便座に座ることに慣れる。 健康<br>●保育者に仲立ちしてもらいながら、友達と同じ遊びを楽しむ。 人間<br>●歩く、走る、跳ぶなど、全身を動かすことを楽しむ。 健康<br>●保育者の語りかけを喜び、模倣することを楽しむ。 言葉 表現 | ●言葉をかけられて、トイレに行き、保育者が見守る中で便器に座り、排泄する。 健康<br>●簡単な身の回りのことを自分でしようとする。 健康<br>●同じ遊びを通して友達と関わる。 人間 |
| ●トイレに行くことが楽しくなるような絵をはり、便座に座ったときにおしりが冷たくないように便座にカバーをかけるなど、トイレの環境を工夫する。<br>●全身運動に適した玩具や、くり返しの言葉が楽しい絵本などを用意する。 | ●ズボンの着脱がしやすいように台を置いたり、適切なトイレットペーパーの長さが分かるような絵をはったりして、トイレで排泄しやすい環境をつくる。<br>●同じ遊具を複数準備し、友達のまねをしながら一緒に遊べるような空間をつくる。 |
| ●自分でしようとする気持ちを大切にして、達成感を味わえるように手伝う。<br>●一緒に歌を歌ったり、体操をしたりして楽しさを共有する。 | ●一人一人の気持ちを受け止め、安心して自己主張ができるようにする。<br>●子どもの言葉に耳を傾け、分かりやすい丁寧な言葉を返して共感する。 |

年間指導計画

**記入のコツ!!**
排泄についての事柄は、「1歳以上3歳未満児」の5領域の「健康」に入っています。自立に向かうためのステップを丁寧に書きます。

**保育のヒント**
身近な人の言葉を聞き、まねっこしながら言葉をインプットしていく時期です。片言でも伝えようとしている姿を喜びましょう。

# 年間指導計画 文例

年間目標を軸に、健康面や安全面に留意しながら子どもたちが生き生きと過ごせるような見通しを立てます。1歳児クラスならではの成長が、今から楽しみです。

年間指導計画文例 → P046-P047 年間指導計画文例

## ♣ 年間目標

- 保育者の話しかけや、発語が促されることにより、言葉を使うことを楽しむ。
- 信頼できる保育者の下で、安定した生活リズムで過ごし、身の回りのことなどを自分でしようとする気持ちをもつ。
- 安心できる環境の中で、全身を動かしていろいろな遊びを楽しみ、周囲や友達への興味・関心を広げる。

## 子どもの姿

- 手づかみで食べたりスプーンで食べたりして、自分で食べられるようになる。
- オムツに排泄したことを保育者に知らせたり、自分からトイレに行こうとしたりするようになるが、個人差が大きい。
- 身の回りのことを自分でしたがるようになり、簡単な衣服の着脱ができるようになる。
- 友達に関心を持ち始めるが関わり方が分からず、トラブルになることも多い。
- 一語を反復したり、「これは?」の問いかけが多くなったりするなど、簡単な対話を求めるようになる。

## ◆ ねらい

- 家庭的な雰囲気の中で、安心して過ごす。
- 季節の変わり目の体調に留意され、元気に過ごす。
- 安心できる保育者と一緒に、好きな遊びを見付けて楽しむ。
- 保育者と一緒に水、土、砂の感触を味わう。
- 散歩や活動的な遊びを通して、全身を動かすことを楽しむ。
- 好きな遊びを通して、保育者や気の合う友達とのやり取りを楽しむ。

## ★ 内容（養護）

- 健康状態、身体発育の状態を把握してもらう。
- 保育者への欲求を出し、一対一の関わりを深めながら信頼関係を築き、安定して過ごす。
- その日の健康状態に合わせて、水分補給や休息を取り、快適に生活する。
- 気温や健康状態に応じて、衣服調節をしてもらい、快適に過ごす。
- 感染症対策だけでなく、手洗いなどを習慣にし、健康で快適に一日を過ごす。
- 自分の生活リズムで安心して休息や睡眠を取る。
- 家庭的な雰囲気の中で、保育者とゆったりと関わり、安心して過ごす。
- 水分補給や休息の取り方、衣服や室温の調整など、夏の健康や環境に気を付けてもらいながら、暑い夏を元気に過ごす。
- 季節の変わり目の不安定な気候や感染症などによる体調の変化に留意しながら、健康でゆったりと過ごす。
- 体調に留意して、寒い時期を元気に過ごす。
- 食事、睡眠、遊びなどの一日の生活リズムを重視してもらいながら、生理的欲求が満たされ、情緒の安定を得る。
- 保育者が見守り、アレルギー児に誤食をさせない。
- アレルギー児が友達と一緒にテーブルを囲み、楽しく食事ができるように、保育者がそばに付く。
- アレルギー児の保護者の気持ちを受け止めながら連携を図り、対策を進める。
- 手づかみやスプーン、フォークを使って食べようとする際、必要に応じて援助する。
- 楽しい雰囲気をつくり、いろいろな味の食材が食べられるようにする。

## ★ 内容（教育）

- 不安や甘えの気持ちを受け止めてもらい、保育者との触れ合いの中で安心して過ごす。 人間
- 生活リズムに合わせて安心して休息や睡眠を取る。 健康
- 手洗いなど冬の健康に必要な習慣を身に付け、元気に過ごす。 健康
- 薄着の習慣を身に付け、丈夫な体をつくる。 健康
- 保育者に見守られながら、好きな遊びを見付け、保育者と一緒に楽しむ。 人間
- 保育者にしてほしいことなどを、身振りや態度、言葉で表そうとする。 言葉 表現
- 手遊びや歌に合わせて、喜んで体を動かす。 表現
- 保育者に手伝ってもらいながら、身の回りのことを自分でやってみようとする。 健康
- 保育者と一緒に砂遊びや水遊びを楽しむ。 表現
- 運動遊びや手先を使った遊びを十分に楽しむ。 健康 環境
- 保育者や友達と一緒に体を動かすことや、音楽を聞きながら踊ることを楽しむ。 健康 人間 表現
- 好きな絵本をくり返し読んでもらうことを喜ぶ。 言葉
- 走る、跳ぶ、押す、引くなど全身を使って遊ぶ。 健康
- 簡単なごっこ遊びを保育者に仲立ちしてもらいながら、友達と一緒に楽しむ。 人間 表現

##  環境構成

- 遊びたい物で満足して遊べるように、発達段階に合った玩具の種類や数、場所を準備する。
- 快適に過ごせるように、風通しや室温に留意し、水分補給や休息を十分に取れるようにする。
- 静と動の遊びのバランスを考慮し、環境を整える。
- 同年齢児クラスとの交流を多くもち、2歳児クラスの保育室で遊ぶ機会ももつ。
- いろいろな遊びを通して、歩く、走る、跳ぶなどの全身を使う運動が十分にできるような用具を用意する。
- 遊びの仲立ちをしながら、友達との関わり方をそのつど知らせる。
- 気に入った絵本や紙芝居などを用意して、くり返し楽しめるようにする。
- 指先の遊びが十分にできるよう、玩具や素材を用意する。

##  保育者の援助

- 昼と朝・夕の気温差が大きい時期なので、衣服の調節をし、一人一人の体調を把握する。
- 優しく言葉をかけ、抱っこや膝に座るなどの触れ合いを多くもつことで、心地よく安心して生活できるようにする。
- 喃語（なん）や片言を優しく受け止め、発語を促す。
- 一人一人の食事の量を把握し、楽しく食事ができるように、無理せずに進める。
- 職員間で連携し、個人差に合わせて丁寧に対応する。
- ゆったりとした雰囲気の中で、触れ合い遊び、歌や手遊びなどを通して十分にスキンシップを図り、子どもとの信頼関係を築く。
- 家庭と連携を密に図りながら、一人一人の健康状態を見守り、変化が見られたときには看護師と連携し、すばやく対応する。
- 一人一人の気持ちを受け止め、安心して自己主張し、要求などをしっかり伝えられるようにする。
- 自分でしようとする気持ちを大切にして、達成感を味わえるように手伝い、時には見守り、できたときには十分にほめる。
- 子どもが発する言葉に丁寧に応答し、やり取りを楽しめるようにする。
- 落ち着いた雰囲気の中で食べられるように、少人数のグループで食事をする。
- 一人一人の食べる量や好き嫌いなどを把握する。
- 「自分でする」という気持ちを大切にして、見守ったり援助をしたりして、「自分でできた」という満足感が味わえるようにし、「またやってみよう」という意欲と自信を育む。
- 水遊びの手順や保育者の役割、位置を話し合い、安全面や衛生面について確認し合う。
- 遊びの仲立ちをしながら、友達との関わり方をそのつど知らせる。
- 友達と一緒に遊ぶ楽しさが味わえるように、様子を見ながら遊びの仲立ちをする。
- 行動範囲が広がるので常に安全確認をし、一人一人の様子を把握し、注意して見守る。

# こんなときどうする？ 年間指導計画 Q&A

## Q 個人差が大きいこの年齢。どの観点で「ねらい」を立てればよいのでしょうか？

### A 1歳以上3歳未満児の5領域の「ねらい」を見通して

　暦年齢で発達をとらえるのではなく、あくまでも目の前の子どもを見て、どのような道筋で成長し、それを支えられるかを考えます。生活面や人との関わり、季節の対応などを考え合わせ、5領域との関連を踏まえながら「ねらい」を立てます。

## Q 「年間目標」は毎年同じようになってしまいます。見直しのポイントを教えてください。

### A 前年の「評価・反省」を読み返してみる

　月、週、日などの計画ごとに「評価・反省」を書いていますから、読み返してみましょう。年間目標が妥当であれば毎年変える必要はありません。担任間で相談し、今年度はぜひここに重点をおきたいということがあれば、「内容」を見直すとよいでしょう。

## Q 年間の4期を通じて、同じ「ねらい」「内容」でもいいですか？

### A 4期に分け、細分化した「ねらい」「内容」を記入する

　4期を通じて同じならば、それは年間の「ねらい」「内容」です。わざわざ4期に分けてあるわけですから、その「ねらい」「内容」を更に細分化して書いた方がいいでしょう。言葉で示せるということは、スモールステップをつかんでいるということなのです。

# 第3章

# 月案の立て方

クラスで一つ作成する「月案」は、4月から3月までの12か月を、表と各月の文例付きで紹介しています。

# 1歳児の月案

## おさえたい3つのポイント

月ごとに、特に力を入れて保育する内容を書き表す月案。前月と同じ記述では意味がありません。当たり前のことにならないよう、その月独自の記述を目指しましょう。

### 1 健康で快適に過ごす

月により、快適さを保つ援助は違います。気温などに配慮し、どのように快適な環境をつくるのかを記入します。「生命の保持」についても、汗の始末から手洗いやうがいまで、月によって異なります。具体的な保育者の援助を書くことで、共通理解し、チームで対応します。

### 2 離乳食から幼児食に移行する

食は楽しいものであること、自分で食べるものであることを、毎日の食事から経験できるようにします。月ごとに具体的な食材名が出てくると、よりイメージしやすいでしょう。こぼれてもいいようにどう対応するのかも、より具体的に記しておくと更にいいでしょう。

### 3 喃語や片言を温かく受け止めて返す

「アーアー」「ババババー」「マンマ」など、子どもは声を出し、それにこたえてもらうことで、更に言葉を獲得していきます。理解できないと思っても、いつも丁寧に優しく言葉をかけていくことで、子どもは言語をインプットします。微笑みを交わし、やり取りを楽しみましょう。

---

### 前月末(今月初め)の子どもの姿

前月末の園生活における子どもの育ちの姿をとらえます。興味・関心やどんな気持ちで生活しているのかなど詳しく書きます。※4月は「今月初めの子どもの姿」となります。

### 4月月案 ひよこ組

#### 今月初めの子どもの姿

- 新入園児は新しい環境に泣いて過ごす姿があり、在園児の中でも、つられて泣く子がいる。
- 戸外に出ると泣きやみ、機嫌よく過ごしたり、歩いて活発に探索を楽しんだりする姿も見られる。

| | ★ 内 容 |
|---|---|
| 養護<br>生命の保持・情緒の安定 | ●保育者と信頼関係をつくる。<br>●安心できる環境の中で食事をする。<br>●安心して一定時間の睡眠を取る。<br>●嫌がらずにオムツを交換したり、トイレで便器に座ろうとしたりする。 |
| 教育<br>健康・人間関係・環境・言葉・表現 | ●保育者の言葉を聞いて安心する。[言葉]<br>●嫌なことがあったら、泣いて知らせる。[表現]<br>●保育者と一緒に好きな遊びを見付けて楽しむ。[環境]<br>●戸外で体を動かして遊ぶことを楽しむ。[健康]<br>●つたい歩きやはいはい、一人歩きで動き回り、探索活動を楽しむ。[健康][環境] |

#### 食育

- 家庭での食事の様子を聞き、一人一人に合わせながら食べられるようにする。
- 自分で食べようとする気持ちを大切にしながら、必要に応じて手助けをし、楽しく食べられるようにする。

### 内容

「ねらい」を達成するために「経験させたいこと」です。保育所保育指針の「1歳以上3歳未満児」の5領域を意識して記述します。
本書では[健康][人間][環境][言葉][表現]で表示します。

## ねらい
今月、育みたい資質・能力を子どもの生活する姿からとらえたものです。園生活を通じ、様々な体験を積み重ねる中で相互に関連をもちながら、次第に達成に向かいます。

## 環境構成
「ねらい」を達成するために「内容」を経験させる際、どのような環境を設定したらよいかを具体的に書きます。

## 月間予定
園またはクラスで行われる行事を書き出します。

### ◆ ねらい
- 新しい環境に慣れ、安心して園生活を送る。
- 保育者に見守られながら、好きな遊びを楽しむ。

### 📋 月間予定
- 「今日からお友達」の会
- 身体測定
- 避難訓練

## 予想される子どもの姿
環境構成された場に子どもが入ると、どのように動き、どのように活動するのかを予想して書きます。

## 保育者の援助
「ねらい」を達成するために「内容」を経験させる際、どのような保育者の援助が必要かを具体的に書きます。

| 環境構成 | 予想される子どもの姿 | 保育者の援助 |
|---|---|---|
| ● 食事をするテーブルの場所を決め、座る位置に個人マークを付ける。<br>● 眠くなったときに、いつでも休息が取れるように布団を敷くなど環境を整えておく。<br>● オムツをこまめに交換できるように、身近な場所に置いておく。<br>● 室内にもおまるを用意する。 | ● 新しい環境への不安から泣き続ける子どもや、保育者から離れない子どもがいる。<br>● 食事は喜んで手づかみやフォークを使って自分で食べようとする。<br>● 新しい環境に慣れず、なかなか寝付けなかったり、早めに起きたりする。<br>● 嫌がらずにオムツを替えてもらったり、トイレで便器に座ることに興味をもったりする。 | ● 子どもの気持ちを受け止め、新入園児には一対一になる環境を設け、信頼関係を築いていく。<br>● 無理強いせずに食事を進めたり、その子なりの休息の取り方を工夫したりする。<br>● 「きれいになったね」と言葉をかけて気持ちよさを知らせる。 |
| ● ままごとやブロックなどの遊びのコーナーを設ける。<br>● ひも通しのような発達に合った玩具や、車や動物など身近な物が載った絵本や興味を示している絵本を用意する。<br>● 天気のよい日には、園庭で遊ぶ時間を設ける。 | ● ままごと、ブロック、ミニカーなど好きな玩具を見付けて遊ぶ子もいれば、遊ばない子もいる。<br>● 好きな絵本を読んでもらう。<br>● 園庭にあるアスレチックで体を動かす。 | ● 一人一人の遊びの様子を見ながら、子どもの要求に応じて保育者も一緒に遊ぶ。<br>● ゆったりとした雰囲気の中で絵本を読む。<br>● 園庭では人数確認をしたり、けがや危険のないように見守ったりする。 |

### 🔄 職員との連携
- 職員間の役割をきちんと把握し、子どもが戸惑わないように、声をかけ合いながら落ち着いて行動する。
- 一人一人の子どもの状態を共通理解しておく。

### 🏠 家庭との連携
- 家庭での生活習慣や様子、健康状態、癖などを、あらかじめ具体的に聞いておく。
- 連絡帳や迎えの時間を利用して、一日の子どもの生活を知らせ、安心感をもってもらえるようにする。
- 部屋の使い方など、分かりやすいように掲示したり、お便りにして配布したりする。

### 🏷 評価・反省
- 新しい環境に戸惑い泣いてしまう子もいたが、一対一で過ごす時間をつくったことで少しずつ笑顔の時間が増えてきた。保護者にも安心してもらえるように、日中の様子を丁寧に口頭やノートで知らせることができた。
- いろいろな遊びに誘ったので、個々に好きな遊びが見付かってよかったが、じっくり遊び込めていない様子もあるので、環境を整えていきたい。

## 家庭との連携
保護者と園とで一緒に子どもを育てていく上で、伝えることや尋ねること、連携を図って進めたいことについて記載します。

## 評価・反省
翌月の計画に生かすため、子どもの育ちの姿を通して、「ねらい」にどこまで到達できたか、援助は適切だったかを振り返って書き留めます。

## 食育
「食育」のための具体的な援助について、環境のつくり方から保育者の言葉かけまで、具体的に書きます。

## 職員との連携
担任やクラスに関わる職員間で、子どもや保護者の情報を共有したり助け合ったりできるよう、心構えを記します。

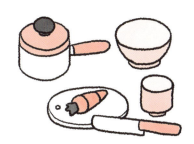

# 4月 月案

## 毎日を気持ちよく過ごす工夫を

新入園児も在園児も、歩ける子もはいはいの子も、それぞれの姿でにぎやかにスタートする1歳児クラス。一人一人の健康状態や機嫌に注意を払い、気持ちよく生活するための環境や、子どもの発達や興味を考慮した遊具などを工夫する必要があります。

保護者との信頼関係づくりも初めが肝心。にこやかに、丁寧に、積極的に話しかけましょう。

## 4月月案 ひよこ組

### 今月初めの子どもの姿

- 新入園児は新しい環境に泣いて過ごす姿があり、在園児の中でも、つられて泣く子がいる。
- 戸外に出ると泣きやみ、機嫌よく過ごしたり、歩いて活発に探索を楽しんだりする姿も見られる。

| | | ★ 内 容 |
|---|---|---|
| 養護 | 生命の保持・情緒の安定 | ●保育者と信頼関係をつくる。<br>●安心できる環境の中で食事をする。<br>●安心して一定時間の睡眠を取る。<br>●嫌がらずにオムツを交換したり、トイレで便器に座ろうとしたりする。<br> |
| 教育 | 健康・人間関係・環境・言葉・表現 | ●保育者の言葉を聞いて安心する。 言葉<br>●嫌なことがあったら、泣いて知らせる。 表現<br>●保育者と一緒に好きな遊びを見付けて楽しむ。 環境<br>●戸外で体を動かして遊ぶことを楽しむ。 健康<br>●つたい歩きやはいはい、一人歩きで動き回り、探索活動を楽しむ。 健康 環境 |

### 食育

- 家庭での食事の様子を聞き、一人一人に合わせながら食べられるようにする。
- 自分で食べようとする気持ちを大切にしながら、必要に応じて手助けをし、楽しく食べられるようにする。

## ◆ ねらい

- 新しい環境に慣れ、安心して園生活を送る。
- 保育者に見守られながら、好きな遊びを楽しむ。

## 月間予定

- 「今日からお友達」の会
- 身体測定
- 避難訓練

4月 月案

| 環境構成 | 予想される子どもの姿 | 保育者の援助 |
|---|---|---|
| ●食事をするテーブルの場所を決め、座る位置に個人マークを付ける。<br>●眠くなったときに、いつでも休息が取れるように布団を敷くなど環境を整えておく。<br>●オムツをこまめに交換できるように、身近な場所に置いておく。<br>●室内にもおまるを用意する。 | ●新しい環境への不安から泣き続ける子どもや、保育者から離れない子どもがいる。<br>●食事は喜んで手づかみやフォークを使って自分で食べようとする。<br>●新しい環境に慣れず、なかなか寝付けなかったり、早めに起きたりする。<br>●嫌がらずにオムツを替えてもらったり、トイレで便器に座ることに興味をもったりする。 | ●子どもの気持ちを受け止め、新入園児には一対一になる環境を設け、信頼関係を築いていく。<br>●無理強いせずに食事を進めたり、その子なりの休息の取り方を工夫したりする。<br>●「きれいになったね」と言葉をかけて気持ちよさを知らせる。 |
| ●ままごとやブロックなどの遊びのコーナーを設ける。<br>●ひも通しのような発達に合った玩具や、車や動物など身近な物が載った絵本や興味を示している絵本を用意する。<br>●天気のよい日には、園庭で遊ぶ時間を設ける。 | ●ままごと、ブロック、ミニカーなど好きな玩具を見付けて遊ぶ子もいれば、遊ばない子もいる。<br>●好きな絵本を読んでもらう。<br>●園庭にあるアスレチックで体を動かす。 | ●一人一人の遊びの様子を見ながら、子どもの要求に応じて保育者も一緒に遊ぶ。<br>●ゆったりとした雰囲気の中で絵本を読む。<br>●園庭では人数確認をしたり、けがや危険のないように見守ったりする。 |

## ⇄ 職員との連携

- 職員間の役割をきちんと把握し、子どもが戸惑わないように、声をかけ合いながら落ち着いて行動する。
- 一人一人の子どもの状態を共通理解しておく。

## 🏠 家庭との連携

- 家庭での生活習慣や様子、健康状態、癖などを、あらかじめ具体的に聞いておく。
- 連絡帳や迎えの時間を利用して、一日の子どもの生活を知らせ、安心感をもってもらえるようにする。
- 部屋の使い方など、分かりやすいように掲示したり、お便りにして配布したりする。

## 評価・反省

- 新しい環境に戸惑い泣いてしまう子もいたが、一対一で過ごす時間をつくったことで少しずつ笑顔の時間が増えてきた。保護者にも安心してもらえるように、日中の様子を丁寧に口頭やノートで知らせることができた。
- いろいろな遊びに誘ったので、個々に好きな遊びが見付かってよかったが、じっくり遊び込めていない様子もあるので、環境を整えていきたい。

# 5月 月案

## 5月の月案 ここがポイント！

### 子どもたちとの散歩が楽しい季節

　風が心地よい季節です。晴れた日は戸外へ行く計画を立てましょう。散歩はゆっくりと余裕をもって計画し、道中も十分に楽しみます。ベビーカーも適宜利用して、無理をさせないようにしましょう。

　また、泣き声は人を不安にさせるので、優しく抱き上げて泣きやむのを待ちますが、長引くようなら廊下に出るなど、他の子どもたちの遊びの雰囲気を壊さないよう配慮しましょう。

## 5月月案 ひよこ組

### 前月末の子どもの姿
- 新入園児は次第に保育者から離れ、好きな玩具に手を伸ばして遊び出す姿が見られる。
- 戸外では砂場で好きな玩具を手に取って遊んだり、ブランコや滑り台をしたりして活発に楽しむ。

| | | ★ 内　容 |
|---|---|---|
| 養護 | 生命の保持・情緒の安定 | ●気持ちを十分に受け止められ、保育者と信頼関係を築く。<br>●安心できる環境の中で食事をしたり、睡眠を取ったりする。<br>●手伝ってもらいながら、着脱、エプロンの片付け、手洗いなど簡単な身の回りのことを自分でやってみようとする。 |
| 教育 | 健康・人間関係・環境・言葉・表現 | ●保育者と一緒に遊んだり、見守られたりしながら一人遊びを楽しむ。[人間][環境]<br>●保育者のリズミカルな言葉を楽しむ。[言葉]<br>●リズムに合わせた体の動きを楽しむ。[表現]<br>●戸外を喜び、体を動かして遊ぶ。[健康]<br>●散歩に出かけることを喜ぶ。[環境] |

### 食育
- 一人一人の生活リズムに合わせて、少人数でゆったりと食べられるようにする。
- 自分で食べようとする気持ちを大切にしながら、楽しい雰囲気の中で食事ができるようにする。

## ◆ ねらい

- 新しい環境に慣れ、安心して園生活を過ごす。
- 保育者に見守られながら、好きな遊びを楽しむ。
- 気温の変化に対応できるような衣服を着る。

## 月間予定

- 懇談会
- 身体測定
- 避難訓練

5月 月案

| 環境構成 | 予想される子どもの姿 | 保育者の援助 |
|---|---|---|
| ●眠くなったときにいつでも休養が取れるように環境を整えておく。<br>●食べられない物は一口だけにし、落ち着いた雰囲気で食べられるようにする。<br>●手洗いが自分でできるように踏み台を用意する。 | ●新しい環境に慣れ、一日を機嫌よく過ごせるようになる。<br>●なかなか寝付けない子や早めに起きる子がいる。<br>●好きな物を手づかみやスプーンを使って自分で食べようとする。<br>●生活の流れを覚え、自ら身の回りのことをやってみようとする。 | ●子どもの気持ちを受け止める。不安になってしまう子どもには一対一になる環境を設け、信頼関係を築いていく。<br>●その子なりの休息の取り方を工夫する。また、無理強いせずに食事を進める。<br>●自分でやりたがる子には、様子を見ながら手伝い、自分でやりたい気持ちを大切にする。一対一で関わり、やる気を育てていく。 |
| ●大きめのブロック、積み木、型はめなど発達に合った玩具や絵本を用意する。<br>●十分に遊び込めるように保育室の環境を整える。<br>●小規模なアスレチックや低い遊具がある公園を選ぶ。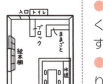 | ●気に入っている絵本を自分でめくって見たり、読んでもらったりすることを楽しむ。<br>●ままごとで、保育者とのやり取りを楽しんでいるが、じっくりと遊び込むことはまだ少ない。<br>●公園にある遊具で体を動かして遊んだり、園庭で砂遊びを楽しんだりする。 | ●一人一人の遊びの様子を見ながら、子どもの要求に応じて保育者も一緒に遊ぶ。<br>●各コーナーを整え、遊びが盛り上がるように、一緒に遊びながら遊び方を知らせていく。<br>●公園や園庭では保育者の立ち位置を確認し、声をかけ合いながら、危険のないように見守る。 |

## ⇄ 職員との連携

- 職員間の役割をきちんと把握し、子どもが戸惑わないように声をかけ合いながら、落ち着いて行動する。
- 一人一人の子どもの状態を共通理解しておく。

## 🏠 家庭との連携

- 新しい環境になり、疲れが見られる頃なので、体調の変化に気を付け、園や家庭生活での様子を伝え合う。
- 懇談会では、一年の見通しや子どもの成長について伝え、意見交換をしながら共通理解が深められるようにする。

## 🏷 評価・反省

- 一人一人の気持ちを十分に受け止め、ゆったりと接していったことで、新しい環境に慣れ、好きな遊びを見付けてじっくりと遊べるようになった。
- 着脱や手洗いなど、一対一で丁寧に行っていったことで、自分でやろうとする姿が増えてきた。引き続き一緒に行い、意欲や自信を育てていきたい。

# 6月 月案

### 6月の月案 ここがポイント！

**室内でも体を動かして遊ぼう**

　雨のため室内で過ごすことが多くなります。子どもたちが好きな楽しい曲に合わせて体を動かしたり、室内用の滑り台を置いたりして、室内でも全身運動ができる場を用意しましょう。

　食については一人一人で取り組み方が異なってきます。自分で食べようとする気持ちを大切にし、「食事は楽しい」という経験になるよう援助していきます。

## 6月月案 ひよこ組

### 前月末の子どもの姿

- おやつや給食を楽しみにしていて、自分で食べようとする意欲が見られる。
- それぞれ好きな遊びが見付かり、落ち着いて遊び込めるようになってきている。

| | | ★ 内　容 |
|---|---|---|
| 養護 | 生命の保持・情緒の安定 | ●梅雨期の衛生に配慮された中で、健康状態を見守られながら過ごし、異常のある場合は適切に対応される。<br>●こぼしながらも手づかみやスプーン、フォークを持って、自分で食べようとする。<br>●ズボンの着脱など簡単な身の回りのことを自分でしようとする。 |
| 教育 | 健康・人間関係・環境・言葉・表現 | ●曲に合わせて体を動かして遊ぶことを楽しむ。 表現<br>●保育者との触れ合いを喜ぶ。 人間<br>●声を出すことを楽しむ。 言葉<br>●室内で好きな玩具で遊ぶ。 環境<br>●天気のよい日には散歩に出かけたり、園庭に出て体を動かしたりして遊ぶ。 健康 環境 |

### 食育

- 必要に応じてできないところをさり気なく援助する。スプーンを利用するなどして、自分で食べようとしている気持ちを大切にし、自分で食べたという満足感がもてるようにする。
- 梅雨期の衛生には十分に配慮する。

## ◆ ねらい

- 梅雨期を快適に過ごす。
- 保育者と一緒に好きな遊びをしたり、体を動かしたりして遊ぶことを楽しむ。

## 月間予定

- 避難訓練
- 保育参観
- 身体測定
- 歯科検診
- 内科検診

6月 月案

| 環境構成 | 予想される子どもの姿 | 保育者の援助 |
|---|---|---|
| ●援助用のスプーン、フォークを用意し、食品を食べやすい大きさに切って調節する。<br>●自分ではきやすいような向きにズボンを置く。ズボンがはきやすいような台を用意する。 | ●気温差により少し体調を崩す子もいる。<br>●手づかみやスプーンを使い、自分で食べようとしている。援助を嫌がる子もいる。<br>●オムツ交換の際に自分でズボンを脱いだり、はこうとしたりする姿が見られる。 | ●体調の変化が見られたときには、看護師と連携し、すばやく行動する。<br>●梅雨期の室温、湿度に気を付け、室内を衛生的にする。<br>●自分で食べようとする気持ちを大切にしながら、必要なときは援助する。<br>●自分でやろうとする気持ちを大切にし、できないところはさり気なく手助けをして、自分でできたという自信につなげていく。 |
| ●子どもの好きな体操や曲を準備する。<br>●好きな遊びが見付けられるように室内の環境を整える。<br>●水分補給の麦茶を用意し、玩具の数や遊びのスペースを確保する。<br>●十分に体を動かして遊べるように屋外には、三輪車やシャベルなどを用意しておく。 | ●曲に合わせて体を動かす。保育者のまねをしながら体操を楽しむ。<br>●好きな遊びを見付け、少しずつ遊び込めるようになる。<br>●滑り台などの遊具や砂場で遊び、三輪車を楽しむ。 | ●保育者が楽しく体を動かして遊び、子どもも一緒に手や足を動かせるようにする。<br>●低い滑り台やペダルのない三輪車など、遊具は子どもたちの発達に見合った物を選び、危険のないように見守る。 |

| 職員との連携 | 家庭との連携 | 評価・反省 |
|---|---|---|
| ●体調の変化については連絡漏れのないよう声をかけ合う。具合が悪いときには早めに対応できるように職員間で共通認識をもつようにする。<br>●室内遊びが多くなるので、子どもが喜び楽しめる遊びの工夫や、生活空間の使い方などを話し合い、役割分担を決めておく。 | ●汗をかきやすいので着替えを多めに準備してもらう。<br>●季節の変わり目なので、体調の変化に気を付け、その日の様子を送迎時や連絡帳などで、細かく伝え合う。 | ●食事面では、月齢にもよるが、手づかみなど自分から食事を積極的に食べる姿が見られる。一人一人に合った援助をしていきたい。<br>●ままごとコーナーの棚を利用してお店屋さんをつくったことで、低い棚でも子どもたちが登ることなく、このコーナーを使って遊びが広がった。少しずつ遊びが広がるように、環境設定などを配慮したい。 |

# 7月 月案

月案 → P058-P059 7月の月案

## 7月月案 ひよこ組

### 前月末の子どもの姿
- 暑さから食事が進まなくなる子がいる。
- 自分で食べようとする意欲が出てきているが、スプーンを持ちながら手づかみが目立つ。
- 体操が好きで、曲に合わせて体を動かし楽しむ。

| | | ★ 内　容 |
|---|---|---|
| 養護 | 生命の保持・情緒の安定 | ●涼しく安全な環境を整えた中で、快適に過ごす。<br>●保育者に促され、食事前や遊んだ後に手を洗い、タオルでふこうとする。<br>●手づかみやスプーンを使い、自分で食べたり、援助されながら食べたりする。<br>●オムツが濡れていないときに便器に座り、排尿しようとする。 |
| 教育 | 健康・人間関係・環境・言葉・表現 | ●水や砂などに触れながら楽しく遊ぶ。 健康 表現<br>●絵本を見ることを楽しむ。 言葉<br>●友達とリズム遊びや体操など、体を動かして遊ぶことを楽しむ。 人間 表現 |

### 食育
- 食事が進まない様子が見られたら、量を加減する。そして少しでも食べられたらほめるようにする。

## 7月の月案 ここがポイント！

### トイレでするってかっこいい！ の気持ちで

　軽装になる季節です。そろそろトイレトレーニングを始めたい子もいるでしょう。焦らずに、トイレでできたらかっこいいね、という喜びをもって取り組みます。トイレに行きたくなるように、トイレはいつも明るく楽しい雰囲気にしておきたいものです。

　また、水や砂とも触れ合いたい時期です。水や砂の感触を十分に楽しめるよう、汚れを気にせず遊べるように服装にも配慮しましょう。

「5領域」の 健康：健康　人間：人間関係　環境：環境　言葉：言葉　表現：表現　を表しています。

## 7月 月案

### ◆ ねらい
- 健康で快適に過ごす。
- 水や砂などに触れて、夏ならではの遊びを保育者や友達と一緒に楽しむ。

### 📋 月間予定
- 避難訓練
- 身体測定
- 安全対策訓練
- 七夕

| 🪑 環境構成 | 👧 予想される子どもの姿 | 👕 保育者の援助 |
|---|---|---|
| ●手の洗い方が分かるイラストなどを手洗いの壁にはる。<br>●食事中に足が不安定にならないように、足に台を用意する。<br>●トイレは常に清潔に保つ。 | ●季節の変わり目で、体調を崩したり疲れが出たりする子がいる。<br>●手洗いの際に水の感触を楽しみ、手をこすらずに流すだけにしている子もいる。<br>●スプーンを持ちながら手づかみで食べている子もいる。<br>●月齢の高い子はオムツが濡れていることを知らせたり、トイレに行こうとしたりする。 | ●体調の変化が見られたときには看護師と連携し、すばやく対応する。<br>●手がきれいになった気持ちよさを感じることができるような言葉をかける。<br>●「おいしいね」と言葉をかけたり、スプーンに手を添えたりしながら、自ら食べる意欲を大切にする。<br>●排泄の間隔やタイミングを見ながら、個々に応じてトイレに誘いかける。 |
| ●ペットボトルや牛乳パックなどを利用して、水や砂での遊びが楽しめるような玩具を準備する。<br>●手の届くところに絵本を用意する。<br>●すぐに踊れるように好きな曲を用意する。 | ●手の汚れを気にせず集中して砂遊びを楽しんでいる。時々口に入れようとする子も見られる。<br>●保育者に絵本を持ってくる。<br>●テラスで水遊びを楽しむ。<br>●体操の曲をかけてほしいと言い、曲に合わせ楽しそうに踊っている。3歳以上児が園庭で体操をしていると、まねをしながら一緒に踊る。 | ●砂や水の感触を安全に楽しめるように個々の興味や様子に合わせた遊びで、時間配分をする。<br>●指差ししながら絵本を一緒に見る。<br>●水や砂を口に入れないように十分に配慮する。<br>●子どもが好きな曲を用意し、保育者も楽しんで体を動かす。 |

### 🔁 職員との連携
- 暑さのために食欲が落ちたり、体調を崩したりするので、一人一人の様子をよく見て、担任間でこまめに伝え合う。
- 子どもの興味が増し、行動範囲も広がってくるので、一人一人に必要な援助について改めて話し合う。

### 🏠 家庭との連携
- 夏に多い感染症（とびひ、水ぼうそう）、脱水症状などについて知らせ、早期発見、早期治療に努めてもらう。
- 着脱しやすい服や汗を吸いやすい服を多めに準備してもらう。
- 暑さによる疲れが出やすい時期なので、健康状態について連絡をこまめに取り合う。

### 🏷 評価・反省
- 水遊びは事前に流れや役割分担をしっかり考えたので、スムーズに行えてよかった。子どもたちも十分に楽しんでいるようだった。
- 手洗いや食事、着脱など、身の回りのことをできるだけ一対一で丁寧に見たので意欲的にしようとする姿が見られる。引き続き見守り、励まして意欲を育てたい。

# 8月 月案

8月月案
ひよこ組

### 😊 前月末の子どもの姿

- 水遊びが始まり、みんな喜んで水の感触を楽しむ。
- 衣服の着脱時に自分から手や足を通そうとする。
- 高月齢の子はタイミングが合うとトイレで排尿することが多くなる。

| | | ★ 内 容 |
|---|---|---|
| 養護 | 生命の保持・情緒の安定 | ●涼しく安全な環境を整えた中で、快適に過ごす。<br>●自分で着替えようとして手足を出したり、パンツやズボンの上げ下ろしをしたりする。<br>●手づかみやスプーンを使い、自分で食べたり援助されながら食べたりする。<br>●オムツが濡れていないときに便器に座り、排尿しようとする。 |
| 教育 | 健康・人間関係・環境・言葉・表現 | ●水や砂などに触れながら楽しく遊ぶ。 健康 表現<br>●絵本や紙芝居を見ることを楽しむ。 言葉<br>●簡単な体操やリズム遊びを楽しむ。 環境 表現 |

### 🍚 食 育

- 風通しのよいところで食べたり、量を加減したりしながら、食べたい気持ちを大切にして、ゆったりとした雰囲気をつくる。

## 8月の月案 ここがポイント！

### シャワーでさっぱり、一人で着替えるチャンス

暑さも本番、子どもたちは汗っかき。あせもができやすい季節です。午前中の活動後や午睡の後にシャワーでさっぱり清潔にすると、保護者の迎えの時間まで快適に過ごすことができます。

半そでTシャツや半ズボンは、自分で着替えたい子どもにとって、一人でできるチャンス！ 着やすいように最初は首だけ入れて援助しましょう。できたら驚いて見せ、一緒に喜び合います。

## 8月 月案

### ◆ ねらい
- ゆったりとした生活をし、暑い夏を快適に過ごす。
- 保育者や友達と一緒に水や砂などに触れ、夏ならではの遊びに興味をもち、十分に楽しむ。

### 月間予定
- 避難訓練
- 身体測定
- スイカ割り大会

| 環境構成 | 予想される子どもの姿 | 保育者の援助 |
|---|---|---|
| ●ズボンやパンツをはきやすいように置く。また、はきやすいように台を用意する。<br>●大きめのエプロンと一人一人の手ふきを用意する。<br>●トイレが汚れていたり水がはねたりしていたらすぐに清掃し、常に清潔に保つ。 | ●暑い日が続いているが、体調を崩すことなく元気に過ごす。<br>●着脱や食事など自分でやろうという姿が多くなる。「自分で」と、できなくても援助を嫌がる子もいる。<br>●スプーンを持ちながら手づかみで食べる。<br>●嫌がらずにオムツ交換をし、月齢の高い子は声かけによりトイレに行き、タイミングが合うと排尿する。 | ●遊びの後には、十分な休息と水分補給を心がける。また、室内の通気をよくし、クーラーを使用するときは外気温との差に注意する。<br>●ズボンははきやすいように置くなど、自分ではこうとする気持ちを大切にする。<br>●言葉をかけたり援助したりしながら、子どもの意欲を大切にする。<br>●排泄の間隔やタイミングを見ながらトイレに誘いかける。排尿できたらほめて自信につなげる。 |
| ●水や砂での遊びが楽しめるような玩具を準備する。ペットボトルや牛乳パックを用意する。<br>●絵本は単純でリズミカルな言葉の物を選び、いつでも見られるように手の届くところに用意する。<br>●子どもたちが好きな曲を用意する。 | ●水遊びが始まり、どの子も喜んで水の感触を楽しんでいるが、顔に水がかかるのを嫌がる子がいる。<br>●保育者に絵本を読んでもらったり、紙芝居を見たりすることを喜ぶ。絵本に出てくる文をくり返し口にする。<br>●曲に合わせて体を動かす。 | ●顔に水がかかるのを嫌がる子には、別の場所にバケツなどを用意し、じっくり遊び込めるようにする。<br>●絵本や紙芝居を見ながら、子どもとの言葉のやり取りを楽しむ。また、気に入った絵本や紙芝居は、くり返し読む。<br>●保育者も体を動かして楽しむ。 |

### ⇄ 職員との連携
- 暑さのため体調を崩しやすいので、健康状態に気を配り、連絡を取り合う。
- 水遊びがスムーズに行えるように、職員の配置や役割を決めておく。

### 🏠 家庭との連携
- 暑さや家族での外出で生活リズムが乱れて疲れが出やすくなる時期なので、健康状態を細かく伝え合う。
- 汗をかいたり、砂・水遊びの後に着替えたりすることが多くなるので、衣服の補充をお願いする。

### ◆ 評価・反省
- 手足口病が大流行し、ほとんどの子が手足口病になってしまった。それ以外では暑さの中でも元気に過ごせたのでよかった。
- 次々にいろいろな遊びや玩具を用意したことで、水遊びも飽きることなく、十分に楽しめていたと思う。個々の様子に合わせて援助することもできてよかった。

# 9月 月案

月案 → P062-P063 9月の月案

## 9月月案 ひよこ組

### 9月の月案 ここがポイント！

**夏の疲れに気を付けながら、秋を楽しんで**

疲れが出やすい頃なので、だるそうにしていないか、熱はないか、常に気を配る必要があります。また、歩き方が次第にしっかりしてきます。運動会ではかけっこにも参加するでしょう。大きなけがにつながらないように見守りましょう。

草花や木の実など秋の自然物との関わりも計画したいものです。自然が豊かな公園を選ぶなどして、出会いを演出しましょう。

### 前月末の子どもの姿

- 手足口病が流行し、休む子が多い。
- 手洗いや着脱など、身の回りのことが上手になってきて、一人で頑張る姿が増える。
- 毎日の水遊びを楽しみにし、喜んで遊ぶ。

| | | ★ 内　容 |
|---|---|---|
| 養護 | 生命の保持・情緒の安定 | ●体調や生活リズムに配慮されながら、健康に過ごす。<br>●靴や靴下を自分ではこうとする。<br>●手づかみやスプーンを使い、自分で食べたり援助されながら食べたりする。<br>●オムツが濡れていないときに便座に座り、排尿しようとする。<br>●高月齢児は、オムツが濡れたことや尿意を伝える。 |
| 教育 | 健康・人間関係・環境・言葉・表現 | ●リズムに合わせ、保育者と楽しみながら体を動かす。 [人間][表現]<br>●巧技台で遊んだり、かけっこをしたりして楽しむ。 [健康][環境]<br>●散歩に出かけ、秋の自然に触れながら保育者と言葉のやり取りを楽しむ。 [環境][言葉] |

### 食育

- 自分で食べる気持ちを大切にして、食事を楽しめるように声をかける。

「5領域」の [健康]：健康　[人間]：人間関係　[環境]：環境　[言葉]：言葉　[表現]：表現　を表しています。

## ◆ ねらい

- 生活リズムを整えて快適に過ごす。
- 戸外遊びや散歩で、身近な秋の自然に触れる。
- 保育者や友達と体を動かして遊ぶことを楽しむ。

## 月間予定

- 避難訓練
- 身体測定

9月 月案

| 環境構成 | 予想される子どもの姿 | 保育者の援助 |
|---|---|---|
| ●時差を付けて外に出るように声をかけ、靴をはく場所が混雑しないようにする。<br>●手で食べやすい大きさの食材を用意する。<br>●トイレは常に清潔に保ち、子どもたちが進んで行きたくなるようにする。 | ●夏の疲れから、体調を崩す子がいる。<br>●靴や靴下をはくときに、うまく足が入らず保育者に助けを求めることもある。<br>●スプーンを持ちながら手づかみで食べる。<br>●オムツを嫌がらずに交換してもらい、月齢の高い子はトイレでの排尿が成功することが多くなる。時々出たことを知らせる。 | ●夏の疲れが出たり、体調を崩したりしやすい時期なので、食事や睡眠など、健康状態を把握する。<br>●靴や靴下のはき方を知らせ、自分でできたときの喜びが味わえるようにする。<br>●食具の持ち方を覚えられるように、実際に見せるなどする。<br>●排泄の間隔やタイミングを見ながら個々に応じてトイレに誘う。成功したり、知らせてきたりしたときは十分にほめて自信につなげる。 |
| ●子どもが気に入っている曲を用意する。<br>●広い場所でかけっこをする際は、けがのないように、必ずそばに付き添う。<br>●ドングリなど、自然物のある場所を事前に把握する。 | ●体操が大好きで、いろいろな曲をリクエストして楽しんで踊る。<br>●かけっこを楽しんだり、巧技台を登ったり、飛び下りたりと、動きが活発になってくる。<br>●アサガオの種を喜んで集める。 | ●保育者もリズミカルに体を動かして楽しむ。<br>●巧技台は使い方を知らせながら危険のないようにする。<br>●秋の自然について話したり、自然物を拾ったりする。 |

## ⇄ 職員との連携

- 散歩や戸外遊びでは、活発に動くようになるので、保育者同士で声をかけ合い、危険のないようにする。

## 🏠 家庭との連携

- 気温の変化が激しく、体調を崩しやすい時期なので、健康状態を細かく伝え合う。
- まだ汗をかくことが多いので、衣服の補充をしてもらう。

## 🏷 評価・反省

- 夏の疲れから体調を崩し、高熱を出す子が見られた。今後も体調の変化には十分に気を付けて対応していきたい。
- 着脱を自分でやろうという気持ちを大切にし、少人数ずつ丁寧に行ったので、月齢の低い子もズボンや靴を自分ではこうとするようになって、よかった。意欲を認め、できたときには自信につながるような言葉をかけていきたい。

# 10月 月案

## 動きがしっかりし、関心が広がる

　行動範囲が広くなり、園庭のいろいろな場所に興味をもちます。友達にも関心を向け、じっと見たりしていることをまねたりします。そんなときは「〇〇ちゃん、△△しているね」と言葉を添え、今していることや相手の名前を聞かせるとよいでしょう。

　たくさん動くと食欲も出てきます。旬の食材も豊富なので「おいも、おいしいね」などと野菜の名前を教えながら、楽しく食事ができるようにしましょう。

## 10月月案 ひよこ組

### 前月末の子どもの姿

- 気温差があり、体調を崩す子が多い。
- 子ども同士の関わりが活発になってきて、一緒に遊ぶことを喜ぶ。
- 好きな曲をかけると喜んで体操をする。

| | | ★ 内　容 |
|---|---|---|
| 養　護 | 生命の保持・情緒の安定 | ●体調や生活リズムを整えた環境で、健康に過ごす。<br>●排泄後に言葉やしぐさで知らせたり、トイレで排泄しようとしたりする。<br>●ファスナーの開閉やボタンのかけ外しなど、身の回りのことを自分でやろうとする。  |
| 教　育 | 健康・人間関係・環境・言葉・表現 | ●保育者と一緒に身近な秋を楽しむ。 [人間][環境]<br>●リズムに合わせて楽しみながら体を動かす。 [表現]<br>●追いかけっこを楽しむ。 [健康]<br>●身近な保育者や友達との関わりや簡単な言葉のやり取りを楽しむ。 [人間][言葉] |

### 食　育

- スプーンやフォークを使い、上手に食べられたら十分にほめて、更に自分で食べることへの意欲を引き出していく。

「5領域」の [健康]:健康 [人間]:人間関係 [環境]:環境 [言葉]:言葉 [表現]:表現 を表しています。

## 10月 月案

### ◆ ねらい
- 気温差や一人一人の体調に留意されて、健康的に過ごす。
- 秋の自然に触れながら、散歩や戸外遊びを楽しむ。
- 保育者や友達と体を動かして遊ぶことを楽しむ。

### 月間予定
- 避難訓練
- 身体測定
- 運動会
- 遠足

| 環境構成 | 予想される子どもの姿 | 保育者の援助 |
|---|---|---|
| ●トイレを清潔にし、足元にマットを敷く。<br>●ボタンやファスナーのついた玩具など、手先を使って遊べる物を用意する。 | ●暖かい日と涼しい日があり、体調を崩した子が多い。<br>●オムツを嫌がらずに交換してもらう。便座に座ってみて、タイミングが合うと排尿する。<br>●上着のファスナーの開け閉めやボタンのかけ外しに興味をもち、自分でしようとする。うまくできずにイライラするが手伝いをすると嫌がる。 | ●気温の変化や子どもの健康状態に合わせ、こまめに衣服調節する。<br>●トイレに行くことを嫌がる子には無理強いせず、友達の姿を見て行ってみようという気持ちになるまで待つ。<br>●自分でしようとする気持ちを大切にしながら、さり気なく手助けする。遊びの中でファスナーの開閉やボタンのかけ外しを経験し、できたという満足感を味わえるようにする。 |
| ●落ち葉やドングリなど秋の自然に触れられる公園を選ぶ。<br>●子どもが気に入っている曲を用意する。<br>●「ちょちちょちあわわ」など、わらべうたを数曲用意する。<br>●子どもの好きな玩具や興味のある遊びを把握し、数をそろえる。 | ●園庭の落ち葉を拾ったり、実を見付けたりして喜ぶ。<br>●「○○の歌をかけて」とリクエストして体操を楽しむ。<br>●「あぶくたった」の遊びで追いかけられることを喜ぶ。<br>●ままごとなどを通して言葉のやり取りや模倣遊びを楽しむ。 | ●落ち葉を踏んだりドングリを見付けたりして、一緒に喜ぶ。<br>●保育者もリズミカルに体を動かして、子どもと触れ合いながら楽しさを共有する。<br>●トラブルの際には「貸して」「いいよ」などの言葉を知らせる。 |

### ⇄ 職員との連携
- 運動会当日の役割分担をしっかり行い、子どもたちや保護者がスムーズに動けるようにする。
- 散歩や戸外遊びでは活発に動くようになるので、保育者同士で声をかけ合い、危険のないようにする。
- 安全で楽しい遠足になるよう、事前に職員間で行程や危険箇所などの確認をしておく。

### 🏠 家庭との連携
- 朝晩と日中の気温差に合わせて調節しやすい衣服を用意してもらう。
- 薄着の習慣が大切であることを伝え、理解してもらう。

### ◆ 評価・反省
- 暑い日や肌寒い日があり、鼻水が出る子が多く見られたが、その日の気温や体調に合わせて衣服で調節したので大きく体調を崩すことはなかった。
- 散歩や遠足に出かけ、ドングリを拾ったり落ち葉で遊んだりなど、秋の自然に触れながら戸外遊びを楽しむことができた。今後も散歩に出かけ、秋の自然の中で体を動かす機会をたくさんつくっていきたい。

# 11月 月案

月案 → P066-P067 11月の月案

## 11月の月案 ここがポイント！

### 冬に向けて、手洗いの習慣を身に付けよう

風邪を予防するためにも、手を洗う習慣は欠かせません。一人一人に丁寧に手の洗い方を伝え、きれいに洗えたかどうかを見届けましょう。

くり返しのある絵本が楽しい時期です。みんなで一緒にタイミングを合わせて動いたり、絵本の中の言葉を言ったりして遊びましょう。また、役になる気持ちも芽生え始めています。登場人物になったつもりで保育者も一緒に盛り上がりましょう。

## 11月月案 ひよこ組

### 前月末の子どもの姿

- 友達との関わりを楽しんでいるが、玩具の取り合いなどトラブルも多くなってきている。
- 散歩や遠足へ行き、ドングリを拾うなどの探索活動をとても楽しむ。

| | | ★ 内　容 |
|---|---|---|
| 養護 | 生命の保持・情緒の安定 | ● 体調や生活リズムに配慮され、健康に過ごす。<br>● 靴や靴下を自分ではこうとする。<br>● 声かけにより、食事やおやつの前、外から帰ってきたときに手を洗ったり、タオルでふいたりしようとする。 |
| 教育 | 健康・人間関係・環境・言葉・表現 | ● 保育者と一緒に身近な秋を楽しむ。 人間 環境<br>● 落ち葉の香りを感じ、踏むと音がすることに気付く。 表現<br>● 広い場で歩き回ることを喜ぶ。 健康<br>● 名前を呼んだり、「貸して」「待ってね」などの簡単なやり取りをしたりしながら、友達と関わる。 人間 言葉 |

### 食育

- 遊び食べにならないように、個々のペースに合わせて食事を終わらせ、次の活動や午睡に入れるようにする。
- 食事を楽しめるような言葉かけや会話をする。

## 11月 月案

### ◆ ねらい
- 気温や体調に配慮されながら、健康的に過ごす。
- 簡単な身の回りのことを自分でしようとする。
- 散歩や戸外遊びを通して秋の自然に触れて楽しむ。

### 月間予定
- 身体測定
- 保育参観、個人面談
- 避難訓練
- 内科検診、歯科検診

| 環境構成 | 予想される子どもの姿 | 保育者の援助 |
|---|---|---|
| ●寒暖の調整がしやすいように、衣服は重ね着にする。<br>●靴をはくときの椅子を用意する。<br>●手が汚れたことに気が付けるように声をかける。また、洗うことが楽しくなるような言葉をかけたり、洗い方を示す絵をはったりする。 | ●大きく体調を崩す子はいないが、鼻水が出ている子が多い。<br>●「自分で」と何でも自分でしようとする姿が見られる。靴や靴下にうまく足が入らず、助けを求める。<br>●手をふくのを忘れたまま席に着こうとする子や、手が汚れていても洗わず遊ぼうとする子がいる。 | ●気温の変化や子どもの健康状態を見ながら、衣服の調節や活動の場を考慮する。<br>●靴や靴下のはき方を知らせ、自分でできたときの喜びが味わえるようにする。<br>●自分のタオルがある場所を知らせ、手洗いの一連の動きが分かるよう、くり返し伝えていく。 |
| ●落ち葉やドングリなど秋の自然に触れられる公園を選ぶ。<br>●ドングリを入れるバッグを製作して持っていく。<br>●ままごとなどで生活の模倣や再現遊びができるよう、テーブルや皿を並べて設定する。 | ●落ち葉やドングリなどを見付けて喜ぶ。<br>●ドングリを拾い、バッグに入れて集める。<br>●「いらっしゃいませ」「くださいな」などのやり取りをしながら、お店屋さんごっこを楽しんだり、「三匹のこぶた」などの絵本の物語を再現した劇遊びを喜んだりする。 | ●落ち葉やドングリなどの秋の自然に触れて十分に遊べるように、時間に余裕をもって散歩に出かける。<br>●ごっこ遊びを保育者も一緒に楽しむ。<br>●取り合いなどのトラブルが起きたら気持ちを受け止め、互いの思いを代弁する。「貸して」「どうぞ」などのその場に合った言葉を知らせる。 |

### ⇄ 職員との連携
- 健康に気を配り、気温や活動量に合わせた衣服の調節をしていく。
- 子どもたちの行動範囲も広がるので、戸外で遊ぶ際の留意点や、一人一人の子どもの様子などについて、職員間で共通理解する。

### 🏠 家庭との連携
- 朝晩と日中の気温差に合わせて調節しやすい衣類を用意してもらう。
- 薄着の習慣が大切であることを伝えて理解してもらう。
- 保育参観や面談を通して、子どもの姿を見てもらい、成長を喜び合う。

### 評価・反省
- 大きく体調を崩す子はいなかったが、風邪ぎみで鼻水が出ている子が多かった。体調の変化に留意し、健康に過ごせるようにしていきたい。
- ままごとなどの玩具を充実させたり、いろいろな絵本を読んで劇遊びに発展させたりすることができてよかった。友達との言葉のやり取りをして遊ぶ楽しさを共有したい。

# 12月 月案

12月月案
ひよこ組

### 前月末の子どもの姿
- 寒い日でも戸外に出て喜んで遊んでいる。
- 「大きなカブ」「三匹のやぎのがらがらどん」など好きな絵本のセリフをまねするなど、劇遊びをして楽しんでいる。

| | | ★ 内 容 |
|---|---|---|
| 養護 | 生命の保持・情緒の安定 | ●体調や生活リズムに配慮されながら、健康に過ごす。<br>●靴や靴下、上着などを自分ではいたり着たりしようとする。<br>●鼻水が出たら知らせてかんでもらったり、自分でふこうとしたりする。<br>●尿意を知らせたり、トイレで排泄したりする。 |
| 教育 | 健康・人間関係・環境・言葉・表現 | ●保育者や友達と一緒にままごと遊びや絵本を使ったごっこ遊びを楽しむ。[人間][言葉]<br>●少人数で手をつないで歩き、友達と一緒に散歩を楽しむ。[人間][環境]<br>●冬の自然に触れて、季節を感じながら遊ぶ。[環境][表現]<br>●思いきり体を動かして遊ぶ。[健康] |

### 食育
- 行事食（クリスマスのお楽しみ会メニューやバイキングなど）を取り入れ、季節感を食事でも味わえるようにする。

## 12月の月案 ここがポイント！

### 「ありがとう」が言えるように保育者が促して

集団保育の場なので、咳をする子、鼻水が出る子は必ずいるもの。咳をするときは口に手を当てることや、鼻のかみ方を丁寧に教えていきましょう。

また、友達との関わりが増えてきます。「どうぞ」「ありがとう」が言えるように、保育者も実際に使って聞かせ、子どもにも言うように促します。言えたら「すてき！」「上手ね！」と認め、言えた喜びを共に味わいましょう。

## 12月 月案

### ◆ ねらい
- 寒い時期でも戸外や室内で体を動かして遊ぶ。
- 保育者や友達と言葉でのやり取りをしながら、ごっこ遊びや、つもり遊びを楽しむ。

### 📋 月間予定
- 身体測定
- 避難訓練
- 安全対策訓練
- お楽しみ会
- もちつき

### 環境構成
- 上着や靴、靴下の置き場所が分かりやすいようにする。
- 鼻水が出たらこまめにふいて清潔を保てるように、ティッシュを用意する。
- トイレを清潔に保ち、子どもたちが好きな絵をはるなど、明るく楽しい気持ちになるようにする。

- スペースを十分に確保し、ままごと遊びの道具などは取り合いにならないよう、数をそろえておく。
- ごっこ遊びが広がっていくように、お面などを用意する。
- 暖かい日は戸外へ行き、冬の自然に触れて遊べるようにする。いろいろな散歩コースを取り入れて発見の機会を広げる。

### 予想される子どもの姿
- 鼻水が出ている子も多いが、大きく体調を崩すことなく、活発に体を動かして遊ぶ。
- 自分の上着を見付け、着ようとする。戸外から帰ってきたときの着替えなど、自分でやろうとする。
- 鼻水が出たら知らせる子もいれば、手でふいてしまう子もいる。
- 寒さからトイレに行くのを嫌がる子もいる。

- 一緒に遊ぶ中で友達の持っている玩具に興味を示し、ほしがってトラブルになることがある。
- 少人数ずつ手をつないで公園に行くことが上手になってくるが、途中で手を離してしまう子もいる。
- 落ち葉を拾って砂遊びの飾りにするなどして楽しむ。

### 保育者の援助
- 気温の変化や子どもの健康状態を見ながら衣服の調節や活動の場（室内・戸外）を考慮する。
- 着脱の際は、自分からしようとする気持ちが育つよう見守りながら、励ましたりほめたりする。
- 鼻をかむときは、片方の鼻を押さえることを言葉で伝える。
- 排尿できたときには、十分にほめて意欲を育てる。

- 「貸して」「どうぞ」「入れて」など、保育者が言葉を添えて仲立ちとなり、友達と一緒に遊ぶ楽しさを知らせる。
- 手をつないで歩くときは、手を離すと危険であることをくり返し伝える。
- 気温に応じて衣服の調節をし、戸外に出る。落ち葉などを一緒に見付け、季節の変化に気付かせる。

### 職員との連携
- 一人一人の健康状態を把握し、共通理解しておく。
- 保育者の役割分担を工夫し、室内遊びや戸外遊びが充実するようにする。

### 家庭との連携
- 風邪やインフルエンザなど感染症の流行しやすい時期なので、体調の変化に気を付け、健康状態や生活リズムについて、こまめに連絡を取り合う。
- 寒暖の差があるので、調節や着脱のしやすい衣服を用意してもらう。

### 評価・反省
- 寒い日が多くなってきたので、衣服で調節し、体調の変化があれば早めに家庭と連絡を取り合うようにした。そのため大きく体調を崩すことなく、元気に過ごせたのでよかった。
- 身の回りのことを一人で行おうとする姿が増えてきた。しかし、服の前後左右を気にしない、鼻水を手でふいてしまうなどの様子が見られる子もいるので、見守っていきたい。

# 1月 月案

月案 → P070-P071 1月の月案

## 1月月案 ひよこ組

### 前月末の子どもの姿
- 言葉のやり取りがより盛んになり、子ども同士で玩具の貸し借りをする姿が見られる。
- あまり言葉が出ていない子はうまく気持ちを伝えられず、トラブルになってしまうこともある。

| | | ★ 内容 |
|---|---|---|
| 養護 | 生命の保持・情緒の安定 | ●体調や生活リズムに配慮され、健康に過ごす。<br>●自分で靴や靴下をはいたり、上着などを着たりしようとする。<br>●鼻水が出たら知らせて、かんでもらったり自分でふこうとしたりする。<br>●苦手な物でも声かけにより食べようとする。 |
| 教育 | 健康・人間関係・環境・言葉・表現 | ●ままごとなど、ごっこ遊びを楽しみ、見立てたりなりきったりする遊びに興味をもつ。 言葉 表現<br>●福笑い、凧あげなどの正月遊びを保育者と一緒に喜んで遊ぶ。 人間 環境<br>●戸外で氷、霜柱、雪など冬の自然に触れて全身で楽しむ。 健康 環境 表現 |

### 食育
- 最後まで食べきる満足感が味わえるように、一人一人に合わせて量を調節する。

## 1月の月案 ここがポイント！

### 冬ならではの遊び方を考えよう

寒さに負けず、戸外遊びを十分に楽しめる環境を準備しましょう。コートを着て外へ出ても、動いていると汗をかきます。衣服を調節しながら遊ぶ配慮が必要です。

また、霜柱や水たまりに張った氷などにも、タイミングよく出会わせたいものです。それらを見ることができる場所を見付けておき、寒い日の朝に遊べるように計画に入れておきましょう。

## 1月 月案

### ◆ ねらい
- 生活リズムを整え、元気に過ごす。
- 簡単な身の回りのことを自分でしようとする。
- 保育者や友達と触れ合いながら遊びを楽しむ。

### 月間予定
- 身体測定
- 避難訓練
- 修了写真撮影

| 環境構成 | 予想される子どもの姿 | 保育者の援助 |
|---|---|---|
| ●自分でしようとする意欲を認めて見守る。<br>●鼻水が出たらこまめにふいて清潔を保てるようにティッシュを渡し、手の届くところに用意しておく。<br>●個々に合わせて食事の量を調節する。 | ●鼻水や咳が出ている子もいるが、大きく体調を崩すことなく、元気に体を動かして遊んでいる。<br>●靴を左右逆にはこうとする。<br>●衣服の前後を間違える。<br>●鼻水を手でふいてしまう。<br>●食べ物を飲み込めず、口の中にためてしまうことがある。 | ●休み明けで生活リズムが崩れがちなので、休息や睡眠時間を十分取るようにする。<br>●自分でやりたい気持ちを大切にしながら靴の左右や衣服の前後などを知らせ、必要な援助をする。<br>●鼻をかむときは片方の鼻を押さえることを言葉でも伝える。<br>●苦手な物を少しでも食べられたときには、一緒に喜んでほめる。 |
| ●遊びのイメージが膨らむような玩具や道具を用意して、保育者も一緒に遊び、言葉や表現のやり取りが広がるようにする。<br>●凧あげや福笑い、絵合わせかるたなど、発達に応じた正月遊びを考えて取り入れる。<br>●園庭や散歩に行き、冬の自然に触れて遊べるようにする。 | ●人形やままごと道具を使ったごっこ遊びを友達と楽しむが、うまく思いを伝えられずに手が出てしまう子もいる。<br>●自分の凧を見る余裕がなく、ひたすら走ることを楽しむ。<br>●霜柱や水たまりに張った氷を踏んで感触を楽しむ。 | ●思いが通らず手が出たり、かみついたりしたときは、互いの気持ちを受け止めて代弁し、関わり方を伝える。<br>●凧に夢中になり、他児とぶつかったり、転んだりしてけがをしないように気を付ける。<br>●自然物を見付けたときの子どもの言葉や表情を見ながら、やり取りし、子どもの思いを受け止める。 |

### ⇄ 職員との連携
- 下痢・嘔吐(げりおうと)の処置や対応の仕方を確認し合い、職員全体で感染症予防に努める。
- 一人一人の居場所や行動を把握し、保育者同士で声をかけ合い、子どもの動きに合わせて動く。

### 🏠 家庭との連携
- 休み明けで不安定になっていることを伝えながら、生活リズムを元に戻せるよう話をする。
- 冬の感染症や流行について知らせ、体調に変化が見られたら早めに対応し、連絡を取り合う。

### ◆ 評価・反省
- 厚着をして登園する子が多く見られるので、調節のできる衣服を用意してもらい、薄着で過ごす大切さなどを伝えていきたい。
- 正月ならではの遊び（凧あげなど）を友達と一緒に楽しんだり、公園に出かけて霜柱や雪など冬の自然に触れたりして遊ぶ機会をもつことができた。今後も暖かい日は積極的に外に出て、冬の自然に触れて遊びたい。

# 2月 月案

2月月案
ひよこ組

### 😊 前月末の子どもの姿

- 凧あげや福笑いなど、冬のこの時期ならではの遊びを楽しむ。
- 友達とままごとやお店屋さんごっこを通して、言葉のやり取りを盛んに行う。

| | | ★ 内 容 |
|---|---|---|
| 養護 | 生命の保持・情緒の安定 | ●感染症など、様々な病気が流行しやすいので、一人一人の健康状態に十分配慮されながら、快適に過ごす。<br>●保育者に見守られながら、着脱やトイレ、片付けなど簡単な身の回りのことを自分でする。 |
| 教育 | 健康・人間関係・環境・言葉・表現 | ●遊びの中で自分の気持ちや欲求を言葉にして伝える。 言葉<br>●保育者や友達と一緒にごっこ遊びを十分に楽しむ。 人間 言葉<br>●少人数で保育者や友達と手をつないで歩き、季節を感じたり冬の遊びを楽しんだりする。 人間 環境 表現 |

### 🍴 食 育

- 苦手な物を少しでも食べられたときには、「すごいね」とほめたり、友達と一緒に手をたたいたりして、楽しく食べられるようにする。

## 2月の月案 ここがポイント！

### 友達と一緒、まねっこが楽しい時期

月齢の近い子ども同士が近づいて、一緒に遊ぶようになります。友達のまねをする、顔を見合わせてにこっとする、一人が動くともう一人も付いていく、というように、ただ一緒にいることが楽しい時期です。

計画を立てるときには、「〇〇ちゃんグループ」、「△△ちゃんグループ」と、子どもたちの顔を思い浮かべながら、興味をもちそうな物を探っていくと考えやすいかもしれません。

## 2月 月案

### ◆ ねらい
- 寒い時期を健康に過ごす。
- 簡単な身の回りのことを自分でする。
- 保育者や友達と関わる中で自分の気持ちを言葉で表現する。

### 月間予定
- 身体測定
- 安全対策訓練
- 避難訓練
- 節分
- 修了写真撮影

| 環境構成 | 予想される子どもの姿 | 保育者の援助 |
|---|---|---|
| ●加湿器を用意して一定の湿度を保つ。<br>●トイレを清潔に保つ。便座カバーを付けるなど寒さ対策をする。<br>●片付けをしやすいようにかごを用意し、何を入れるかの写真をはる。 | ●寒い日が続いているが、体調を崩すことなく元気に過ごす。厚着をしている子が多くなる。<br>●自分で服、靴、靴下の着脱をする。<br>●トイレに行ってタイミングが合えば排泄する。<br>●自分が使った玩具を保育者と一緒に片付ける。 | ●室内の温度・湿度の調節に留意し、換気をよくする。<br>●インフルエンザなど感染症の予防に努め、一人一人の体調を把握し、異常が見られたら早めに対応する。<br>●一人一人のできるポイントをしっかりとらえ、意欲がもてるような声かけや対応を工夫する。そしてできた喜びや満足感がもてるように援助する。 |
| ●子どもの話したい気持ちを大切にして、ゆったりとした雰囲気をつくる。<br>●見立て遊びが広がるように、ままごとを充実させ、生活用品や人形などを用意する。<br>●天気のよい日は散歩に行き、冬の自然に触れながら探索を楽しみ、十分に遊べるようにする。 | ●ままごとやお店屋さんごっこを通し、友達との言葉のやり取りも盛んになってくる。少しずつ思いを言葉で表そうとするようになり、トラブルも少なくなってくる。<br>●保育者や友達と手をつないで散歩を楽しみ、冬の自然を見たり触れたりして、新しい発見を喜ぶ。 | ●やり取りがうまくできないときは、保育者が仲立ちし、互いの気持ちを代弁したり、どんな言葉をかけたらよいか伝えたりする。<br>●子どもたちからの問いかけに答えたり、一緒に遊んで共感したりして、楽しみ方を伝える。 |

### ⇄ 職員との連携
- 園内の感染症の流行状況を職員間で把握し、連携しながら適切に対応する。
- 体調や様子に合わせて戸外や室内で遊ぶなど、過ごし方の役割分担をしておく。

### 🏠 家庭との連携
- 感染症が流行する時期なので、家庭との連絡を密にし、子ども一人一人の健康状態を把握する。
- 室内は暖かいので、調節しやすい衣服を用意してもらう。

### ◆ 評価・反省
- インフルエンザなどの感染症が流行したが、一人一人の健康状態に注意し、早めの対応を心がけたことで広がることなく過ごすことができた。
- 子どもたちのやり取りを見守り、時には保育者が仲立ちをしたり、関わり方を知らせたりすることで、子どもたちだけでのやり取りが増えた。お互いの思いを代弁するなどして、どんな言葉かけがよいのか伝えていきたい。

月案

3月月案
ひよこ組

### 前月末の子どもの姿

- インフルエンザの流行や発熱など、体調を崩す子が多いので、主に室内で過ごす。
- 節分や、5歳児との関わりなどから、異年齢児と一緒に遊んだり関わったりすることが楽しい様子である。

| | | ★ 内　容 |
|---|---|---|
| 養護 | 生命の保持・情緒の安定 | ● 寒暖の差が大きい季節の変わり目を快適に過ごす。<br>● 進級することを喜び、期待をもって生活する。<br>● 自ら進んで着脱をしたり、保育者と一緒に衣服をたたもうとしたりする。 |
| 教育 | 健康・人間関係・環境・言葉・表現 | ● 異年齢児と遊んだり、手をつないで散歩に出かけたりして、様々な友達と関わり、親しみをもつ。[人間]<br>● 保育者や友達と一緒に見立て遊びやごっこ遊びをしながら、言葉のやり取りを楽しむ。[人間][言葉][表現]<br>● 暖かい日は散歩に出かけ、目的地まで自分で歩く。[健康]<br>● 草花や虫を見付け、春の訪れを感じる。[環境] |

### 食育

- 「おいしいね」と会話をしながら楽しく食事をする中で、簡単なマナーを伝えていく。

### 3月の月案　ここがポイント！

#### 大きくなったね、の喜びをみんなで共有

　子どもたち一人一人の成長が感じられる、嬉しい3月です。年上の子と関わるチャンスも多くあるので、機会を利用して、刺激を上手に受けたいものです。4月から使う新しい保育室に遊びに行く計画も、無理のないように入れていきましょう。

　また、保護者とも成長の喜びを共有できる時期です。こちらから積極的に、子どもの育ったところや伸びようとしている点をしっかり伝えましょう。

## 3月 月案

### ◆ ねらい
- 春の訪れを感じ、戸外で伸び伸びと遊ぶ。
- 年上の友達がしていることに興味・関心をもち、一緒に遊びながら進級する喜びを感じる。

### 📋 月間予定
- 身体測定
- お別れ会
- 避難訓練
- ひな祭り
- 卒園式

| 🪑 環境構成 | 👧 予想される子どもの姿 | 👕 保育者の援助 |
|---|---|---|
| ●2歳児の保育室で過ごす機会を設ける。<br>●たたみやすいように衣服を置いておく。<br>●柔らかい素材の物や、体の大きさに合ったものなど自分で着脱しやすい衣服を用意する。<br>●2歳児の保育室で過ごし、進級への雰囲気づくりをする。 | ●感染症の流行で体調を崩す子がいる。<br>●1歳児の保育室にない玩具に興味をもち、遊ぶ。<br>●自ら進んで着替えをしたり、脱いだ服を自分でたたんだりするようになる。 | ●室内の温度・湿度の調節に留意し、環境をよくする。<br>●衣服の調節をこまめに行い、厚着にならないようにする。<br>●2歳児の保育室の使い方や玩具の使い方を知らせる。<br>●自ら頑張る姿を認め、自信につなげる。また、衣服をたたみやすいように置いて援助したり、たたみ方を丁寧に知らせたりする。 |
| ●一緒に遊んだり、散歩に行ったりする計画を立てる。<br>●ごっこ遊びのイメージができるような小道具を用意し、使いやすいように整理する。<br>●草花や虫など季節を感じられるような場所に出かける。 | ●異年齢児との交流を喜ぶ。<br>●異年齢児と手をつなぐことを嫌がる。<br>●会話を楽しみながら、ごっこ遊びをする。<br>●草花や虫を見付けて喜ぶ。 | ●友達と手をつなぐのを嫌がる子には、気持ちをくみ取り、保育者と手をつないで少しずつ雰囲気に慣れていけるようにする。<br>●保育者も一緒にごっこ遊びをし、子どもの自由なつぶやきなどを大切にしながら遊びを展開する。<br>●散歩を楽しめるよう、子どもの発見に共感して会話をする。 |

### 🔁 職員との連携
- 散歩や園庭での遊びなど、異年齢児と交流する機会をもてるよう、保育者間で連絡を取り合って進める。
- 一年間の発達、成長を振り返り、進級に向けた援助を確認し合う。
- 新担任との引き継ぎや連絡をしっかりと行う。

### 🏠 家庭との連携
- 進級に向けての不安や要望をよく聞き、丁寧に答え、安心して進級を迎えられるようにする。
- 着脱のしやすい衣服や調節のしやすい衣服を用意してもらう。

### 🏷 評価・反省
- 風邪ぎみの子がいたので、こまめに鼻水をふいたり加湿器を使用したりして体調管理に気を配ったことで、大きく体調を崩す子はいなかった。
- 2歳児クラスへ遊びに行くことで、進級を楽しみにする姿が見られるようになったので、進級への期待につながったと思う。残り日数も少ないが、引き続き交流する機会をつくっていきたい。

# 4月 月案 文例

新年度が始まりました。新しく入園した友達も加わり、最初のうちは涙を見せる子もいるでしょう。子どもや保護者の不安は、保育者の言葉と笑顔で解消します。

 月案文例 → P076-P077 4月の月案文例

## 今月初めの子どもの姿

- 新入園児4名入る。登園時は涙を見せ保護者と離れていたが、3～4日たった頃から少しずつ遊びへと入れるようになる。保育室内の探索活動をしたり、笑顔を見せたり、声をあげて喜んだりするなど楽しさを表現する姿も見られる。
- 在園児の中には早朝の時間帯だけ過ごす時間外の保育室を嫌がったり、新入園児の涙につられて泣いたりする子もいるが、大きく崩れることなく、日中は落ち着いて過ごすことができる。

## ねらい

- 少しずつ新しい環境に慣れる。
- 保育者に見守られながら、好きな場所や遊びを見付けて機嫌よく過ごす。

## 内容

【養護】
- こぼしながらも手づかみで食べようとする。
- 抱っこや添い寝、背中をトントンしてもらいながら安心して寝る。
- 嫌がらずにオムツを替えてもらったり、トイレに興味をもったりする。

【教育】
- つたい歩きや一人歩きで動き回り、興味を引くものや玩具を見付けて遊ぶ。環境
- 保育者と一緒に歌や手遊びを楽しむ。人間 表現
- 好きな遊びを見付けたり、戸外で体を動かしたりして遊ぶ。健康 環境
- 散歩に出かけることを喜ぶ。環境 表現
- 園庭や散歩など戸外で安定して遊ぶ。環境 表現
- 片言など声を発することを楽しむ。言葉

## 環境構成

【養護】
- 食事の時間は余裕をもって、ゆったりとした雰囲気をつくる。
- 食事をするテーブルの場所を決め、個人マークを付ける。
- 午前寝や早めに昼寝をする子のために、遊ぶ場所とは別に眠れる環境をつくる。
- 子どもが喜ぶ絵のオムツ交換マットを用意する。

【教育】
- 何でも口に入れるので、玩具は清潔にしておく。
- 聞き慣れた曲や歌のCDなどを用意しておき、いつでも聞けるようにしておく。

## 予想される子どもの姿

【養護】
- 手づかみや食具を使って食べる子もいれば、食べさせてもらうまでじっと待っている子もいる。
- 新しい環境への不安から、保護者との別れ際に涙を見せたり、後追いしたりする子がいる。
- 新入園児は泣いて、抱っこやおんぶで過ごす。
- 午前中に眠くなる子や、睡眠時間の短い子がいる。
- オムツ替えを嫌がる子もいれば、トイレに興味を示す子もいる。

【教育】
- 探索活動を盛んに行い、楽しむ。
- 室内の好きな玩具で、少しの間は遊ぶことができる。
- 歌を歌ったり、曲を流したりすると体を揺らし、手をたたきながら喜ぶ。
- 友達に興味を示し、そばに寄ったり持っている玩具に手を出したりする。
- 散歩に出かけ、虫や草花など自然に触れる。
- 泣いていても、園庭や散歩など戸外に出ると落ち着いて、機嫌よく遊び出す。

**保育者の援助**

【養　護】
- 援助の必要な子には、丁寧に関わりながら園の食事に慣れるようにする。
- 朝の健康状態の観察を丁寧に行うようにする。
- 在園児には持ち上がりの保育者がそばに付く。新入園児には一対一で過ごせる環境を設け、それぞれの気持ちを受け止める。
- 一人一人の寝るときの癖や特徴をつかみ、安心して眠れるようにする。
- オムツ交換は無理強いせず個々のペースに合わせ、声かけを工夫する。また、タイミングが合えばトイレに誘ってみる。

【教　育】
- 進級児は０歳児クラスのときに遊んだ玩具を用意すると自ら遊ぼうとするので、環境面で工夫をする。
- 子どもと一緒に体を動かしたり歌ったりして楽しみ、ゆったりと過ごす時間をつくる。
- 優しく笑顔でくり返し歌うようにする。
- 子どもの語りかけや、指差しには優しくこたえる。
- 戸外に出て気分転換を図りながら、好きな物や好きな場所で十分遊べるようにする。
- 人数確認をし、けがや危険のないように見守る。

 **食育**

- よく食べているときには十分にほめて意欲を育てる。
- おいしく食事ができるように、午前中の活動では体を十分動かして遊ぶようにする。

 **職員との連携**

- リーダー保育者、サブ保育者、フリー保育者の役割をきちんと把握し、子どもが戸惑わないように声をかけ合いながら落ち着いて行動する。
- 一人一人の状態を把握し、対応の仕方を確認する。
- クラスの運営の方法や、個別に必要な配慮について、十分に話し合う時間をつくる。

 **家庭との連携**

- 入園・進級し、新しい環境になったことで不安定な姿を見せることがあるため、園や家庭での様子をこまめに伝え合う。
- 子どもを初めて保育園に預ける保護者の不安な気持ちを受け止め、毎日の関わりの中で信頼関係がつくれるようにする。
- すべての持ち物や着替えには名前をはっきりと書いてもらい、取り出しやすいように整理して入れてもらうようにする。

 **評価・反省**

- 気温の変化が激しかったこともあり、鼻水が出ている子が多かったが、発熱する子は数名で、大きく崩れることはなかった。
- 環境の変化により疲れが見られる頃なので、引き続き体調や情緒の変化を見守り、安定して過ごせるようにしたい。
- 新入園児が落ち着かなかったこともあり、園庭や公園での戸外遊びが十分にできなかった。来月は戸外遊びの機会を多くもち、探索したり体を動かしたりして遊びたい。
- 在園児は、新入園児が落ち着くと共に疲れからか甘えが強くなったり、自己主張する姿が見られたりするようになってきた。一人一人の気持ちにこたえ、一対一の時間を大切にしたり、興味のある遊びを一緒に楽しんだりしたい。
- フリーで動く保育者が応援で入ってくれることも多いので、生活の流れや保育者間の役割を細かく伝え、連携して保育するようにしたい。
- 生活の流れについて保育者間の役割を細かく伝え合うなど、連携したいと思う。
- 園庭での探索が盛んになってきたので、引き続きけがのないように保育者間で声をかけ合いながら、見守るようにしたい。
- 好きな遊びに気持ちが向いていくように、手が届くところに玩具を置いたり、一緒に遊んだりしながら遊びを広げていくことができてよかった。

4月　月案文例

# 5月 月案 文例

園生活のリズムにも慣れてきた5月、外遊びが気持ちいい季節です。子どもたちは外が大好き。園庭や公園で、よちよちと歩いたり遊んだりして楽しみましょう。

月案文例 → P078-P079 5月の月案文例

## 前月末の子どもの姿

- 新しい環境に慣れ、一日を機嫌よく過ごせるようになる。新入園児が園に慣れて落ち着くと在園児は保育者のひざに座ったり、そばで遊んだりして甘える姿が多く見られる。
- 生活の流れも覚え、自ら身の回りのことにチャレンジする姿も見られるようになる。
- 好きな遊びが見付かったものの、まだじっくりと遊び込むことは少ない。
- 安心して一定時間は眠れるようになった子もいれば、まだ眠りが浅い子もいる。

## ねらい

- 園生活やいろいろな保育者に慣れ、安定して過ごす。
- 春の自然に触れながら、散歩や戸外で遊びを楽しむ。

## 内容

【養護】
- 手づかみやスプーンを使って自分で食べようとする。
- 手伝ってもらいながら、衣服に手や足を自分で通そうとする。
- 保育者と一緒に機嫌よく過ごす。
- 嫌がらずにオムツを交換したり、オムツが濡れていないときにトイレに行き、便器に座ったりする。
- 保育者がそばに付いて、一定時間は安心して眠る。

【教育】
- 戸外に出ることを喜び、探索遊びや遊具で体を動かすことを楽しむ。 健康 環境
- 散歩に出かけ、虫や植物などに触れて春の自然を感じる。 表現 環境
- 絵本を読んでもらったり、保育者と一緒に手遊びをしたりすることを楽しむ。 言葉 表現

## 環境構成

【養護】
- ゆったりと過ごせるような、デイリープログラムをつくる。
- 子どもが喜ぶようなオムツ交換マットを用意する。

【教育】
- 天気のよい日は戸外で遊ぶ時間を設ける。
- 春の自然を感じることができる場所（公園など自然の多い場所）に出かける機会をもつ。
- 水道、滑り台、ブランコなど子どもたちが興味を示す場所には、保育者が必ず付くようにする。
- 絵本は子どもが取りやすい場所に置く。

## 予想される子どもの姿

【養護】
- 手づかみで好きな食べ物を食べたり混ぜたりするが、遊び出すこともある。
- 自分で着替えをしようとするが、うまく手や足が通らず怒り出す。
- 園生活に少しずつ慣れてきているが、少しのことで泣いたり、特定の保育者に抱っこを求めたりする。
- 嫌がらずにオムツを替えてもらったり、オムツが濡れていないときにはトイレに座ったりする。
- 午前中に眠る子も1回寝になり、一定時間まとめて眠れるようになる。

【教育】
- 散歩に出かけることや、園庭で遊ぶことを喜ぶ。
- 遊具で体を動かしたり、虫に興味を示してのぞき込んだり、草花に触れたりする。
- 花をつんだり、イチゴを見付けたりして喜ぶ。
- 友達が登園してくると、微笑んだり近寄ったりするなど関心をもつようになる。
- 絵本を読んでほしいと持ってきて、ひざに座る。
- 保育者のまねをして手遊びをする。

## 保育者の援助

【養護】
- ゆったりと過ごせるようなデイリープログラムをつくり、その子のペースで過ごせるように関わる。
- スキンシップや触れ合い遊びをしながら、一人一人の気持ちを十分に受け止める。
- 優しく声をかけたり、触れ合いを多くもったりすることで、心地よく生活できるようにする。
- トイレに座る時間が長くならないように配慮し、嫌がるときは無理強いしない。

【教育】
- 遊ぶ姿を見守りながら、子どもたちが興味を示している物や発見に声をかけ、共感する。
- 一人一人の動きを把握して、安全に楽しく遊べるようにする。
- 砂遊びでは、砂を口に入れたり汚れた手で目をこすったりしないように見守りながら、一緒に遊ぶ。

## 食育

- 食事のあいさつでは、一緒に手を合わせたり頭を下げたりして「いただきます」や「ごちそうさま」を言うことを知らせる。
- 自分で食べようとする気持ちを大切にしながら、一人一人に応じた手助けをする。

## 職員との連携

- 担任が時差出勤や休みなどで不在のときの、子どもや保護者への対応については、十分に連絡を取り合う。
- 室内でも戸外でも、一人一人の動きや居場所を保育者間で声をかけ合って確認し、危険のないように見守る。

## 家庭との連携

- 懇談会やクラス便りで、友達へのかみつきやひっかきなどが多く起こる年齢であることを知らせ、その際にはおおらかな気持ちで受け止めてもらうよう、理解をお願いする。
- 衣服は動きやすく着脱しやすいものや、気温の変化に対応できるものを多めに用意してもらう。

## 評価・反省

- ゴールデンウィーク明け、ほとんどの子が涙を見せずに園生活に戻り、遊びへと入ることができた。リズムが崩れた子は午前寝をしたり、早めに昼寝に入ったりするなど、それぞれに合わせた対応をしたことで、無理なく生活リズムを取り戻すことができた。
- 新入園児が園生活に慣れたり、在園児の甘えが落ち着いたりしたことで、それぞれが好きな遊びを見付けて楽しむ姿が見られる。週明けなどは不安定な姿を見せることもあるので、一人一人と触れ合う機会をもち、安心して過ごせるようにしたい。
- 遊びの中で、友達の姿をまねたり手をつないだりするなど、一緒に何かをやりたいという気持ちが芽生えてきている。保育者が仲立ちとなって互いが楽しめるようにしたい。
- 机の上にのったり手洗いのシンクに入ったりするなど、してはいけないことをみんなでする姿が見られる。担任同士で気を付ける点を確認し、危険のないよう言葉をかけていきたい。
- 長いゴールデンウィーク明けでも安定して過ごすことができた。
- 体操が好きで、曲に合わせて体を動かす姿が多く見られるようになった。これからの時期、雨の日が増え室内で過ごすことが多くなるので、いろいろな体操を取り入れたい。室内でも飽きずに楽しく過ごせるよう、工夫したい。
- 生活の流れを考え、保育室内の配置を変更したことにより、より集中してそれぞれのコーナーでの遊びを楽しめてよかった。成長に合わせて、配置や玩具などを考えたい。

# 6月 月案 文例

梅雨ですが、子どもたちにとって空から降ってくる雨は新鮮に映ります。窓ガラスの雨粒を手で追ったり、しずくを触ろうとしたりする姿はかわいいものです。

CD-ROM　月案文例　→　P080-P081　6月の月案文例

## 前月末の子どもの姿

- ゴールデンウィーク明けに涙を見せる子は1名いたが、他児は大きく崩れることなくスムーズに遊びへと入ることができる。
- 友達が遊び始める姿を見て、まねてみたり手をつないで歩いてみたりと、少しずつ同じことを楽しみたい気持ちが芽生える。
- 新入園児も環境に慣れ、それぞれが電車や自動車遊び、エプロンをしてお母さんごっこなど、好きな遊びを楽しむ姿が見られる。
- 手づかみや食具を使って自分で食べようとしている。
- オムツが濡れると知らせたり、しぐさで伝えたりする子も何人か出ている。

## ねらい

- 保健的で安全な環境の中で、快適に生活する。
- 自分の気に入った遊びを見付けて、じっくり遊ぶ。

## 内容

【養護】
- 手づかみやスプーン、フォークを持ち自分で食べる。
- 梅雨期の衛生面に配慮されながら、快適に過ごす。
- 自分で手を洗おうとしたり、保育者と一緒に洗ったりして、きれいになった気持ちよさを味わう。

【教育】
- 好きな遊具で遊ぶことや、手先の遊びなどにじっくり取り組む。環境
- ちぎる、丸めるなどの製作を楽しむ。表現
- ダイナミックに体全体でなぐりがきを楽しむ。表現
- 保育者と手をつなぎ公園へ散歩に行く。人間 環境
- 散歩に出かけ、公園の遊具で体を動かす。健康 環境
- 指差しやしぐさ、片言で思いを伝えようとする。言葉

## 環境構成

【養護】
- スプーン、フォークを用意する。
- 机にマークを付けて食事をする場所を固定し、落ち着いた環境をつくる。
- 手ふき用のタオルを子どものふきやすいところに用意する。
- 手洗いは時差を付けて少人数で行う。

【教育】
- チェーン通しやパズルなど、興味を示している玩具を用意する。
- スタンプ遊び用のスタンプ（スポンジ付き綿棒）を用意する。
- 一人一人が気に入った遊びを見付けられるよう、遊びたくなる環境を工夫する。

## 予想される子どもの姿

【養護】
- 食事をこぼしながらも自分で食べようとする。
- 梅雨に入り、気温差が大きくなったため、体調を崩す子が多く見られる。
- 食事の前や戸外遊びから帰ったときに、保育者と一緒に手を洗ったり、自分で洗おうとしたりする。

【教育】
- 自分で好きな遊具を選び、一人遊びをする。
- 紙を渡すとクレヨンなどを要求し、なぐりがきをしたがる。
- 保育者と手をつないで歩いて散歩に行くが、途中でしゃがみ込んだり抱っこを求めたりする。
- 一語文や片言で伝えようとする。
- 「はい」「と（ありがとう）」など簡単な言葉のやり取りをする。

「5領域」の 健康:健康 人間:人間関係 環境:環境 言葉:言葉 表現:表現 を表しています。

## 保育者の援助

【養護】
- 気温や湿度に合わせて寝具の調節をしたり、寝汗をふいたりして心地よく眠れるようにする。
- 室内の温度・湿度に気を付けたり、水分補給を行ったりする。
- 一人一人と手を一緒に洗いながら、洗い方やふき方を丁寧に知らせる。
- 手洗いの後、「きれいになったね」「気持ちいいね」「ピカピカだね」など気持ちよさを感じられるような言葉をかける。

【教育】
- 少人数で遊ぶ場を確保して、一人遊びができるようにする。
- じっくりと製作活動ができるように、少人数ずつに分かれて行う。
- 3歳以上児のいない朝早い時間に園庭に出て、好きなことを楽しめるようにする。
- 立ち止まったりしゃがんだりしながら、ゆっくり散歩ができるコースを選び、気持ちや時間に余裕がもてるようにする。

## 食育

- いろいろな食材への興味がもてるように、食材の名前を知らせたり、栽培している野菜を見せたりする。
- 梅雨期の衛生に十分気を付ける。

## 職員との連携

- アレルギー食への対応に慣れ、誤食を起こしやすい時期でもあるため、食事担当者がメニューを声に出し、そのつど必ず確認し合う。
- 新入園児が不安定な姿を見せる場合は、他児への影響がないよう職員同士が声をかけ合い、個別の対応を心がける。
- 衛生面など梅雨期の生活について、保育者同士の共通理解を図る。

## 家庭との連携

- 梅雨期の健康管理や衛生面について、掲示板を利用したりお便りを作成したりして知らせ、理解してもらう。
- 園内や近隣で流行している病気などについて、最新の情報を伝えて連絡を密にし、園でも家庭でも感染予防に努める。
- 歯科・内科検診があるので、事前に相談したいことを聞いておく。

## 評価・反省

- 天候によって気温差が激しかったが、衣服の調節をこまめに行ったり、汗をふいたりしたので、体調を崩すことなく過ごせた。
- 雨の日に室内で体を動かして遊ぶスペースを広くとったり、ホールで遊んだり、他クラスの保育室で過ごしたりするなど工夫し、楽しく過ごすことができたのでよかった。
- 季節の変わり目であり、体調を崩してしまった子もいたが、職員間で連携して看護師に見てもらったり、保護者に連絡をしたりなど、スムーズに対応することができた。
- 雨天や保育参観もあり、散歩に出かけることができなかったので、散歩に行き体を動かして遊ぶ機会をつくりたい。
- 気温の変化や季節の変わり目で熱を出して休む子は数名いたが、大きく体調を崩すことなく、元気に登園している。
- 気温や湿度が高くなり汗をかきやすい時期になるので、衣服調節や保育室の温度、湿度、通気などその日の天候に気を配りながら、心地よく過ごせるようにしたい。
- スプーンやフォークの使い方を知らせたり、一人一人の状態に合った対応を心がけたりしたことで、ほぼ全員がスプーンを持ったり、口に運んだりできるようになった。引き続き自分で食べる意欲を大切にしながら、一人では難しいところはさり気なく手を添えて援助をしたい。

# 7月 月案 文例

梅雨明けと共に、そろそろ水遊びが始まります。ペットボトルなどの空き容器やじょうろ、たらいとバケツがあれば、飽きずに水と遊んでいる子どもたちです。

## 前月末の子どもの姿

- 気温の変化や季節の変わり目の影響で熱を出す子は数名いたが、大きく体調を崩すことなく元気に登園する。
- 気温や湿度が高くなってきたので、汗をかくことが増える。
- メニューによってはうまくできないこともあるが、ほぼ全員にスプーンやフォークを使って食べようとする姿が見られる。
- 衣服の着脱に興味が出てきて、声をかけるとズボンを脱ごうとしたり、ズボンを前に置くと足を通そうとしたりする。

## ねらい

- 暑い夏を元気に過ごす。
- 夏の遊びを楽しむ。

## 内容

【養護】
- Tシャツや半ズボンなどの簡単な衣服を保育者にところどころ手伝ってもらいながら、脱いだり着たりしようとする。
- 汗をかく時期なので、衛生面に配慮されながら、快適に過ごす。
- スプーンやフォークを使うことに慣れたり、自分で使って食べたりする。

【教育】
- シャワーや水遊びを楽しむ。 健康 表現
- 簡単な言葉で思いを表そうとする。 言葉
- 泥の感触に触れ、泥遊びを楽しむ。 表現
- 絵本や紙芝居を見ることを喜ぶ。 言葉
- 積み木やひも通しなど、手先を使う遊びに興味をもつ。 環境

## 環境構成

【養護】
- ズボンをはきやすいように前に置くなどして、着脱に興味をもてるように準備する。
- ズボンを座ってはきやすくするための台を用意する。
- 気温の変化や一人一人の体調に合わせて、こまめに衣服や室温調節を行う。
- 給食のメニューによって、スプーンまたはフォークを用意する。

【教育】
- 水遊び用のたらいやマット、玩具などを用意する。
- 言葉のやり取りを楽しめるような絵本を置く。
- 言葉のやり取りが盛んに行えるような、ままごとなどのごっこ遊びを充実させる。
- ひも通しやボタンかけなど、手先の発達や興味に応じた手づくり玩具を多めに用意する。

## 予想される子どもの姿

【養護】
- ズボンに足を通そうとしたり、ズボンをおなかのところまで上げようとしたりする。
- 気温の変化で体調を崩す子は数名いるが、長期に休むことなく元気に登園する。
- スプーンやフォークを持ったり、使って食べたりする。できないときはすくってほしいとアピールする。

【教育】
- 水や水遊びに興味をもって楽しむ子もいれば、水や水遊びの雰囲気に慣れずに涙を見せたりする子もいる。
- 「貸して」「ありがとう」など、簡単な言葉や態度で思いを表そうとする。
- 絵本や紙芝居を見ながら「ブーブーだ」「ワンワンだね」などと言う。
- 小さな積み木を並べたり、ひも通しなどで手先を使って遊んだりするなど、遊びに集中する姿が見られる。

保育者の援助

【養護】
●自分で衣服を着たり脱いだりしようとする気持ちを大切にしながら、難しいところは着脱の仕方を丁寧に知らせ、さり気なく援助することで満足感を味わえるようにする。
●体調の変化が見られたときには、看護師と連携してすばやく対応する。
●遊びの後には、十分な休息と水分補給をする。また、室内の通気をよくし、クーラーを使用するときは外気温との差に注意する。
●食べようとする意欲を大切にして見守り、うまくできないときには手を添えるなどの援助をする。

【教育】
●水を怖がる子には、手に水を少しかけたり、たらいに手を入れたりして、無理なく慣れるようにする。
●語りかけには保育者がはっきりと分かりやすい言葉で返し、語をつなげていくなどのやり取りを楽しむ。
●水遊びや泥遊びでは、水や泥を口に入れないように十分注意しながら行う。
●ひも通しやボタンかけなどをゆったり集中して遊べるように、机上遊びのコーナーを設けるようにする。
●ひも通しのパーツなどの細かい物を口に入れないように、そばに付いて見守るようにする。

🍚 食育

●食事の量を加減したり、援助したりして、無理強いせずに気持ちよく食べられるようにする。
●自分で食べようという気持ちがもてるように、楽しい雰囲気をつくる。

⇄ 職員との連携

●シャワー・水遊びがスムーズに行えるように手順や役割を話し合い、常に確認し合う。
●水遊びのできる子とできない子を把握して、遊びの内容や役割分担を話し合う。

 家庭との連携

●シャワー・水遊びが多くなるので、健康状態をこまめに連絡し合う。
●病気が見付かったときは、早めに治療してもらう。
●汗をかきやすいため、衣服を多めに用意してもらう。
●プールカードの記入の仕方や、シャワー・水遊びに必要な物をお便りで分かりやすく知らせ、協力してもらう。

 評価・反省

●蒸し暑い日が続いたため、毎日シャワーを行うことで快適に過ごせるように心がけた。
●暑い日が続いたが、日陰で過ごしたり室内の通気やクーラーをうまく利用したりしたことで、体調を崩さずに、元気に過ごすことができた。
●発熱する子が数名いた。長引かずに登園できたが、短時間で体温が上がることが多かった。一人一人の体調の変化に気を配り、少しでも普段と違う姿が見られたときには、検温するなど対応したい。
●個々の排尿間隔に応じてトイレに誘うことで、タイミングが合うとトイレで排尿する姿が見られるようになった。引き続き無理せず、個々に応じて働きかけたい。
●友達の存在を意識するようになり、室内遊びや移動の際に手をつなぐ姿を見せたり、名前を呼んだり、玩具を渡したりなど、関わりが少しずつ見られるようになった。同じ遊びを楽しむことも増えてきたので、保育者が仲立ちとなっていろいろな遊びを投げかけ、友達と一緒にいる楽しさを伝えたい。
●それぞれが自分の思いを強く表現するようになり、玩具の取り合いなどのトラブルの際には激しい姿が見られた。そのつど互いの気持ちを代弁するなどして、分かりやすく関わり方を知らせたい。
●水遊びは個々の様子に合わせて無理なく進め、遊びの内容も個々に合わせて行ったことで、どの子もその子なりに楽しむことができた。来月も個々の様子に合わせながら、みんなが楽しめるような水遊びを取り入れるようにしたい。

7月 月案文例

# 8月 月案 文例

暑さも本番ですが、子どもたちはいつでもパワフル。汗びっしょりになりながら遊んでいます。大好きな水遊びを思い切り楽しみながら、夏を乗り切りましょう。

月案文例 → P084-P085 8月の月案文例

### 前月末の子どもの姿
- シャワーを嫌がる子（2名）も回を重ねるごとに慣れ、自分から進んで用意をするようになる。水遊びは全員が嫌がらずに楽しみ、水の感触を味わう。
- 着脱や食事などを意欲的に自分でやろうという姿が多くなっている。
- 暑さから食欲が落ちている子もいる。

### ねらい
- 暑い夏を健康に過ごす。
- 夏の遊びを楽しむ。

### 内容
【養護】
- 簡単な衣服を、保育者に手伝ってもらいながら着脱する。
- 夏の疲れが出る頃なので、食事・水分・休息を十分に取り、快適に過ごす。
- 一定時間ぐっすり眠る。

【教育】
- 保育者に仲立ちしてもらいながら友達と触れ合い、同じ遊びを楽しむ。 人間
- 保育者と一緒に泥遊びや水遊びを楽しむ。 健康 表現
- 小麦粉粘土やシールはりなど、手先を使った遊びをする。 環境
- 片言や身振りで友達と関わろうとする。 人間 言葉

### 環境構成
【養護】
- トイレは、日に2回清潔の確認をする。
- 一人でズボンがはきやすいように腰かけられる台を用意する。
- 室内は風通しをよくしたり、クーラーを利用したりして室温調節をする。

【教育】
- 風通しのよいところにコーナー設定をする。
- 友達のやっていることをまねて遊べるように、ままごと用のスカートやバッグなどは複数を用意する。
- 色水遊び用に、乳酸菌飲料の空き容器や食紅などを用意する。

### 予想される子どもの姿
【養護】
- 靴下や靴、ズボンの着脱を自分でしようとする。
- 発熱する子が数名いたが、長引かずに登園する。
- 暑さからたくさん汗をかいたり、早く目覚めてしまったりする子がいる。
- 暑さから水分ばかりほしがり、食事が進まない子がいる。

【教育】
- 友達の存在を意識するようになり、室内遊びや保育室の移動の際、手をつなぐ姿が見られる。
- ままごとを通し、つもり遊びを楽しむようになる。
- 自分の思いをはっきりと言葉や態度で表現するようになったこともあり、玩具の取り合いが増えてくる。
- じょうろやバケツなどを使いながら、水の感触を体全体で楽しむ。
- 小麦粉粘土を丸めたり、ちぎったり、たたいたりシールを貼ったりして遊ぶ。その際、小麦粉粘土やシールを口に入れようとする子がいる。

### 保育者の援助

【養護】
- 気温が高くなり体力を消耗しやすいので、個々の健康状態を把握し、異常を発見したら適切に対応する。
- 室内の温度・湿度・風通し・水分補給などに十分気を付ける。
- よく汗をかく子は涼しいところに寝かせる。汗をかいたらこまめにふいたり、着替えさせたりする。
- 自分で食べようとする気持ちを大切にしながら、ゆったりとした雰囲気で関わる。

【教育】
- やり取りがうまくいかないときには、気持ちを受け止めて、互いの存在を気付かせたり、分かりやすく関わり方を知らせたりする。
- 水の感触を安全に楽しめるよう、個々の様子を見て誘いかける。
- 粘土やシールで遊ぶ際には、口に入れないように必ずそばに付いて一緒に遊ぶ。
- 発語には丁寧に応答し、言葉の広がりがもてるようにする。

### 食育
- 食事の量を加減したり援助したりして、無理強いせず、気持ちよく食べられるようにする。
- 夏の野菜やくだものについての話や絵本を通して、旬の食材への興味を広げていく。

### 職員との連携
- 職員が不在になることが多いため、連絡事項や子どもの様子などをきちんと伝え合う。
- 子ども同士のトラブルが増えてきているので、原因やそのときの様子を伝え合い、どの職員でも同じ姿勢で対応できるように確認しておく。

### 家庭との連携
- プールカードの記入や、水遊びの用意を忘れないように再度声をかける。
- 夏の疲れが出てきて体調を崩しやすいため、連絡帳や登降園時を通して健康状態を十分に伝え合う。

### 評価・反省
- 発熱する子は数名いたが、大きく体調を崩すことなく登園することができた。9月に入っても暑い日が続き疲れが出やすいので、一人一人の健康状態を把握し、食事・水分・休息を十分に取りながら、快適に過ごせるようにしたい。
- 衣服の着脱、手洗いなど、簡単な身の回りのことも自分でやろうとする姿が多くなり、十分にほめることで自信や意欲が育ってきているのがよい。引き続き見守りたい。
- 汗をかくためか排尿の間隔が長くなってきているので、タイミングを見てトイレに誘い、トイレでの排尿を促したい。
- 衣服の着脱を自分でやりたい意欲が強くなったので、着脱の仕方をくり返し知らせ、必要に応じて自然な援助をしたところ、自分でズボンをはこうとしたり、はけたりする姿が少しずつ増えてきた。引き続き一人一人の育ちに合わせて適切な援助をする中で、「自分でする」という意欲を大切にしたい。
- 食後のエプロンやタオルを片付けるなど、簡単な身の回りのことに興味が出てきている。汚れ物入れのかごをマークが見えるように設置したり、袋を広げて入れやすいようにしたりする配慮で、できたときには一緒に「できた」と喜び合い、達成感を味わいたい。
- 色水遊びや洗濯ごっこなどを用意したことで、毎日の水遊びも飽きることなく十分に楽しめる環境づくりができた。
- 暑さから食欲が落ち、食事が進まない子には、先にフルーツを食べさせたり、風通しのよいところで食べさせたりするなどの配慮をしたことで、少しでもたくさん食べようとする姿が見えてよかった。今後も個々に合わせた対応をしたい。

# 9月 月案 文例

暑さに慣れた体に、涼しい風が心地よく感じられる季節です。保育者や友達のまねをしたり、何でも自分でやろうとしたりする姿に成長を感じることができます。

月案文例 → P086-P087 9月の月案文例

### 前月末の子どもの姿

●発熱のため休む子は数名いたが、幸い回復するのが早く、元気に登園する。
●簡単な衣服の着脱の他にも、食後のエプロンやタオルをかごに片付けるなど、身の回りのことに興味が出始めている。
●友達に関心をもち始め、名前を呼んだり同じ玩具で遊んだりする姿が見られる。
●自分の思いを強く表現するようになり、玩具の取り合いが増える。

### ねらい

●安全な環境の中で好きな遊びを楽しむ。
●保育者や友達と一緒に体を動かすことを楽しむ。

### 内容

【養護】
●衛生面に配慮されながら快適に生活する。
●尿意を言葉やしぐさで伝えるようになってくる。
●保育者に見守られながら、食事、ズボンはき、片付けなど身の回りの簡単なことを自分でしようとする。

【教育】
●固定遊具や三輪車などで体を動かして遊ぶ。健康 環境
●自分の思いを言葉やしぐさで伝えようとする。言葉
●走ったり滑り台を滑ったりして、活発に体を動かして遊ぶ。健康 環境
●砂の感触を味わいながら遊ぶ。表現
●保育者のまねをしてごっこ遊びを楽しむ。人間

### 環境構成

【養護】
●室内の温度や湿度に気を付ける。
●水分補給をいつでもできるように整えておく。
●引き続きシャワーを実施する。
●温度調整しやすい衣服を用意する。
●汚れ物入れのかごのマークが見えやすいように設置したり、袋の口を広く開けておいたりして片付けをしやすいようにする。

【教育】
●園庭や三輪車などに危険な物がないか点検をする。
●友達への興味がもてるように、保育者が仲立ちとなり一緒に遊べるような活動を工夫する。
●3歳以上児の運動会に向け、走ったり表現したりなどの姿がよく見られる時期なので、見てまねをして遊ぶ機会をたくさんつくる。

### 予想される子どもの姿

【養護】
●発熱する子が数名いるが、大きく体調を崩すことなく登園することができている。
●自分のマークを見付け、かごの中にエプロンやタオルを片付けようとする。
●靴やズボンを自分ではこうとする子もいれば、途中で遊び出す子もいる。

【教育】
●園庭にある遊具や三輪車で体を動かしたり、砂遊びすることを楽しんだりする。
●何度もくり返し滑り台を滑り、楽しむ。
●「いや」「だめ」と言うなど、泣いて怒る姿がたくさん見られるが、片言やしぐさで思いを伝えようとする。
●3歳以上児のリレーの練習を見て、まねして走る。
●砂団子をつくろうとしたり、自分で型抜きを使って砂のケーキをつくったりしようとする。

## 保育者の援助

【養護】
●残暑から疲れが出たり、体調が崩れやすかったりするので、食事や睡眠・顔色など一人一人の健康状態を把握し、異常が見られた場合には、適切に対応する。
●自分で身の回りのことをやろうとする気持ちを大切にし、保育者も一緒にやりながら「できた」という達成感を味わえるようにする。

【教育】
●人数や一人一人の遊びの状況を把握し、けがや危険のないように見守る。
●トラブルが発生したときは、互いの気持ちをくみ取って受け止める。その場に合った言葉をそのつど知らせる。
●子どもの気持ちを受け入れ、ゆったりと余裕をもって関わる。
●保育者もリズミカルに体を動かし、子どもと触れ合いながら楽しさを共有する。
●スタンプを押すのが難しい子には、手を添える。

## 食育

●食材についての会話を通して、食への興味が広がるようにする。
●自分で食べようとする姿を認め、必要に応じて手助けをし、自分でできた喜びが感じられるようにする。

## 職員との連携

●アレルギー児の誤食がないように、食事前にはメニューを声に出して確認し合ったり、食べ終えた食器はすばやく片付けたりする。
●夏の疲れから体調を崩す子が多いため、連絡事項や子どもの様子などをきちんと伝え合う。
●来月の運動会に向けて、活動内容を確認し合い、取り組み方を話し合っておく。

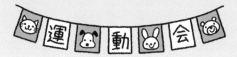

## 家庭との連携

●気温の差が大きいので、それに対応できるような衣服を用意してもらう。
●活動しやすい服装や、足に合った動きやすい靴を用意してもらう。

## 評価・反省

●9月に入ってからも暑い日が続いたため、2週目まで水遊び・シャワーを行い、涼しく快適に過ごせるよう心がけた。
●目の病気にかかった子が1名いたため、他児に感染しないよう、引き続き体調の変化を見守っていきたい。また、目に充血が見られたときには家庭と連携し、受診してもらうなど、すばやい対応をしたい。
●「友達と一緒」ということを好み、簡単な言葉でやり取りをしながら同じ動きを楽しむ姿が見られる。激しい遊具の取り合いも見られるが、泣く姿だけでなく自分の気持ちを話せる言葉で伝える姿も少しずつ見られて成長を感じる。それぞれの気持ちを理解し、言葉の使い方、やり取りの仕方など、一人一人に合った対応を心がけたい。
●体調を崩す子が多かったので、散歩にあまり出かけることができなかった。来月はたくさん散歩に出かけ、秋の自然に触れて遊びたい。
●巧技台やかけっこなどで体を動かして遊ぶ機会をたくさんつくり、十分に楽しむことができたのでよかった。運動会で行う体操は、日頃楽しんでいるものを取り入れる計画なので、普段から行って気持ちを盛り上げていきたい。
●残暑が厳しいが、暑さや疲れから体調を崩すことのないように、食事や睡眠など一人一人の健康状態をしっかりと把握し、異常が見られたときにはすばやく対応することができた。これからの季節は気温差が大きくなっていくので、引き続き健康に過ごせるように一人一人の体調に留意したい。

# 10月 月案 文例

暑くもなく寒くもなく、過ごしやすい毎日です。ほとんどの子が一人歩きできるようになり、運動会では1歳児クラスならではのかわいいかけっこが見られるでしょう。

## 前月末の子どもの姿

- 目の病気にかかった子が1名いたが、他児は感染していない。9月中旬から気温が下がり、鼻水が出る子が増える。
- 園庭遊びでは三輪車やスクーター、滑り台にチャレンジする子が増える。滑り台では以前に比べ動きが安定し、スムーズに上り下りができるようになる。
- 友達と一緒を好み、同じ動きや遊びを楽しみながら自然と触れ合う姿が見られる。その半面、思いが通らずぶつかり合う姿が増えてきたが、泣くだけでなく話せる言葉で気持ちを伝えることも、少しずつできるようになる。

## ねらい

- 生活の流れが分かり快適に生活する。
- 戸外遊びや散歩を通して、保育者や友達と一緒に全身を動かすことを楽しむ。

## 内容

【養護】
- 朝夕と日中の気温差や体調に配慮されながら、快適に過ごす。
- 食後に口や手をおしぼりでふいて、きれいにする気持ちよさを感じる。
- 排泄後に言葉やしぐさで知らせたり、トイレで排泄しようとしたりする。
- 衣服の着脱を自分でしようとする。

【教育】
- 保育者や友達と手をつないで散歩をしたり、固定遊具や三輪車などで体を動かしたりして遊ぶ。 健康 環境
- 保育者と一緒に身近な秋を楽しむ。 人間 環境 表現
- 保育者と一緒に、簡単なつもり遊びを楽しむ。 言葉 人間

## 環境構成

【養護】
- 自分でふけるように、おしぼりはすぐ手の届くところに用意しておく。
- 毎日掃除をしてトイレを清潔にし、足元にマットを敷く。

【教育】
- 小規模な固定遊具がある公園や、散歩車を順番に交代しながら歩ける距離の公園を選ぶ。
- 固定遊具や三輪車を点検したり、公園内に危険な物がないか確認したりする。

## 予想される子どもの姿

【養護】
- 9月中旬から少しずつ気温が下がっているので、鼻水が出ている子が増える。
- 食事の後におしぼりを使って口や手をふいたり、鏡を見て汚れを気にしたりする。
- トイレに興味を示し、便器に座る。
- タイミングが合えば、トイレで排泄する。
- 自分で脱いだり着たりしているが、おしりが引っかかってうまくズボンが上げられない子がいる。

【教育】
- 保育者と手をつないで公園までの道のりを歩く。
- 順番を守りながら、アスレチックジムを上ったり下りたりして楽しむ。
- 三輪車に乗り、つま先で地面を蹴って前へ進むことを楽しむ。
- 保育者や友達と手をつないで散歩に出て、戸外で遊ぶことを喜ぶ。
- 公園でドングリを拾って喜ぶ。
- 保育者がサポートしながら、子どもたちが隠れたり、追いかけたりする「○○になったつもり」の遊びを喜び、加わる子が多くなる。

「5領域」の 健康：健康 人間：人間関係 環境：環境 言葉：言葉 表現：表現 を表しています。

## 保育者の援助

【養護】
- 登園時の健康観察をしっかり行い、家庭との連携を図りながら、一人一人の健康状態を把握する。異常を発見したら適切に対応する。
- 気温の変化を意識し、衣服や室温調節に気を付ける。
- 食後に自分で口や手をおしぼりでふけた際には、「上手にふけたね」「きれいになって気持ちいいね」など声をかける。
- 食具の持ち方や手の添え方を覚えられるように、実際に見せたり、言葉で知らせたりする。
- 排泄は個人差を考慮して個々に合わせて行う。
- 自分で衣服の着脱をしようとするときは見守り、必要に応じて手助けをする。

【教育】
- 散歩の際、車や自転車に気を付け友達と手をつなぐ。
- けがや危険のないように担任同士が声をかけ合いながら、一人一人の動きを把握する。
- かけっこでは子ども同士がぶつからないように、同じ方向に走るようにする。
- 子どもの発見に共感しながら散歩をする。
- 保育者や友達と一緒につもり遊びを楽しめるよう、子どもが興味を示しているときには声をかけて誘う。

## 食育

- 保育者も一緒に食事を楽しみながら、楽しい雰囲気づくりをする。
- 正しい姿勢を知らせ、上手に食べたら十分にほめる。

## 職員との連携

- 3歳以上児と一緒に手をつないで歩いて散歩に行けるように、3歳以上児の担任と連携して、交流を楽しむ。
- 子ども同士のトラブルが増えてくるので必ずそばで見守り、声をかけ合いながら、けがのないようにする。
- 運動会当日の役割分担をしっかり行い、子どもや保護者がスムーズに動けるようにする。

## 家庭との連携

- 運動会について、詳しい内容をお便りなどで知らせ、協力してもらう。
- 掲示板やお便りなどを通して感染症についての情報を知らせて、体調の変化には十分に気を付け、こまめに連絡を取り合う。
- 季節の変わり目で気温の変化が大きいため、調節しやすい衣服を用意してもらう。

## 評価・反省

- 下痢・嘔吐(げりおうと)や発熱で休む子は数名いたが、大きく体調を崩すことなく過ごしている。季節の変わり目で鼻水が出ている子が増えているので、朝夕と日中の気温差や一人一人の体調に合わせて、衣服調整や室温調節に気を付けたい。
- 散歩をする際に、保育者2人に対して子ども数名ずつが手をつないで歩く機会を設けた。回数を重ねるごとに手をつないで歩くことに少しずつ慣れたが、まだ慣れない子も多い。室内や園庭でも友達や保育者と手をつないで遊ぶ機会を多く設けたり、歩くペースが同じくらいの子同士が手をつないで歩けたりするように配慮したい。
- 夏の疲れからか、体調を崩し高熱を出す子が見られた。季節の変わり目なので今後も体調の変化には十分に気を付けて対応したい。
- 衣服の着脱を自分でやろうという気持ちを大切にしながら、少人数ずつで丁寧に行ったので、月齢の低い子もズボンや靴を自分ではこうとするようになってよかった。意欲を認め、できたときには自信につながるような言葉かけを今後もしていきたい。
- 午睡の後のオムツ交換の際にトイレに誘うようにした。嫌がる子は数名いるが、ほぼ全員便器に座れるようになった。また、タイミングが合えば排尿している。オムツが濡れているときには「おしっこ出たね」「出たら教えてね」などとそのつど声をかけることで、排尿したことを知らせてくれる子が増えてきた。引き続き子どもたち一人一人に合わせて、無理強いすることなく進めていきたい。

# 11月 月案 文例

行事も一段落し、落ち着いて過ごす日が続きます。戸外に出て木の葉が色付いていることに気付いたり、ドングリを拾ったりして自然と触れ合って遊びましょう。

月案文例 → P090-P091 11月の月案文例

## 前月末の子どもの姿

- 下痢、嘔吐、発熱の症状で休む子は数名いたが、大きく体調を崩すことなく過ごす。寒さを感じる日も増え、鼻水が出る子が増える。
- 昼寝の後を中心にトイレに誘うと、友達が行く様子を見てトイレに興味をもち、ほぼ全員が嫌がることなく便器に座るようになる。また、タイミングが合えばトイレで排尿する子が増え、オムツに排尿をした際にも「出た」と教えてくれることが増える。
- ままごとなどで、友達と一緒にやり取りをしながら遊ぶことを楽しんでいるが、まだトラブルになることも多い。

## ねらい

- 保健的で安全な環境の中で快適に過ごす。
- 戸外遊びや散歩を通して秋の自然に触れ、保育者や友達と一緒に遊ぶ。

## 内容

【養護】
- 健康状態に配慮されながら、季節の変わり目を快適に過ごす。
- 排泄の前後に言葉や動作で知らせるようになり、トイレで排泄しようとする。

【教育】
- 友達と手をつないで散歩したり、広い場所で追いかけっこをして遊んだりする。 健康 人間
- 同じ遊びを楽しんだり、簡単な言葉を交わしたりするなど、友達と関わって遊ぼうとする。 人間 言葉
- ままごとなどで生活の模倣遊びをする。 言葉
- 手先を動かす遊びを楽しむ。 環境

## 環境構成

【養護】
- トイレ用サンダルを用意する。
- トイレは毎日掃除をして清潔を保つ。

【教育】
- 歩くペースが同じくらいの子と手をつなげるようにする。
- 子どもたちの動きに合った固定遊具がある公園を選ぶ。
- 人形の着せ替えでボタンのかけ外しをするなど、手先を動かす経験ができるような物を用意をする。

## 予想される子どもの姿

【養護】
- 下痢・嘔吐や発熱で休む子は数名いるが、感染が拡大したり症状が重かったりすることなく過ごす。季節の変わり目のせいか、鼻水が出る子が増える。
- 昼寝の後にトイレに誘うと、友達の姿につられてトイレに行き、ほぼ全員がスムーズに便器に座る。また、タイミングが合えばトイレで排尿する子が増え、オムツに排尿した際にも「出た」と教えにきてくれることが増える。

【教育】
- 散歩の際には保育者や友達と手をつなぎ喜んで歩いているが、途中で手を離してしまう子もいる。
- アスレチックや滑り台に挑戦する。
- 遊びの中で「貸して」「どうぞ」など、簡単な言葉でやり取りをする。
- 友達とのやり取りの中で、思いが通らず手が出たり、かんだりしてしまう子がいる。
- バッグを持って並んで歩いたり、ままごと遊びでは皿やスプーンを渡し合ったりする。
- 生活の中でボタンかけなどに興味が出てきて、遊びの中でも手先を使うことが増える。

「5領域」の 健康：健康 人間：人間関係 環境：環境 言葉：言葉 表現：表現 を表しています。

## 保育者の援助

【養護】
- 肌寒い日も多くなるので気温の変化や一人一人の体調を把握し、衣服・室温調節に気を配る。また、体調の変化が見られたときにはすばやく適切に対応する。
- 一人一人の排尿の間隔を把握してトイレに誘ったり、便器で排尿できたときには十分にほめたりして、自信へとつなげる。

【教育】
- 行動範囲が広がり動きも活発になるので、散歩コースの道路周辺や公園の環境に危険がないように確認し見守りながら、保育者も体を動かすことを一緒に楽しむ。
- 子ども同士のやり取りを見守りながら、保育者も遊びを楽しむ。
- やり取りがうまくいかないときには気持ちを受け止めながら、友達の存在を意識したり、相手の気持ちに気付けたりするような関わり方を知らせる。
- 拾った木の実や落ち葉を持ち帰り、玩具をつくるなど、遊びに利用して楽しめるようにする。
- ごっこ遊びでは保育者も一緒に遊び、共に楽しむ。

## 食育

- 食事の際、正しい姿勢で食べられるように、テーブルや椅子の高さ、足の位置に留意する。
- 保育者が声をかけながら食事を進め、友達と一緒に食事をする楽しさを味わえるようにする。

## 職員との連携

- 保育中の活動内容によって、子どもたちが分かれて過ごす場合には、子どもたちが戸惑わないように担任同士で声をかけ合う。
- 園庭と室内で分かれて遊ぶときや、トイレから部屋へ戻って次の行動に移るときなどは、子どもたちの動きを予測しスムーズに動けるように注意する。リーダーの保育者を中心として子どもたちと速やかに次の活動へと入れるように配慮する。

## 家庭との連携

- 季節の変わり目で気温の変化が大きい時期のため、調節しやすい衣服を用意してもらう。
- 個人面談では、参観で実際に見てもらった園での子どもの姿や家庭での姿を伝え合い、育ちについての共通理解をもつ。

## 評価・反省

- 鼻水・咳は出るものの、大きく体調を崩すことなく過ごせた。風邪やインフルエンザなどの感染症にかかりやすい時期に入るため、保護者と連絡を取り合い、体調など変化が見られたときにはすばやく対応していきたい。
- 園庭に出て、戸外遊びの機会を多くもつことで、子どもたちは滑り台や三輪車に盛んにチャレンジできた。三輪車のペダルに足を置いてこぐ姿も見られるようになった。これから寒くなるが、戸外で遊ぶ機会を引き続き多くもち、全身運動を積極的に行いたい。
- 思い通りにいかないと手が出たり、かみつこうとしたりする姿が見られることもあるが、少しずつ子どもたちだけでやり取りする姿が見られるようになった。
- 皿やスプーンを手にして食べ物を分けたり、話が上手な子が遊びに誘ったり、遊具の貸し借りをするときでも「終わったら貸してね」などと言えるようになり成長を感じた。これからも言葉のやり取りが子ども同士に広がるように、いろいろな投げかけをして関わり方を知らせたい。
- 風邪ぎみの子が多かったため、散歩にあまり出かけることができなかった。園庭の木の葉の色付きに気付いたり、落ち葉を使って砂遊びをしたりしているので、来月はたくさん散歩に出かけて自然に触れる機会をつくりたい。
- 靴や靴下のはき方、手洗いなどを一人一人に丁寧に行いながら知らせたことで、月齢の低い子も積極的に自分で行った。「自分で」という気持ちを大切にしながら次への意欲を育て、できることを増やしたい。
- 言葉のやり取りをしながら友達と遊ぶことを喜ぶ姿が増えている。

# 12月 月案 文例

本格的な冬の到来で、風邪などの感染症の流行が気になる季節です。手洗いや毎日の健康観察をしっかり行って、クリスマスや年末年始を元気に迎えましょう。

月案文例 → P092-P093 12月の月案文例

## 前月末の子どもの姿

- 体調を崩すことなく、みんな元気に登園している。戸外遊びを楽しむ機会を多くもち、早番終了後から園庭に出て、三輪車やボール、滑り台などにチャレンジし、体を動かす。
- 机上の遊びでは、パズルや型はめ、粘土などに集中して取り組む姿が見られる。その中で保育者が仲立ちしなくても、子どもたちで遊具の貸し借りをする姿が少しずつ見られる。その半面、玩具を取り合ったり、思い通りにいかないと手が出てしまったり、かんだりする姿も引き続き見られる。

## ねらい

- 寒い時期においても保健的で安全な環境の下、健康で快適に過ごす。
- いろいろな遊具に触れ、体を十分に動かして遊ぶ。
- 衣服の着脱など簡単な身の回りのことを自分でしようとする。

## 内容

【養護】
- 健康状態に配慮されながら、快適に過ごす。
- 保育者に援助されて手洗いの仕方を身に付ける。
- 一人で手を洗おうとする。
- 排泄の前後に言葉や動作で知らせるようになり、トイレで排泄しようとする。

【教育】
- 手や指先を使う遊びや製作を楽しむ。 表現
- 園庭や公園の遊具、巧技台などを利用して、いろいろな動きを楽しむ。 健康 環境
- 簡単な歌や手遊びを一緒に行う。 表現
- 絵本のまねをして、簡単な劇遊びを楽しむ。 人間 言葉

## 環境構成

【養護】
- 水道付近の床は、はねた水で濡れたままにならないように、すぐにふき取る。
- 一人一人の手を取り、蛇口の開け閉めやせっけんの使い方、手の洗い方を丁寧に伝える。

【教育】
- パズル、型はめ、粘土などを用意する。
- クリスマスリースの製作では、子どもたちが自由にはることができる飾りを十分に用意し、満足できるまで楽しめるようにする。
- 子どもたちの動きに合った遊具がある公園を選ぶ。
- 歩くペースが同じくらいの子と手をつなげるように、子どもたちの様子を把握する。

## 予想される子どもの姿

【養護】
- 体調を崩すことなく、みんな元気に登園している。
- 蛇口をひねり水を出せるようになってきたが、閉めないことも多い。
- 「自分で」と言いながらせっけんを手に付けたり、洗おうとしたりする。何度もせっけんを付けたがる子もいる。
- 声かけにより、全員がトイレに行って便器に座っている。トイレで排尿できることが増える。気分によってトイレに行くことを嫌がる子もいる。

【教育】
- 友達と交代しながら、いろいろなパズルや型はめを楽しむ。粘土遊びでは丸めたりちぎったりして感触を味わい、集中して取り組む。
- 三輪車やボール、滑り台などにチャレンジし、体を動かして遊ぶ。
- 「大きなカブ」「三匹のやぎのがらがらどん」など、好きな絵本のせりふをまねての劇遊びや、ままごと、レストランごっこなどのつもり遊びを楽しむ。

## 保育者の援助

【養護】
●健康観察をしっかりと行い、保護者と連絡を取りながら、一人一人の健康状態を把握する。異常が見られたら適切に対応する。
●自分で洗う意欲を大切にしながら、さり気なく手を添えて洗い方やふき方、蛇口の開け方・閉め方、せっけんの使い方など、細かな手順を丁寧に知らせる。
●一人一人の排泄の状況を把握し、声かけなどは無理のない範囲で行う。

【教育】
●いろいろな種類のパズルを用意し、十分に楽しめる時間を設定する。
●一人一人の発達を把握し、けがや危険のないように見守ったり、援助をしたりする。
●手をつないで歩く際には、同じペースで歩く子ども同士で手をつなげるようにする。
●途中で歩き疲れてしまった子は、散歩車に乗れるようにして、少人数ずつ順番に手をつないで歩くようにする。
●ごっこ遊びが十分楽しめるように、保育者も一緒に参加して楽しむ。

## 食育

●食べ物の好き嫌いは、保育者がおいしそうに食べて見せたり、友達の食べている様子を見せたりして、食べてみようという意欲がもてるようにする。
●行事を通して季節感を食事でも味わえるようにする。

## 職員との連携

●園庭と室内に分かれて遊ぶときなど、人数や様子をそれぞれに把握して声をかけ合う。
●無理なく行事に参加できるように、内容や参加の仕方を話し合う。

## 家庭との連携

●風邪やインフルエンザが流行しやすい時期なので、こまめな手洗い・薄着を心がけてもらう。
●毎日の健康状態をこまめに伝え合う。

## 評価・反省

●発熱や下痢の症状が見られる子が数名いたり、溶連菌に感染したりする子がいたが、長引くことなく元気に過ごすことができた。これからますます寒くなり、インフルエンザなど感染症が流行する季節になるので、衣服・室温調節に留意しながら一人一人の体調の変化を見守り、異常が見られる際は適切に対応したい。
●手洗いの際には「自分で」と言って意欲的に洗う姿を見せている。また、流しのそばに保育者が付き、手洗いの仕方、手のふき方を知らせることで、やり方が身に付き、一人で洗える子も増えている。引き続き、蛇口の開け閉めやせっけんの使い方、洗い方を丁寧に伝えていきたい。
●巧技台や固定遊具などで体を動かす機会を多くもつことで動きが活発になったり、動きの幅が広がったりしている。引き続き、天気のよい日には戸外へ出ていろいろな動きを楽しみたい。
●オムツが濡れたり、便が出たりするときに知らせることが増えた。1名を除いては嫌がることも少なく、トイレに行き便器に座り、タイミングが合えば排尿している。嫌がるときには無理強いせず、一人一人のペースに合わせて進めたい。
●言葉のやり取りが盛んになり、ごっこ遊びに発展した。玩具の貸し借りは、子どもたちが言葉でやり取りすることもあった。ただ、言葉がまだ出てこない子（低月齢の子）もいて、トラブルになることもあるので、しっかりと相手の思いを代弁するなどして、一緒に遊びながら仲立ちしていきたい。
●2歳児や5歳児と一緒に散歩に出かける機会を設けることができた。長いコースや少し遠い公園など、いつもとは違うコースで散歩をして、たくさん歩くことができたのはよかった。今後も交流をしながら、散歩を楽しめるように、計画していきたい。

# 1月 月案 文例

新年を迎え、新たな気持ちでスタートです。話せる言葉が増えて、保育者や友達とも会話ができるようになってきます。一生懸命に話す姿は微笑ましいものです。

## 前月末の子どもの姿

- 発熱や下痢の症状が見られる子が数名いたり、溶連菌に感染したりする子がいたが回復は早く、元気に登園して過ごす。
- 手洗いや着脱など自分の身の回りのことに興味を示し、「自分で」とやりたがる姿が増えている。うまくできないと怒ったり、「やって」と要求したりする。
- 話せる言葉が増え、保育者や友達との遊びの中で「貸して」「○○しよう」と自分の気持ちを伝えるなど、言葉でのやり取りが増えている。また、保育者が仲立ちしなくても、友達同士でやり取りを楽しむ姿が少しずつ見られるようになる。

## ねらい

- 保健的で安全な環境において、健康で快適に過ごす。
- 好きな遊びを通して、保育者や友達との関わりを楽しむ。

## 内容

【養護】
- 体調に配慮されながら、健康に過ごせるようにする。
- 保育者の声かけに促され、片手を皿に添えて食べようとする。
- 手洗い、着脱、排泄、片付けなどの身の回りのことを、自分から進んでやってみようとする。

【教育】
- 自分の気持ちや要求を、簡単な言葉で保育者や友達に伝えようとする。 言葉 人間
- 寒い日も戸外へ出て、体を十分に動かして遊ぶ。 健康
- 戸外で滑り台やアスレチックなどで体を動かして遊び、登る、滑る、ぶら下がるなど、いろいろな動きを経験する。 健康 環境
- 簡単な手遊びや体の動きを楽しむ。 表現

## 環境構成

【養護】
- 保育者も一緒に食べながら食器に手を添えたり、食器を持って食べたりする姿を見せる。
- 手洗いの際には自由に使えるように、流しにせっけんを用意する。

【教育】
- ままごとや模倣遊びが楽しめるように、ままごとコーナーにテーブルを用意する。
- 固定遊具や三輪車を点検したり、園庭に危険な物がないか確認したりする。

## 予想される子どもの姿

【養護】
- 発熱や下痢の症状が見られる子が数名いたり、溶連菌に感染したりする子がいる。
- 寒い日が続き、鼻水が出ている子が多い。
- スプーンやフォークの使い方が上手になってきて、こぼすことが少なくなる。一度にたくさん口に入れて口にためてしまったり、ひじをついて食べたりする姿が見られる。
- 寒くなり排尿間隔が短くなる子もいる。
- オムツが濡れると知らせ、トイレに行って便器に座り、タイミングが合えば排尿する。
- 自分で手洗いをしたり、タオルで手をふいたりする。

【教育】
- 保育者や友達との遊びの中で「貸して」「どうぞ」「ありがとう」と自分の気持ちを伝えることが増える。
- 友達同士で言葉を交わし、やり取りを楽しむ姿が少しずつ見られるようになる。
- 「貸して」「やって」など、友達に簡単な言葉で思いを伝える。
- 追いかけっこをしたり固定遊具に挑戦したり、三輪車に乗ったりして体を動かす。

「5領域」の 健康：健康 人間：人間関係 環境：環境 言葉：言葉 表現：表現 を表しています。

## 保育者の援助

【養　護】
- 園やクラスで流行している感染症を把握する。
- 一人一人の体調を把握し、衣服・室温調節をする。体調の変化が見られたときには、看護師と連携を図りながら適切に対応する。
- ゆっくりとよくかんで食べるように呼びかけたり、話しかけたりする。また、食器に手を添えたり持って食べたりするよう、くり返し声をかける。
- 自分で身の回りのことをしている姿を見守り、難しいところはやり方を教えたり一緒に行ったりする。また、興味のもてない子には、友達の姿を見せたり励ましたりして意欲へとつなげていく。

【教　育】
- 一人一人の気持ちを受け止め、「貸して」「ちょうだい」などを代弁し、言葉で伝えることを知らせる。
- 子ども同士のやり取りを見守りながら、保育者も一緒に会話を楽しむ。やり取りがうまくいかないときには、関わり方を知らせる。
- 友達との関わりの中で思いが通らず手が出たり、かんだりしたときは、お互いの気持ちを受け止めながら代弁し、言葉を添えて関わり方を知らせる。

## 食育

- 食材について会話をしながら食への興味を引き出し、苦手な物でも食べてみるようにすすめる。
- 台ふきや手ふきを近くに置き、常にきれいな状態で食事をして、その心地よさを感じられるようにする。

## 職員との連携

- 一人一人の子どもの様子を把握し、変化が見られたときには伝え合い、確認する。
- 下痢・嘔吐の処置の仕方を確認し、職員全体で感染症の予防に努める。

## 家庭との連携

- 休み明けは生活リズムが整っていないことが多いので、家庭との連絡を密にし、徐々に整えていく。
- 風邪やインフルエンザが流行しやすい時期なので、手洗い・薄着を心がけてもらい、健康状態を伝え合う。
- インフルエンザなど感染症の子が出た場合、情報を掲示して保護者へ伝える。

## 評価・反省

- 休み明けの登園時に涙を見せる子が数名いたが、抱っこや、ひざの上で好きな遊びを楽しむなどの一対一の対応を心がけることで落ち着くことができた。
- 食事の際、くり返し声をかけたが、片手を下げたり、ひじをついたりする姿がまだ見られるので、引き続き声をかけたい。
- 話せる言葉が増え、友達同士の言葉でのやり取りも少しずつ増えた。一方的に話す状況も見られるので、さり気なく保育者が間に入り、互いの気持ちを伝えて、やり取りへとつなげていくようにしたい。
- 気温が低くなったが、暖かい時間を見計らって積極的に戸外へ出て、体を動かした。来月も寒い日が続くが、きちんと衣服調節し、戸外遊びを楽しみたい。
- 簡単な身の回りのことをほとんど一人で行えるようになってきているが、まだ靴の左右や衣服の前後が逆であったり、気分によってやろうとしなかったりするなどの姿が見られる。引き続き、意欲がもてるように声かけを工夫していきたい。
- 友達と関わって遊ぶ楽しさを味わい、玩具の貸し借りなども子どもたちだけでやり取りする姿が見られ、成長を感じ嬉しく思った。その半面、関わりが増えた分、取り合いなどのトラブルもあるので、一緒に待ったり順番があることを伝えたりしていきたい。
- 身の回りのことについて、個々がどのようなことに興味や意欲をもっているのかを把握した上で言葉をかけたり、投げかけたりした。その結果、それぞれの気持ちを大切にして進めていくことができた。意欲的になれることや今はあまり興味がないことは時期によって違うと思うので、無理強いせず対応したい。

# 2月 月案 文例

寒さに負けず、外に出れば元気いっぱいに走り回る子どもたちには、たくましさを感じます。春を待ちながら、触れ合い遊びや運動遊びで体を温めましょう。

月案文例 → P096-P097 2月の月案文例

## 前月末の子どもの姿

- 休み明けの登園時に涙を見せる子が2名いたが、おやつを食べたり遊んだりしたことをきっかけに気分転換し、落ち着いて過ごすようになる。予想していたよりスムーズに受け入れができている。
- 話せる言葉が増え、月齢の低い子が友達の名前を呼んだり、泣いている子の頭をなでたりするなど、友達を意識する姿を見せ始めている。

## ねらい

- 保健的で安全な環境の中で、寒い時期を健康で快適に過ごす。
- 友達と関わり合いながら一緒に遊ぶことを楽しむ。

## 内容

【養護】
- 体調に配慮されながら、健康に過ごす。
- 5歳児と一緒に食事することを楽しむ。
- 手洗い、着脱、排泄、片付けなど、興味を示している身の回りのことを、自分から進んでやってみようとする。
- 鼻水が出たことに気付いて、自分でティッシュを使ってふいてみる。

【教育】
- 手先を使った遊びを楽しむ。 環境
- 保育者や友達と遊びながら、簡単な言葉のやり取りを楽しむ。 人間 言葉
- 保育者や友達と一緒に、見立て遊びやごっこ遊びを楽しむ。 人間 言葉
- 追いかけること、追われることを楽しむ。 健康
- マラカスの音の違いを感じる。 表現

## 環境構成

【養護】
- 健康観察を行い、インフルエンザなどの感染症が出たら情報の掲示をし、保護者に伝える。
- 室温、気温、換気などに留意する。
- 5歳児と給食やおやつを一緒に食べる機会をつくる。

【教育】
- 散歩などで手をつなぐときは、歩くペースが同じ子とつなげるようにする。
- 小麦粉粘土、ひも通し、シールはり、紙を破るなど材料を用意する。

## 予想される子どもの姿

【養護】
- 鼻水が出ている子が多いが、体調を崩す子は少なく、健康に過ごす。
- 園庭から室内に戻るときに、5歳児に手をつないで部屋まで送ってもらうことをとても喜ぶ。また、一緒に遊んだり、食事したりする中で5歳児のすることに興味を示し、何でもまねをしようとする。
- 簡単な衣服を自分で脱いだり、保育者に手伝ってもらったりしながら着ようとする。
- オムツが濡れていないときや、そのときの気分により、トイレへ行って排尿する。
- 使った玩具や、食事に使用したエプロン・タオルを片付ける。
- 鼻水に気付かず遊び続ける。

【教育】
- 保育者と一緒に小麦粉粘土、ひも通しなどを楽しむ。
- のりの感触を嫌がる子もいれば、適量が分からず手のひら全体をのりだらけにしてしまう子もいる。
- 話せる言葉で自分の気持ちや要求を伝える。
- 人形の世話をするなど保育者や友達をまねて遊ぶ。
- 凧あげや福笑いなどの冬ならではの遊びを楽しむ。

保育者の援助

【養護】
●健康観察をしっかり行い、保護者と連絡を取りながら、一人一人の健康状態を把握する。体調に変化が見られたときには、看護師と連携してすばやく対応する。
●配ぜんや後片付けなどの世話をしてもらうことで、5歳児に親しみがもてるようにする。5歳児の姿を見て「お兄ちゃんお皿を持って上手に食べているね」などと声をかけ、自分も5歳児のようにやってみようという気持ちがもてるようにする。
●一人一人が興味を示していることを把握し、自分でやったことに満足できるような言葉がけや援助をする。
●鼻水に気付かないで遊んでいる子には、「鼻が出てるからふこうね」と声をかけてからふくようにし、急にふくことのないようにする。

【教育】
●子どもが援助を求めてきたときは一緒に行い、できた喜びが感じられるようにする。
●製作の際は、のりの使い方を丁寧に知らせながら少人数で行う。手の汚れを嫌がる子には、そばに手ふき用のタオルを用意してすぐふけるようにし、少しずつのりの感触に慣れるようにする。
●「今日は暖かいね」「霜柱があるね」など、冬の自然に興味をもてるような言葉がけをすると共に、子どもの感性を大切に受け止めて共感する。

 食育

●食器に手を添えて食べることを知らせる。
●節分を通して豆に興味をもち、食べてみようという気持ちがもてるようにする。

 職員との連携

●5歳児クラスの担任と連絡を取りながら、5歳児と遊んだり、世話をしてもらったりする機会をもつ。
●一人一人の様子や体調をこまめに伝え合い、状況に応じて保育者の動きやその日の活動の環境や内容を考え、声をかけていく。

 家庭との連携

●インフルエンザや風邪が流行しやすい時期のため、保護者と体調の変化を伝え合ったり、症状を知らせたりして、早めの対応を心がけるようにする。
●子どもが自分で着替えたがっていることを伝え、自分で着やすい衣服を用意してもらう。
●手や足、ほおなどが乾燥しがちなので、スキンケアを心がけてもらう（園ではワセリンを使用）。

 評価・反省

●インフルエンザ、頭ジラミに感染する子がそれぞれ1名ずついたが、他児が感染することはなかった。鼻水が出たり咳が出たりする子も多いが、大きく体調を崩す子はおらず、元気に過ごすことができた。感染症や風邪が流行しやすい季節のため、引き続き一人一人の健康状態に留意したい。
●一人一人の成長に合わせ、また、本人のやる気を大切にして声をかけたことで、身の回りのことを意欲的に行っている。今後も一人一人に合わせて、言葉をかけていきたい。
●5歳児の担任と連携しながら、少しずつ交流する機会を増やしたことで、5歳児に親しみをもって関わる姿が見られてよかった。5歳児の姿をまねしようとするので、5歳児との食事会を設けた。何でも食べようとしたり、皿を持って食べようとしたりするなど、5歳児がよい見本となったのはよかった。卒園までたくさん交流をもち、5歳児へのあこがれから、自分もやってみようとする気持ちを大切に育てたい。
●園庭工事が入り、室内で過ごすことが多くなりがちであった。散歩も、体調のすぐれない子がいて、なかなか出かけることができなかった。来月はできるだけたくさん散歩に出かけ、戸外で体を動かす機会を多くもちたい。
●一人一人が興味を示していることを把握し、見守ったり必要に応じてやり方を知らせたりしていくことで、積極的に着脱や片付けに挑戦する姿が増えている。これからも意欲を大切にし、自分でできたという自信につなげられるように援助したい。

# 3月 月案 文例

4月当初より体がひと回り大きくなり、自分でできることも増え、おしゃべりが楽しい毎日です。ちょっぴりお兄さん、お姉さんらしい姿になりました。

## 前月末の子どもの姿

- インフルエンザにかかる子が1名いたが、他児が感染することはない。鼻水や咳が目立つ子は多いが、大きく体調を崩す子はいない。
- 手洗い、着脱、片付けなど、身の回りのことに興味を示して「自分で」と積極的に行う姿が増えている。保育者が手伝おうとすると嫌がることもある。
- 友達同士が話せる言葉でやり取りを楽しみ、一緒に同じ遊びをすることが増えている。やり取りがスムーズにいかないときには手が出てしまうことがある。

## ねらい

- 健康状態に配慮されながら、季節の変わり目の時期を健康で快適に過ごす。
- 保健的で安全な環境の中で、寒い時期を健康で快適に過ごす。
- 保育者や友達と関わる中で、自分の気持ちを表現する。

## 内容

【養 護】
- 体調を保育者に見守られながら健康に過ごす。
- 簡単な衣服のたたみ方を覚え、やってみようとする。
- 尿意を知らせ、自分でトイレに行って排尿する。
- 会話をしながら楽しく食事をする中で、簡単なマナーを覚える。

【教 育】
- 保育者や友達と簡単な言葉でやり取りを楽しむ。 言葉
- ひな祭り、お別れ会、卒園式など、行事に参加することを喜ぶ。 環境
- 進級に向けて2歳児クラスで過ごしたり、他クラスの友達と遊んだりする。 人間
- 散歩先や園庭で草花や虫を見付けて喜ぶ。 環境

## 環境構成

【養 護】
- 気持ちよく眠れるように、晴れた日には毛布や布団を干しておく。
- 空気清浄機や加湿器、エアコンを活用して室温・湿度・換気に留意してこまめに調節する。
- 手洗いの際には使いやすい位置にせっけんを用意する。

【教 育】
- 子どもの話したい気持ちを大切にし、ゆったりと落ち着いた雰囲気をつくる。
- 園行事に参加する際は、5歳児に誘ってもらったり手伝ってもらったりする。

## 予想される子どもの姿

【養 護】
- 鼻水や咳が目立つ子が多い。
- 自分で水やせっけんで手を洗ったり、タオルで手をふいたりする。自分で袖口をまくろうとする子もいる。
- 保育者と一緒に服をたたんだり、片付けたりする。
- オムツが汚れていると知らせたり、トイレで排泄したりする子もいれば、嫌がったりする子もいる。
- 横を向いたり足を立てたりして食事する子もいる。

【教 育】
- 友達同士が分かり合える言葉でやり取りを楽しんだり、一緒に同じ遊びをしたりする。やり取りがスムーズにいかずに手が出てしまうことがある。
- 知っている言葉で、保育者や友達に自分の思いを伝える。
- 手伝いや一緒の遊びなど、5歳児との交流をとても楽しみにする。また、5歳児の卒園式の練習の様子を興味深く見る。
- 2歳児クラスの玩具で遊んだり、他クラスの友達と散歩をしたりして遊ぶ。
- 園庭のプランターの花を見て、「きれい」と言う。

## 保育者の援助

【養　護】
- 空気清浄機やエアコンを活用し、室温、湿度、換気に留意して、快適に過ごせるよう子どもに目を配る。
- たたみやすく衣服を整えたり、たためたときには一緒に片付けたりするなど、毎日の積み重ねの中で簡単なことをやれる自信を付けていく。
- トイレで排尿できたときには十分にほめて、自信へとつなげていく。
- 食事をしながらそのつど正しい姿勢を知らせる。

【教　育】
- じっくりと子どもたちの気持ちに向き合い、やり取りがスムーズにいかないときには、双方の思いを代弁しながら友達とのやり取りの仕方を知らせる。友達に玩具を貸してあげられたときには十分にほめ、優しい気持ちを大切にする。
- 園行事には、無理のない参加の仕方を考え、全員が楽しめるようにする。
- ごっこ遊びでは保育者も一緒に遊びに参加する中で、子どもの自由なつぶやきや言葉を大切にし、子どもの思いや発想をつなげながら、遊びを展開できるようにさり気なく手助けする。

## 食育

- ひなあられを食べながら、食と行事の関係を知らせ、興味がもてるようにする。
- 子どもの意欲を大切にしながら、椅子の座り方やスプーンの使い方、食器に手を添えることなど、言葉をかけながら知らせる。

## 職員との連携

- 進級に向けて2歳児クラスを借りるなど、他クラス・他学年との交流を無理なく行えるように、保育者と声をかけ合う。
- 進級に対しての保護者の不安や疑問点に答えることができるように、共通理解をもつ。

## 家庭との連携

- インフルエンザが流行しやすい時期のため、体調の変化に留意し、健康状態について丁寧に連絡を取り合う。
- 懇談会では保護者と一年間の成長の喜びを共有し、次年度への不安を受け止めたり、子どもの様子を伝え合ったりし、安心して進級を迎えられるようにする。
- 柔らかい素材や体に合ったサイズなど、自分で着脱しやすい衣服を用意してもらう。

## 評価・反省

- 3月に入り、発熱する子が増えて欠席者が多い1週間があった。体調を見ながら戸外と室内に分かれて過ごし、検温・機嫌・食欲などを保護者と伝え合いながら、様子を見守ることができた。
- 進級に向けて少しずつ環境に慣れることができるように、2歳児クラスで過ごす機会を多く取り入れた。目新しい遊具に集中し、嫌がらずにトイレを利用する子が多かったので、新年度に入ってからも無理なく生活が送れるように援助したい。
- 言葉のやり取りができるようになり、保育者の仲立ちがなくても、子ども同士で会話をしている姿が少しずつ見られるようになった。感情をぶつけ合いスムーズにいかないことも多いが、これから気持ちが通じたときの嬉しい経験をたくさんしていき、関わり合う楽しさを知ることができるように仲立ちしたい。
- 身の回りのことについて、今まで保育者にやってほしいとアピールしていた子が、自分でやりたいと言って取り組むようになった。その影響で他児も意欲を増し、着脱などに取り組んでいる。身に付き習慣となるよう、個々に合った援助を心がけたい。
- 今年は3月も寒い日が続き、暖かさを感じられる日は少なかったが、散歩に出かけたり、戸外で遊んだりする機会を多くもつことができた。花や虫を見て、春を感じながら遊ぶことができたと思う。
- 「〇〇してから△△しようね」などと見通しがもてるような言葉がけをしていったことで、子どもたちが自分の意思で行動できるようになった。一年間の成長を感じ、嬉しく思った。

こんなときどうする？ 月案 Q & A

**Q** 今回保育指針の改訂で「1歳以上3歳未満児」の5領域が記載されましたが、今までの計画をどう見直せばいいでしょうか？

**A** より育ちがとらえやすくなったことを喜んで

今までも、目の前の子どもの姿に照らして計画を見直してきました。それに変わりはありません。ただ今回の新しく記載された5領域の文言は新たに私たちの味方になります。この年齢の適切な言い表し方を知らせ、領域のバランスに気付かせてくれます。よく読み込んで使いこなしましょう。

---

**Q** 4月でまだ子どもの様子も分かりませんが、どう計画を立てていけばよいのでしょうか？

**A** 4月はまず保育者との絆（きずな）から

月初めの子どもの様子を見てからでも、立案はOKです。その際、前年度の4月の月案を見て参考にするとよいでしょう。年度の初めにまず求められるのは、特定の保育者との応答的な関係づくりです。子どもが安心できる受け入れから計画しましょう。

---

**Q** 「環境構成」を書く際、どうしても「こう整える…」だけになってしまいます。記入のコツは何でしょうか？

**A** 何のために整えるのか、意図を明確に

「内容」を経験させるための環境構成ですから、「しておくこと」を書くのではなく「何のためにそうするのか」を示すことが大切です。「布団を敷く」ではなく、「眠りたいときに安心してすぐ眠れるように、布団を敷いておく」と書けば、意図が伝わります。

# 第4章

# 個人案の立て方

この年齢に欠かせない「個人案」を、4月から3月まで掲載。更に、行動別の文例も紹介しています。

# 1歳児の個人案

## おさえたい 3 つのポイント

1歳児の個人案は、食事・排泄・歩行面などの個別の課題をとらえて作成します。日々、変化していくので、記録もしっかり取りながら進めていきます。

### 1 食への意欲と取り組み

離乳食の進み具合や好き嫌い、手づかみ食べの様子など、その子の様子を詳しくとらえながら、援助の作戦を考えます。また、大切なのは自分から食べる意欲を育むことなので、認める言葉や食べ物をよくかむ手本を見せることも大切です。食具の使い方も丁寧に伝えましょう。

### 2 散歩を十分に楽しめるように

ヨチヨチ歩きの子どもも、毎日歩いているうちに、しっかりとした足取りになってきます。晴れた日にはできるだけ戸外に出て道草をたっぷりしながら、いろいろなものに出会う経験を重ねましょう。疲れたら無理に歩かせず、ベビーカーやおんぶなども楽しめるようにします。

### 3 喃語から片言、二語文へ

機嫌がよいと、いろいろな声を出すことを楽しみます。保育者がにこやかに語りかけていると、まねをして言葉が出てくるでしょう。記録を取りながら、子どもの語彙を増やします。たとえ言葉が出なくても、聞いてため込んでいます。満ちるときを楽しみに語りかけましょう。

## ●4月個人案　ひよこ組

| | Aちゃん 1歳1か月（女児） |
|---|---|
| 今月初めの子どもの姿 | ●新しい環境に戸惑うことなく一日を安定して過ごす。<br>●歩行が安定してきて、好きなところへ歩いていき、探索を楽しんでいるが転びやすい。 |
| ねらい | ●探索遊びを十分に楽しむ。 |
| 内容 | ●保育者に見守られながら、探索遊びを十分に楽しむ。環境 |
| 保育者の援助 | ●危険なことが分からず、思いのまま行動しているので、目を離さないように見守りながら探索を楽しませる。また、動きを見てすぐに援助できるようにする。 |
| 評価・反省 | ●けがなく室内や園庭の探索を十分に楽しむことができたのでよかった。何でも口に入れてしまうので、引き続き見守っていきたい。また、まだ転びやすいので転倒には十分注意しながら、変化のある道などを歩いて、楽しんでいけるようにしたい。 |

### 内容

「ねらい」を達成するために「経験させたいこと」です。保育所保育指針の「1歳以上3歳未満児」の5領域を意識して記述します。本書では 健康 人間 環境 言葉 表現 で表示します。

## 前月末（今月初め）の子どもの姿

前月末の、その子の育ちの姿をとらえます。具体的にどのような場面でその育ちが感じられたのか、発達段階のどこにいるのかを記します。
※4月は「今月初めの子どもの姿」となります。

## ねらい

この一か月で育みたい資質・能力を子どもの生活する姿からとらえたものです。園生活を通じ、様々な体験を積み重ねる中で相互に関連をもちながら、次第に達成に向かいます。

| Bちゃん 1歳6か月（女児） | Cくん 1歳9か月（男児） | Dくん 1歳11か月（男児） |
|---|---|---|
| ●新しい環境に戸惑うことなく好きな遊びを楽しむ。<br>●「おいしいね」「きれいだね」などの保育者の語りかけをまねしたり、「取って」「ほしい」など、してほしいことを片言で伝えようとしたりする姿がある。 | ●4月に入園（新入園児）。<br>●初めは少し不安そうな様子が見られたが、泣くこともなくすぐに園生活に慣れ、ミニカーや人形遊びなど好きな遊びを楽しむ。 | ●新しい環境になっても安定して過ごす。<br>●「今日はだれときたの？」「パパだよ」などの、簡単な言葉のやり取りができるようになっており、「抱っこして」「これ読んで」など、してほしいことを言葉で伝えようとする。 |
| ●保育者と簡単な言葉のやり取りを楽しむ。 | ●新しい環境に慣れる。 | ●簡単な言葉のやり取りを楽しむ。 |
| ●保育者と一緒に遊ぶ中で、簡単な言葉のやり取りを楽しむ。言葉 | ●新しい環境に慣れ、好きな遊びを保育者や友達と一緒に楽しむ。健康 人間 | ●保育者と一緒に遊ぶ中で、簡単な言葉のやり取りを楽しむ。言葉 |
| ●ゆっくりとたくさん語りかけ、言葉のやり取りを一緒に楽しみながら、言葉が増えていくようにする。<br>●「そうだね、お花きれいだね」など、本児の言った言葉にひと言添えて答えていく。 | ●不安な様子が見られるときには一対一で過ごし、安心できるようにする。また、保護者から本児の好きな遊びや歌などを聞き、取り入れていく。<br>●友達の近くに行き、のぞき込んでいるときには、一緒に遊べるように「一緒に遊ぼうね」と声をかけ、他児との仲立ちをする。 | ●言葉のやり取りをたくさん経験できるように、本児の言った言葉にひと言添えたり、くり返したりする。<br>●「だれに買ってもらったの？」「何を食べたの？」などの会話を引き出しながら楽しめるようにして、話す意欲を高める。 |
| ●たくさん語りかけ、共に言葉のやり取りを楽しむことができたので、「貸して」「どうぞ」「いらっしゃいませ」など言葉の数も少しずつ増えてきている。引き続き、やり取りを一緒に楽しみながら発語を促していきたい。 | ●不安な様子が見られたときには、一対一で過ごすことで安心し、すぐに園生活に慣れたのでよかった。<br>●友達との関わりがもてるように仲立ちをしたことで、一緒に遊ぶ姿が見られるようになった。友達との関わり方をそのつど知らせていきたい。 | ●本児の語りかけに対し、丁寧に答え、やり取りを共に楽しむことができた。引き続き、たくさんのやり取りを経験できるようにし、会話につなげていきたい。 |

## 保育者の援助

「ねらい」を達成するために「内容」を経験させる際、どのような援助が必要かを書き出します。その子のためだけの援助も書きます。

## 評価・反省

保育者が自分の保育を振り返り、その子が「ねらい」にどこまで到達できたか、これからどのように対応すべきかを書き、来月の個人案に生かします。

# 4月 個人案

個人案 → P104-P105 4月の個人案

**立案のポイント**
情緒が安定しています。目に入った物に興味をもち、何でも触りたがるので、安全に配慮します。

**立案のポイント**
保育者をまねしながら言葉を増やしています。Bちゃんが話してくれて嬉しいと伝えましょう。

## ●4月個人案　ひよこ組

|  | Aちゃん 1歳1か月(女児) | Bちゃん 1歳6か月(女児) |
|---|---|---|
| 今月初めの子どもの姿 | ●新しい環境に戸惑うことなく一日を安定して過ごす。<br>●歩行が安定してきて、好きなところへ歩いていき、探索を楽しんでいるが転びやすい。 | ●新しい環境に戸惑うことなく好きな遊びを楽しむ。<br>●「おいしいね」「きれいだね」などの保育者の語りかけをまねしたり、「取って」「ほしい」など、してほしいことを片言で伝えようとしたりする姿がある。 |
| ねらい | ●探索遊びを十分に楽しむ。 | ●保育者と簡単な言葉のやり取りを楽しむ。 |
| 内容 | ●保育者に見守られながら、探索遊びを十分に楽しむ。環境 | ●保育者と一緒に遊ぶ中で、簡単な言葉のやり取りを楽しむ。言葉 |
| 保育者の援助 | ●危険なことが分からず、思いのまま行動しているので、目を離さないように見守りながら探索を楽しませる。また、動きを見てすぐに援助できるようにする。 | ●ゆっくりとたくさん語りかけ、言葉のやり取りを一緒に楽しみながら、言葉が増えていくようにする。<br>●「そうだね、お花きれいだね」など、本児の言った言葉にひと言添えて答えていく。 |
| 評価・反省 | ●けがなく室内や園庭の探索を十分に楽しむことができたのでよかった。何でも口に入れてしまうので、引き続き見守っていきたい。また、まだ転びやすいので転倒には十分注意しながら、変化のある道などを歩いて、楽しんでいけるようにしたい。 | ●たくさん語りかけ、共に言葉のやり取りを楽しむことができたので、「貸して」「どうぞ」「いらっしゃいませ」など言葉の数も少しずつ増えてきている。引き続き、やり取りを一緒に楽しみながら発語を促していきたい。 |

**保育のヒント**
どこをどのように探索したのかということが、育ちにとっての重要なポイントです。きめ細かく見ていきましょう。

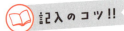
**記入のコツ!!**
少しずつ増えてきた言葉も、「」を使って具体的に書いてあります。

> **立案のポイント**
> 新入園児なので、まず安心して過ごすことに重点を置きます。好きな遊びも具体的に書きます。

> **立案のポイント**
> 言葉で伝える楽しさを味わっています。ひと言添えることで、言葉が増えます。

| Cくん 1歳9か月（男児） | Dくん 1歳11か月（男児） |
|---|---|
| ●4月に入園（新入園児）。<br>●初めは少し不安そうな様子が見られたが、泣くこともなくすぐに園生活に慣れ、ミニカーや人形遊びなど好きな遊びを楽しむ。 | ●新しい環境になっても安定して過ごす。<br>●「今日はだれときたの？」「パパだよ」などの、簡単な言葉のやり取りができるようになっており、「抱っこして」「これ読んで」など、してほしいことを言葉で伝えようとする。 |
| ●新しい環境に慣れる。 | ●簡単な言葉のやり取りを楽しむ。 |
| ●新しい環境に慣れ、好きな遊びを保育者や友達と一緒に楽しむ。 健康 人間 | ●保育者と一緒に遊ぶ中で、簡単な言葉のやり取りを楽しむ。 言葉 |
| ●不安な様子が見られるときには一対一で過ごし、安心できるようにする。また、保護者から本児の好きな遊びや歌などを聞き、取り入れていく。<br>●友達の近くに行き、のぞき込んでいるときには、一緒に遊べるように「一緒に遊ぼうね」と声をかけ、他児との仲立ちをする。 | ●言葉のやり取りをたくさん経験できるように、本児の言った言葉にひと言添えたり、くり返したりする。<br>●「だれに買ってもらったの？」「何を食べたの？」などの会話を引き出しながら楽しめるようにして、話す意欲を高める。 |
| ●不安な様子が見られたときには、一対一で過ごすことで安心し、すぐに園生活に慣れたのでよかった。<br>●友達との関わりがもてるように仲立ちをしたことで、一緒に遊ぶ姿が見られるようになった。友達との関わり方をそのつど知らせていきたい。 | ●本児の語りかけに対し、丁寧に答え、やり取りを共に楽しむことができた。引き続き、たくさんのやり取りを経験できるようにし、会話につなげていきたい。 |

4月 個人案

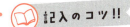

記入のコツ!!

保護者と連携を図ることを書き込んでおくと、意識して情報交換ができます。

# 5月 個人案

> **立案のポイント**
> 口で周りの世界を知ろうとするのは自然なことですが、誤飲の危険があるので気を付けます。

> **立案のポイント**
> スプーンやフォークを使う姿を「すごいね！」と認め、自信になるように関わりましょう。

個人案 → P106-P107 5月の個人案

### 記入のコツ!!
「友達との関わり方」の中でも、今月は特にどの点においての関わり方なのか、的を絞って書けています。

### 保育のヒント
「Bちゃんがスプーンでおいもをすくいました」と、実況放送のように語りかけると、意欲的に食具を使うことがあります。

## ●5月個人案　ひよこ組

| | Aちゃん 1歳2か月（女児） | Bちゃん 1歳7か月（女児） |
|---|---|---|
| 前月末の子どもの姿 | ●探索を盛んにしており、楽しんでいるが、何でも口に入れようとする。<br>●友達の持っている玩具に興味があると突然取ってしまい、トラブルになることがある。 | ●「どうぞ」「ありがとう」など、保育者と簡単な言葉のやり取りを楽しむ。<br>●声かけにより、スプーンやフォークを使おうとするが、ほとんど手づかみで、こぼすこともかなり多い。 |
| ねらい | ●探索活動を十分に楽しむ。<br>●友達との関わり方を知る。 | ●保育者と簡単な会話を楽しむ。<br>●食具を使って食べる。 |
| 内容 | ●保育者と探索活動を十分に楽しむ。 環境<br>●身振りで思いを伝えるなど、友達との関わり方を知る。 人間 | ●保育者と簡単な言葉のやり取りを楽しみながら、言葉数を増やす。 言葉<br>●食具を使って食べようとする。 健康 |
| 保育者の援助 | ●本児の思うように探索活動ができるよう見守りつつ、口に入れてはいけない物などをくり返し伝える。<br>●身の回りに、口に入る小さな物は置かないようにする。<br>●友達に本児の気持ちを代弁して伝えたり、「貸してってするんだよ」と本児にくり返し伝えたりする。 | ●たくさん語りかけ、共に言葉のやり取りを楽しみながら発語を促す。<br>●スプーンやフォークで食べやすいように大きなおかずを切ったり、そばに付いて時々援助をしたりしながら、自分で食べようとする意欲を尊重して見守る。 |
| 評価・反省 | ●何でも口へ入れてしまうので、口へ入れる前に他の遊びに誘うなど、十分注意しながら探索活動を楽しめるよう見守ることができた。<br>●そのつど「貸してってするんだよ」と伝えたので、身振りで相手に伝えようとする姿が増えた。今後も声をかけていきたい。 | ●本児の語りかけに丁寧に応答し、共感したことで言葉が広がった。絵本や歌に興味があるので、それらを通して言葉数を増やしたい。<br>●食べる意欲を大切にしながら、さり気なくスプーンを持たせたり手を添えたりしたことで、こぼしながらも食具で食べるようになってきた。 |

「5領域」の 健康：健康　人間：人間関係　環境：環境　言葉：言葉　表現：表現　を表しています。

| 立案のポイント | 立案のポイント |
|---|---|
| 友達に興味はあっても上手な関わり方は分かりません。「貸して」という言葉を聞かせましょう。 | 「Dくんも〇くんもこの玩具が好きなの。おんなじね」と相手への親しみも育てたいものです。 |

5月 個人案

| 😊 Cくん 1歳10か月（男児） | 😊 Dくん 2歳0か月（男児） |
|---|---|
| ●友達と一緒に遊ぶ姿が見られるようになったが、関わり方が分からずに突然友達を押したり、友達の持っている物を取って反応を見たりする姿がある。 | ●絵本を見て「～だね」と言ったり、お姉ちゃんを見かけると「〇〇ちゃんいたよ」と言ったりする。<br>●気に入っている玩具を友達が使っていると、「あっ」と言って取ってしまい、トラブルになることがある。 |
| ●友達との関わり方を知る。 | ●自分の思いや発見を言葉で表現する。 |
| ●保育者と一緒に遊ぶ中で、友達との関わり方を知る。 人間 | ●保育者との言葉のやり取りを楽しみながら、自分の思いを言葉で表現する。 言葉 |
| ●突発的に友達を押してしまうことがあるので、十分気を付けて見守ると共に、一対一で関わりながら気持ちの安定を図る。<br>●玩具などを取ってしまうときには、「貸してって言おうね」と声をかけ、一緒に遊びながら友達との関わり方を知らせる。 | ●本児の語りかけに丁寧にこたえていき、共に言葉のやり取りを楽しむ。相手が子どもの場合、思いが伝わらずトラブルになることもあるので、本児の言葉にならない「貸して」「ちょうだい」などの思いを代弁し、橋渡しをする。 |
| ●保育者も一緒に遊びながら、そのつど友達を押してはいけないということを知らせたり、「貸して」などのその場に合った言葉を伝えたりしたが、まだこのような姿は続いている。引き続き友達との関わり方を知らせたい。 | ●本児の語りかけに対して丁寧にこたえ、共に言葉のやり取りを楽しむことができた。玩具の取り合いなどのトラブルのときに「貸して」と言うなど、自分の気持ちを言葉で表現できるようになってきた。引き続き、その場に合った言葉を伝えていきたい。 |

**保育のヒント**

代弁した後「一緒に言ってみようね」とその場で「貸して」や「ちょうだい」と発声する機会をつくり、言えたらほめましょう。

# 6月 個人案

> **立案のポイント**
> 喃語が十分出るように、保育者は発せられた言葉に反応を返していくようにします。

> **立案のポイント**
> 友達の名前を呼べるのはすてきなこと。その姿を認め、他の子にも広げていきましょう。

## ●6月個人案　ひよこ組

| | Aちゃん 1歳3か月（女児） | Bちゃん 1歳8か月（女児） |
|---|---|---|
| 前月末の子どもの姿 | ●エプロンを片付けて手をたたきながら保育者のところにきて、「上手」と言ったり、「あ〜」と言いながら貸してと手をたたいたりして、身振りや片言での簡単なやり取りを楽しむ。 | ●かくれんぼなど友達や保育者とのやり取りを含めた遊びを好み、楽しんでいる。友達の名前を呼んだり、絵本の読み聞かせを模倣したりする。<br>●靴や靴下を自分で脱ぎはきしようとする。 |
| ねらい | ●簡単な言葉や身振りでのやり取りを楽しむ。 | ●言葉数を増やす。<br>●身の回りのことをやろうとする。 |
| 内容 | ●保育者と一緒に遊ぶ中で、簡単なやり取りを楽しむ。 人間 言葉 | ●やり取りや絵本を通して言葉数を増やす。 言葉<br>●着脱を自分でやろうとする。 健康 |
| 保育者の援助 | ●「あー」「うー」などの言葉で、自分の意思を主張しているときは、本児の気持ちを代弁したり、共感したりしながら、簡単なやり取りを一緒に楽しむ。 | ●簡単なわらべうたなどの遊びをくり返し伝える中で、楽しみながらやり取りをする。本児が模倣しやすい絵本を選んで読む。<br>●靴下をはくとき、本児の納得がいくまで見守り、できたときには努力を認め、意欲につなげる。 |
| 評価・反省 | ●一緒に遊びながら、本児の思いを代弁し、その場に合った言葉を伝え、簡単なやり取りを楽しむことができた。<br>●「貸してだよ」と保育者が声をかけると手を前に出して身振りで表し、「…て」と言葉でも伝えようとする姿が見られた。引き続き友達への伝え方を援助したい。 | ●好きな絵本を読んだり、お店屋さんごっこをしたりして、言葉のやり取りが上手になった。今後も取り入れていきたい。<br>●納得いくまで見守り、ほめたことで、身の回りのことを意欲的に行うようになった。ズボンを脱いだまま遊んでしまうので、オムツのままで遊ばないことを伝えていきたい。 |

**保育のヒント**

「靴下のかかとさん、下にあるかな？」とかかとの位置に注目させ、「キュッキュのキュ」とリズミカルな言葉で楽しくサポートします。

## 立案のポイント
友達の頭をなでる、肩をトントンするなど、望ましい関わり方を具体的に知らせましょう。

## 立案のポイント
トイレに座ったら、落ち着けるようにそばに保育者が付いて、ゆったり話しかけてみましょう。

| Cくん 1歳11か月（男児） | Dくん 2歳1か月（男児） |
|---|---|
| ●友達に興味があり、楽しそうに様子を見ているが、うまく関わることができずに押したり玩具を取ったりして、相手の反応を見ている。「貸してって言うんだよ」と伝えても、思いを言葉にすることができず、下を向いてしまう。 | ●声かけを聞いて、「貸して」「ちょうだい」などの気持ちを伝えたり模倣したりして、自分の思いを言葉で表そうとする。<br>●友達がトイレに行く姿を見ると、「行く」と言ってズボンを脱ぎ出す。しかし便器に慣れず、すぐに立っている。 |
| ●友達との関わり方を知る。 | ●自分の気持ちを言葉で表現する。<br>●生活の節目にトイレに誘ってみる。 |
| ●保育者と一緒に遊ぶ中で、友達との関わり方を知る。 人間 | ●自分の思いを伝えようとする。 言葉<br>●生活の節目にトイレに行き、便器に慣れる。 健康 |
| ●友達の様子を楽しそうに見ているときや、押したり物を取ったりしてしまう前に、「一緒に遊ぼう」と誘い、遊びの中で友達との関わり方を知らせる。<br>●そのつど「こういうときは貸してって言おうね」などと、その場に合った言葉を知らせる。 | ●話そうとしていることが言葉で十分に伝わらないときでも、話そうとしている気持ちを受け止め、「〇〇だったね」と共感しながらこたえていく。<br>●生活の節目にトイレに誘い、便器に慣れるようにする。オムツ交換を嫌がるときは友達が行くときに誘うなど、無理強いせずにトイレトレーニングを進める。 |
| ●一緒に遊びながら、そのつど友達との関わり方を知らせたことで、「貸して」など自分の思いを保育者のまねをして伝えようとし、押したり取ったりすることは少なくなりよかった。自分から思いを言葉で表現することは難しいので、一緒に遊びながらその場に合った言葉を知らせたい。 | ●一緒に遊ぶ中で言葉で表そうとしている気持ちを受け止め、その場に合った言葉を知らせたり、言葉のやり取りを楽しんだりできた。今後も思いを言葉で伝えられるよう援助したい。<br>●様子を見てトイレに誘ったことでトイレに行くようになり、座るとおしっこが出るようになった。排泄の間隔をつかんで誘いたい。 |

 **保育のヒント**

「Cくんも使いたかったね、〇〇ちゃんも使いたいね、困ったね」と今の状況を認識できる言葉をかけ、一緒に困った気分を味わいます。

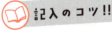 **記入のコツ!!**

どのような援助をした結果、子どもがどうなったかを記し、この先の援助の方針も述べられています。

6月 個人案

# 7月 個人案

**立案のポイント**
思い通りにならず大声を出すのは自然なことです。「～したかったね」と温かく受け止めます。

**立案のポイント**
トイレから戻ってまたすぐに行こうとしたら、「おしっこ、まだたまってないよ」と知らせましょう。

### ●7月個人案　ひよこ組

| | Aちゃん 1歳4か月（女児） | Bちゃん 1歳9か月（女児） |
|---|---|---|
| 前月末の子どもの姿 | ●声かけにより「～て」と言って身振りや片言で思いを伝えようとするようになってきたが、思い通りにならないと大きな声を出したり、友達の持っている物を力まかせに取ったりすることがある。 | ●「トイレに行く」と言って、ズボンやオムツを自分で脱いで積極的にトイレに行く。帰ってきてもすぐにまた「トイレ」と言って脱ぎ、時々は成功する。また、トイレから戻ってきてもおしりを出したまま遊ぼうとする。 |
| ねらい | ●簡単な言葉や身振りで思いを伝え、友達との関わり方を知る。 | ●トイレでの排尿に慣れる。 |
| 内容 | ●言葉や身振りで気持ちを伝える。表現<br>●保育者の仲立ちの下で、友達との関わり方を知る。人間 | ●トイレから戻ってきたら、オムツやズボンをはこうとする。健康 |
| 保育者の援助 | ●「～て」など言葉にならない思いを受け止め、「貸してだよ」とその場に合った言葉を知らせる。また、思い通りにならなかった場合も「もう少し待とうね」などの声をかけ、一緒に遊びながら友達との関係を仲立ちする。 | ●トイレに行くことが遊びにならないように、一度戻ってきたら次はいつ行くのかを伝え、見通しをもたせて終わりにする。成功したときは一緒に喜び意欲や自信を育てる。トイレから戻ってきたら「上手にはけるの見せて」と声をかけ、ズボンを上手にはこうとするきっかけをつくる。 |
| 評価・反省 | ●一緒に遊びながらそのつど、その場に合った言葉を知らせたことで、身振りや簡単な言葉で思いを伝えようとする姿が増えた。しかし、待つことができなかったり、思いを通そうとして力まかせに取ったりする姿は続いている。引き続き友達との関係を仲立ちしていきたい。 | ●排泄したらトイレから出るという約束をしたが、遊びになってしまうことがある。引き続き見通しのもてる声かけを工夫したい。また、自分でズボンをはこうとする姿が見られるので、引き続き意欲を認め、やる気を育てたい。 |

**記入のコツ!!**
「上手にはけるの見せて」と言うのは効果的な援助です。このように具体的に書いておくと、他の保育者にも役立ちます。

| | 立案のポイント<br>「どっちが好き？」「これなあに？」と積極的に言葉を出す機会をつくりましょう。 | 立案のポイント<br>拒否が多くなるイヤイヤ期。温かく受け止め、自分で選べる環境をつくっていきましょう。 |
|---|---|---|
| | **Cくん 2歳0か月（男児）** | **Dくん 2歳2か月（男児）** |
| 子どもの姿 | ●普段は自分から気持ちを言葉で表現することは少なく、保育者が「貸してだよ」などの声をかけると、まねをして友達に伝えることが多い。<br>●家庭でトイレトレーニングが始まったことからトイレに興味をもち、成功は少ないが喜んで便座に座る。 | ●声かけでトイレに行き、タイミングが合うと排尿しているが、オムツが濡れていることも多い。<br>●「○○しようか」と声をかけると何でも「いや」と拒否することが多くなってきた。何が嫌なのか泣いてアピールすることもある。 |
| ねらい | ●自分の思いを言葉で表現する。<br>●トイレで排尿することに慣れる。 | ●トイレで排尿することに慣れる。<br>●声かけにより納得して行動する。 |
| 内容 | ●簡単な言葉のやり取りを楽しみながら、思いを言葉で表現する。 言葉<br>●トイレで排尿する心地よさを味わう。 健康 | ●声かけによりトイレに行き、排尿することに慣れる。 健康<br>●自分で納得して行動する。 表現 |
| 環境・援助 | ●一緒に遊びながら、その場に合った言葉を伝えたり、たくさん語りかけて簡単な言葉のやり取りを楽しんだりしながら発語を促す。<br>●様子を見てトイレへ行くように促し、成功したときは「すごいね」「できたね」などの言葉をかけ、自信につなげる。 | ●排泄の間隔をつかみ、トイレに誘うようにする。トイレで排尿したときは一緒に喜び、意欲や自信を育てる。<br>●行動を促すときに「どっちにする？」など選択できるようにして、納得して行動ができるようにする。 |
| 評価と反省 | ●生活や遊びの中で言葉のやり取りを共に楽しみながら、その場に合った言葉を伝えたことで、少しずつ自分の思いを簡単な言葉で表現するようになってよかった。<br>●トイレはタイミングが合うと成功することもあり、ほめたり一緒に喜んだりすることで意欲的にトイレに行っている。 | ●無理強いせず、本児のペースに合わせて誘ったので、嫌がることなくトイレへ行き、成功する回数も増えた。引き続き、本児のペースに合わせて誘いたい。<br>●自分で選択するよう声をかけたことで、納得して行動できることも増えた。本児の気持ちを受け止めながら言葉をかけたい。 |

 **保育のヒント**
第一反抗期が現れています。自我が芽生えているところですから温かく見守り、楽しく気分転換できるようにしましょう。

 **記入のコツ!!**
家庭で取り組みが始まったことも記すと、同じように園でも意欲的な様子が見られることが分かります。

7月 個人案

# 8月 個人案

> **立案のポイント**
> かみついて相手にけがをさせないよう、細心の注意を払う必要があります。

> **立案のポイント**
> 「〇〇ちゃん喜んでるね、嬉しいね」と友達を喜ばせるのはいいことだと伝えてもよいでしょう。

## ●8月個人案　ひよこ組

| | Aちゃん 1歳5か月（女児） | Bちゃん 1歳10か月（女児） |
|---|---|---|
| 前月末の子どもの姿 | ●「～して（貸して）」と身振りや言葉で伝えようとしているが、思いが通らないと大声を出してひっくり返って怒ったり、力まかせに取ろうとしたりする。たたいたり、かみついたりしてしまうこともある。 | ●トイレへ誘うと喜んで行くが、行くとトイレから出るのを嫌がるなど、遊びになってしまうことがある。しかし、時々は成功する。<br>●友達と関わって遊ぶことを楽しむ一方で、わざと玩具を取って、相手の反応をうかがうことがある。 |
| ねらい | ●片言や身振りで友達と関わる。 | ●トイレで遊ばずに排尿する。<br>●友達との関わりを楽しむ。 |
| 内容 | ●簡単な言葉や身振りで思いを伝え、保育者との簡単な言葉のやり取りを楽しむ。 言葉 | ●トイレで排尿をすることに慣れる。 健康 <br>●保育者と一緒に遊びながら友達との関わりを楽しむ。 人間 |
| 保育者の援助 | ●「貸してほしかったんだよね」などと、気持ちを受け止めながら、「もう少し待ってね」などの言葉をかける。一緒に遊びながら友達との関係を仲立ちし、関わり方を知らせていく。また、言葉のやり取りを楽しみながら、言葉が広がるようにする。 | ●成功したときは一緒に喜び、自信や意欲につなげる。遊びにならないよう次はいつ行くのかを伝え、本児が見通しをもてるようにする。<br>●友達の玩具を取ってしまったときは、「お友達、嫌な気持ちだよ」などと相手の気持ちに気付けるように、くり返し伝える。 |
| 評価・反省 | ●しぐさや言葉で自分の思いを相手に伝えようとしているが、伝わらなかったり思いが通らなかったりすると大声を出して怒る、かみつこうとするなどの姿が現在も見られる。引き続き本児の思いを受け止めながら、友達との関わり方を伝えていきたい。 | ●そのつど知らせたことで、トイレで遊ぶ様子はなく、終わったら自分から立ち、手も洗って戻ってくるようになった。引き続き自信がもてるような声をかけていきたい。<br>●そのつど相手の気持ちを知らせながら仲立ちすると、このような姿は減ってきた。十分に遊んで友達との関わりを楽しめるようにしたい。 |

> **保育のヒント**
> 「貸して」の身振りをクラスの子どもみんなに知らせ、「Aちゃん、ちゃんと身振りしてたよ」と気付けるように相手にも働きかけましょう。

> **立案のポイント**
> 「○○ちゃんが使ってるね」と示し、「貸してって言ってごらん」と言葉にすることを促します。

> **立案のポイント**
> 泣いて倒れ込むときは「嫌だったね」と寄り添い、落ち着いたら楽しい遊びに誘いましょう。

| Cくん 2歳1か月（男児） | Dくん 2歳3か月（男児） |
|---|---|
| ●友達がトイレに行くのを見たり声をかけられたりすると、喜んで自ら進んでトイレに行き、時々は成功する。<br>●思いを自分で言葉で表現することは少なく、無言で突然相手を押したり、たたいたりしてしまう。声かけにより「貸して」と言う。 | ●自分から「行く」と言ってトイレに行ったり、声かけにより嫌がらずにトイレに行ったりしている。タイミングが合い成功することが増えているが、オムツが濡れていることも多い。<br>●自分の思いが通らないと泣いて倒れ込み、何でも「いや」と言う。 |
| ●トイレで排尿することに慣れる。<br>●自分の思いを言葉で表現する。 | ●トイレで排尿することに慣れる。<br>●納得して行動する。 |
| ●生活の節目でトイレへ行き、排尿することに慣れる。`健康`<br>●自分の思いを言葉で相手に伝える。`言葉` | ●自分からトイレに行こうとする。`健康`<br>●自分の思いを伝え、納得して行動する。`表現` |
| ●午睡の前後やオムツが濡れていないときに、トイレに誘う。成功したときには一緒に喜び、意欲や自信を育てる。<br>●そのつどその場に合った言葉を知らせ、上手に言葉で表現できたときにはうまく言えたことを認め、意欲を育てる。 | ●本児が「行きたい」と言ったときの間隔をつかんでトイレに誘う。成功したら一緒に喜び、自信につながるよう声をかける。<br>●おおらかな気持ちで受け止め、行動を促すときには「どっちにする?」などと本児に選択させ、見通しをもって納得した行動ができるようにする。 |
| ●生活の節目やオムツが濡れていないときにトイレに誘い、一緒に成功したことを喜んだことで意欲的にトイレに行くようになりよかった。引き続き意欲がもてるように十分にほめ、トイレでの排尿に慣れるようにしたい。<br>●上手に言葉で表現できたときにほめたことで、言葉で伝えられるようになった。 | ●トイレで排尿するようになったが、オムツが濡れていることも多い。本児の自信につなげていくような声をかけ、おしっこが出る前に知らせてトイレで排尿できるようにしたい。<br>●気持ちが安定するのを待ってから「残念だったね」など、気持ちに添った言葉をかけたことで、泣いて倒れ込むことはなくなった。 |

**記入のコツ!!**

自分で決められるように「どっちにする?」と尋ねるのはいい援助です。言葉かけを具体的に書いておくことは重要です。

**保育のヒント**

上手に言葉で表現できたら、本人を認めるだけでなく、まわりの友達にも「Cくんはお口で言うのが上手だね」と伝えるとよいでしょう。

8月　個人案

# 9月 個人案

**立案のポイント**
玩具は複数準備し、「同じだね」と友達とのつながりを感じさせ、どの子も満足できるようにします。

**立案のポイント**
食べ物で遊び始めたら、おなかがいっぱいのサインです。ごちそうさまをして片付けましょう。

## ●9月個人案　ひよこ組

| | Aちゃん 1歳6か月(女児) | Bちゃん 1歳11か月(女児) |
|---|---|---|
| 前月末の子どもの姿 | ●しぐさや簡単な言葉、「て(貸して)」「やーよ」などで自分の思いを伝えようとしているが、思いが通らないと大声を出して怒ったり、ひっかいたり、かみつこうとしたりする。また、何も言わずに急に友達の持っている玩具を取ることもある。 | ●自分で脱いでトイレに行き、遊ばずに戻ってきて自分でオムツをはいている。時々だが、オムツにおしっこをした直後に、「出た」と言って知らせることがある。<br>●夏の暑さのためか食欲が落ちるが、ある程度を食べると遊び出す。 |
| ねらい | ●保育者の仲立ちの下で、友達との関わり方を知る。 | ●トイレで排尿することに慣れる。<br>●ごちそうさまをして食事を終える。 |
| 内容 | ●自分の思いや欲求を簡単な言葉や身振りで伝える。 人間 言葉 | ●出ることを知らせトイレに行く。 健康<br>●声かけにより、遊ばずに食事を終える。 健康 |
| 保育者の援助 | ●「○○がほしかったんだよね」など、本児の言葉にならない思いを受け止め、代弁する。また、「貸してって言うと貸してもらえるよ」「貸してって言ってみようか」など、相手への伝え方をくり返し知らせ、友達との関係を仲立ちする。 | ●成功したときは一緒に喜び、自信につなげる。おしっこが出たことを知らせたときは、十分にほめて次への意欲を育てていく。<br>●おなかいっぱいの様子が見られたり進みが止まってきたりしたら声をかけ、遊び出す前にごちそうさまをするように促す。 |
| 評価・反省 | ●そのつど気持ちを受け止めながら、その場に合った言葉を知らせ、友達との関わりを仲立ちしていったが、このような姿がまだ見られる。引き続き、気持ちを受け止めながら、友達との関わり方を仲立ちしたい。 | ●声かけをしたことで、オムツが濡れたときにおしっこを知らせるようになった。引き続き知らせたときやタイミングを見ながらトイレに誘い、トイレで排尿することに慣れるようにしていきたい。<br>●ごちそうさまを促したところ、遊ばずに自分から食器を重ねて「ごちそうさま」が言えるようになった。 |

**記入のコツ!!**
ねらいの「関わり方を知る」ために「欲求を言葉や身振りで伝える」経験をしていくということが内容になっている、よい書き方です。

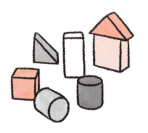

「5領域」の 健康：健康 人間：人間関係 環境：環境 言葉：言葉 表現：表現 を表しています。

| | Cくん 2歳2か月（男児） | Dくん 2歳4か月（男児） |
|---|---|---|
| | ●声をかけると意欲的にトイレに行って排尿する。オムツが濡れていないことも増え、ほとんどトイレでしているが、出る前や出た後に知らせることはまだない。 | ●立っておしっこができるようになり、嬉しいようで、はりきってトイレに行って成功するが、オムツが濡れていることも多い。時々だが出る前に「おしっこ出る」と知らせる姿が見られる。 |
| | ●トイレで排尿することに慣れる。<br>●おしっこが出たことを知らせる。 | ●尿意を知らせてトイレに行く。 |
| | ●尿意を知らせてトイレに行き、排尿することに慣れる。健康 | ●言葉で尿意を知らせてトイレに行く。健康 言葉 |
| | ●トイレで成功したときには、一緒に喜び自信につなげる。オムツが濡れているときは、「おしっこ出たよって次は教えてね」と声をかけ、気長に見守る。<br>●おしっこが出たことを知らせたときには十分にほめて、自信につなげる。 | ●タイミングよくトイレに誘いかけ、知らせたときにはしっかりとほめて、自信や意欲を育てる。家庭とも連携しながら無理なく進める。<br>●トイレで上手に排尿できているときは十分にほめる。オムツが濡れているときは「出たよって教えてね」と、くり返し声をかける。 |
| | ●排尿後に知らせるようになり、時々だが排便後にも知らせることがあった。しかし、遊びに夢中になるとトイレに行くことやオムツ交換も嫌がる。無理強いせず、気持ちがのるような声かけの工夫をしたい。 | ●まだオムツが濡れていることも多いが、ほめられて自信がつきトイレで成功することも増えた。しかし、気分によりトイレに行くことを嫌がる姿も出てきたので、無理のないようにタイミングを見てトイレに誘いたい。 |

**立案のポイント**
「おしっこが出るとき、肩トントンしてね」と動作も伝えておくと知らせやすいかもしれません。

**立案のポイント**
「教えてくれてありがとう」と伝えると嬉しい気持ちになり、意欲につながります。

**保育のヒント**
家庭と情報交換していることがあれば記したり、「おうちでも出るって言えるんだよね」と認めたりするといいでしょう。

**保育のヒント**
声をかけたときに「おしっこ出たよ」とその場で言うように促し、言葉に出して言うことに慣れさせるといいでしょう。

9月 個人案

# 10月 個人案

**立案のポイント**
自分に注目してほしいのかもしれません。やりたいことは何かを探り、関わります。

**立案のポイント**
苦手な野菜にも前向きに取り組んでいます。保育者も一緒に食べてみせるといいでしょう。

## ●10月個人案　ひよこ組

| | Aちゃん 1歳7か月（女児） | Bちゃん 2歳0か月（女児） |
|---|---|---|
| 前月末の子どもの姿 | ●ロッカーのかごを次々と下に落としたり、机の上に立つ姿を見せたりする。<br>●他の玩具で遊んでいても、気に入っている人形や玩具を他児が使おうとすると、怒って取ろうとする。 | ●野菜が苦手で最後に残してしまうことが多いが、「おいしいよ」「少しだけ食べられるようになって、えらいんだよね」と声をかけると食べるようになっている。「見て！　食べたよ。えらいでしょ」と言う。 |
| ねらい | ●約束ごとを知る。<br>●玩具を順番で使うことを知る。 | ●苦手な野菜にも慣れる。 |
| 内容 | ●約束ごとを理解して守ろうとする。[人間]<br>●玩具などは友達と譲り合って使うことを知り、順番で使う。[人間] | ●苦手な物を食べてみようとする。[健康] |
| 保育者の援助 | ●そばに付いて自分からやめることを待ったり、出してしまったかごを一緒に片付けたりしながら、やってはいけないことを知らせる。<br>●人形5体、ぬいぐるみ4体、おんぶひも10本、ままごとの包丁10本など、玩具はたくさん用意する。また、友達と譲り合って遊ぶことを知らせる。 | ●少しでも食べたら、「たくさん食べられたね。すごいね」と認め、ほめることで食べられた満足感をもたせる。苦手な野菜を少しずつ盛り、他児の食べる様子を見せ、保育者も一緒に食べて、無理強いしない程度にすすめ、味に慣れるようにする。 |
| 評価・反省 | ●そのつど声をかけて知らせたことで、机の上に登る姿は徐々に減り、ロッカーのかごを出す姿はほとんど見られなくなった。根気よく声をかけていきたい。<br>●「今は使っていないから貸してあげようね」などの声かけをくり返したことで、順番で譲り合って使えるようになりよかった。 | ●たくさんほめたり、一緒に食べたりしながら「おいしいね」と声をかけたことで、「○○お野菜食べられるもんね」と言って、自分から食べる姿も出てきたのでよかった。今後も少しずつ食べられるようにしていきたい。 |

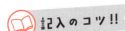

**記入のコツ!!**
たくさん用意する玩具が何なのか具体的に記してあり、他の保育者にも参考になります。

> **立案のポイント**
> スクーターは乗るたびにバランス感覚が身に付きます。まずは直線を走るラインを引きましょう。

> **立案のポイント**
> 気に入った服がないときには「どんなのがよかったの？」と聞き、言葉にすることを促します。

| Cくん 2歳3か月（男児） | Dくん 2歳5か月（男児） |
|---|---|
| ●排便・排尿後に時々は知らせるようになったが、遊びに夢中になっていたり、気分がのらなかったりするとトイレやオムツ交換を嫌がる姿がある。<br>●三輪車やスクーターで遊ぶことを楽しんでいるが、時々バランスを崩し、転ぶこともある。 | ●時々「おしっこ」と言って知らせてからトイレに行き排尿している。オムツが濡れていないときに誘っても、気分によってはトイレに行くのを嫌がる。<br>●「これがいい」とロッカーから衣服を選んで自分で着る。気に入っている服がないと、泣いて着替えを嫌がる。 |
| ●トイレで排尿する。<br>●戸外で好きな遊びを楽しむ。 | ●尿意を知らせてトイレに行く。<br>●一人で着替えをする。 |
| ●声かけにより嫌がらずにトイレに行き排尿する。健康<br>●三輪車などで体を動かして遊ぶ。環境 | ●言葉で尿意を知らせたり、声かけで嫌がらずにトイレに行ったりする。健康<br>●衣服を選び、自分で着ようとする。健康 |
| ●トイレを嫌がるときは無理強いせずにその場に応じて対応する。気分がのるような声かけを工夫する。<br>●バランスを崩して転びやすいので、必ずそばに付いて見守る。一緒にスクーターで走りながら楽しみを共有する。 | ●タイミングを見てトイレに誘い、事前に知らせたときはほめて自信につなげる。行くのを嫌がるときは無理強いせず、本児のペースで進める。<br>●一人で着脱する気持ちを大切にする。気に入った服がなく泣いて着替えないときは、「きっと明日はあるよ」と声をかけて次の行動がとれるようにする。 |
| ●成功する回数も増えているが、トイレの声かけをしたときに気分がのらないと行くのを嫌がる。声かけを工夫し、無理のない程度に進めたい。<br>●必ずそばで見守りながら、一緒に楽しんだので、転ぶことも少なくなり、上手にこげるようになってよかった。 | ●気分がのらないとトイレへ行きたがらないので、無理強いせず本児のペースに合わせるようにした。引き続き、知らせたときはほめて意欲を高めたい。<br>●一人で上手に着替えていることを認め自信につなげていくことができた。納得できないと着替えず泣く姿があるので気持ちを受け止め、納得して次の行動に移れるよう声かけを工夫したい。 |

 **保育のヒント**
Dくんが気に入っている服を把握し、「Dくんは青いシャツが好きなんだよね」と共感することで、更に寄り添えるでしょう。

 **保育のヒント**
スクーターは利き足を軸にして乗ることが多いですが、時には反対の足を軸にするように声をかけ、左右がバランスよく発達するようにします。

10月 個人案

# 11月 個人案

> **立案のポイント**
> 一人ではこうとする姿が素晴らしいですね。保育者が応援団になりエールを送りましょう。

> **立案のポイント**
> 「○○ちゃんはどんな気持ち？」と問い、相手から返答がなくても不満をもたないようにします。

### ●11月個人案　ひよこ組

| | Aちゃん 1歳8か月（女児） | Bちゃん 2歳1か月（女児） |
|---|---|---|
| 前月末の子どもの姿 | ●靴の脱ぎはきや、ズボンの着脱などを一人でやろうと頑張っているが、うまくできずにあきらめて途中で遊び出す。手伝われることを嫌がり、泣いて怒る。 | ●「出たよ」と知らせてトイレに行くことが多くなったが、気分がのらないと行きたがらない。<br>●会話がとても上手だが、思うように友達との会話が進まないときは集中して遊び込めず、友達の嫌がることをして反応を見て楽しむ姿がある。 |
| ねらい | ●簡単な身の回りのことを自分で行う。 | ●トイレに行き、排尿する。<br>●保育者や友達と一緒に楽しく遊ぶ。 |
| 内容 | ●衣服の着脱など、身の回りのことを自分で行おうとする。健康 | ●嫌がらずにトイレに行き排尿する。健康<br>●保育者の仲立ちの下で友達と楽しく遊び込む。人間 |
| 保育者の援助 | ●本児の自分でやりたい気持ちを受け止め、着脱などを見守る。また、あきらめて途中で遊んでしまう前に、難しいところはさり気なく手助けをして、自分でできたと満足感が味わえるように援助する。 | ●嫌がるときは無理せず本児のペースに合わせて対応する。また、気分がのるような声かけを工夫する。<br>●保育者も遊びに加わりながら、じっくりと遊び込めるように友達との会話の仲立ちをする。<br>●月齢が低く言葉がまだはっきりと出ていない子の思いを代弁し、会話が続くようにする。 |
| 評価・反省 | ●一人でやろうとしているときには見守り、できないところをさり気なく手助けして「自分でできた」という満足感を味わえるようにすることができた。また、さり気ない手助けにより、途中で遊び出すこともなくなりよかった。 | ●トイレの絵本に興味をもって読んでいるので、絵本を利用してトイレに誘いたい。<br>●友達との会話を仲立ちすることでやり取りを楽しめることもあるが、長い時間は遊び込めない様子である。来月は声かけの仕方に気を付け興味をもちそうな玩具を用意するなど、環境を工夫しようと思う。 |

> **保育のヒント**
> 思いを代弁した後には「そうだよね」や「合ってる？」の言葉で、代弁した子どもの同意を得られるようにしたいものです。

「5領域」の　健康：健康　人間：人間関係　環境：環境　言葉：言葉　表現：表現　を表しています。

> **立案のポイント**
> 食事中、落ち着かない原因は何か考えましょう。席を仲よしの子の近くにするなど工夫します。

> **立案のポイント**
> 歌い始めたとき、保育者は手拍子をするなど、みんなが楽しめる雰囲気をつくっていきましょう。

| Cくん 2歳4か月（男児） | Dくん 2歳6か月（男児） |
|---|---|
| ●食事の際に椅子をずらして遊び出したり、椅子に足を立てたりして姿勢が悪い。<br>●昼寝後にオムツが濡れていないことが増え、トイレに行くと成功している。遊びに夢中で気分がのらないとトイレやオムツ交換を嫌がることがある。 | ●「おしっこ」と教えてトイレに行き、成功することが増えている。遊びの途中で尿意を感じたときには、「おしっこ行かない」と言ってオムツにしてしまうこともある。<br>●歌が好きで、アニメの曲や手遊び歌など、いろいろな歌を口ずさんでいる。 |
| ●正しい姿勢で食べる。<br>●トイレで排尿する。 | ●言葉で尿意を知らせてトイレに行く。<br>●歌や手遊びを楽しむ。 |
| ●声かけにより、正しい姿勢で食べる。健康<br>●声かけにより、嫌がらずにトイレに行き排尿する。健康 | ●言葉で尿意を知らせ、トイレで排尿する。健康<br>●保育者と一緒に歌や手遊びを楽しむ。表現 |
| ●姿勢が悪いときはそのつど声をかけて直す。遊び出す前にごちそうさまを促したり、苦手な物にも挑戦しようと思えるように声かけを工夫したりする。<br>●成功したときは、たくさんほめて自信につなげる。嫌がるときは無理強いせず、寝起きなどの嫌がらないときに誘う。 | ●知らせたときはほめて自信につなげる。トイレに行くのを嫌がるときは無理に誘わず本児のペースで進める。また、声かけを工夫して、トイレに行こうと思えるようにする。<br>●「上手だね」とほめたり一緒に歌ったりして、楽しさを共有する。 |
| ●そのつど声をかけていき、椅子をずらすなどの姿はなくなった。しかし、足を立てるなどの姿勢の悪さはまだ見られるので、引き続き正しい姿勢を知らせたい。<br>●その場に合わせて無理なく本児のペースで進めていくことができた。今後も無理のないように本児のペースで進めていきたい。 | ●「○○くんと一緒に行ってみたら？」などと声をかけることでトイレに嫌がらず行くようになった。声かけを工夫し、ほめて意欲を育てたい。<br>●生活や遊びの中で歌ったり踊ったり、手遊びをしたりして共に楽しむことができた。家庭にも園で楽しんでいる歌や手遊びを紹介し、いつでも楽しめる環境づくりができた。 |

**記入のコツ!!**
「○○くんと一緒に行ってみたら？」という友達をつなぐ言葉かけが有効だったことが分かります。役に立つ記述になっています。

**保育のヒント**
「ひざ小僧に給食を食べられちゃうぞ」と声をかけ、「ひざ小僧は机の下に待たせておいて、食べ終わったら一緒に遊んであげようね」などと話してみましょう。

11月 個人案

# 12月 個人案

**立案のポイント**
他の子がトイレに行くのを見たり「教えてくれてありがとう」を聞いたりするのも学びです。

**立案のポイント**
「一番はえらくないよ。ゆっくりできるのがえらいよ」と価値観を変えていくこともできます。

## ●12月個人案　ひよこ組

|  | Aちゃん 1歳9か月（女児） | Bちゃん 2歳2か月（女児） |
|---|---|---|
| 前月末の子どもの姿 | ●トイレに興味があり、おしっこが出たときに自分で「トイレ」と言い、ズボンを脱いでトイレに行く。だれかが脱いでトイレに行くときにも一緒に脱いで行こうとしたり、なかなかトイレから戻ろうとしなかったりする。 | ●「トイレに行こうか」と何人かを誘うと、「○○が一番！」とだれよりも先にトイレに行こうとする。終わった後もトイレから立とうとせず、なかなか次の子へトイレを譲ろうとしない。 |
| ねらい | ●トイレで排尿することに慣れる。 | ●落ち着いてトイレで排尿する。 |
| 内容 | ●トイレに行き、遊ばずに排泄しようとする。健康 | ●あわてず落ち着いて、トイレで排泄する。健康 |
| 保育者の援助 | ●出たことが分かり脱いでいるので、まずは分かったことをほめて「次は脱がないで教えてね」と声をかける。何度も行きたがったり、なかなか戻ろうとしなかったりするときは、そのつど次はいつ行くのか声をかけ、見通しがもてるようにして納得させる。 | ●一番にしたい気持ちを認めながらも、"早さ"だけにとらわれないよう、ゆっくりと着実にできるように見守っていく。また、出たら速やかに終わりにし、待っている友達に譲るように声をかける。 |
| 評価・反省 | ●出たことが分かったということをほめ、「脱がずに教えて」とくり返し教えたので、「ちっち」と言って知らせるようになった。あらかじめトイレットペーパーを適量用意して渡すようにしたので、遊ぶことがなくなり、スムーズに済ませられるようになった。本児の意欲を大切にしながら進めたい。 | ●「ゆっくりでいいんだよ」と声をかけたことで、一番にこだわらず落ち着いてトイレに行けるようになった。そのため、友達と「順番だもんね」と言い、譲り合うこともできるようになったのでよかった。 |

**記入のコツ!!**
「あらかじめトイレットペーパーを適量渡す」援助によって、トイレで遊ぶ姿が解決したことが分かります。

| **立案のポイント** | **立案のポイント** |
|---|---|
| 保護者と話したことで、同じ対応をすることができました。あいさつができたら認めましょう。 | ごっこ遊びを楽しむことで、友達や3歳以上児とのつながりも意識できるでしょう。 |

| Cくん 2歳5か月（男児） | Dくん 2歳7か月（男児） |
|---|---|
| ●食事の際に立てひざをし、好きな物だけ食べ終わると、あいさつせずに椅子を後ろへ下げて、そのまま食事を終わらせようとする。 | ●園庭に出ると、砂場の横にあるハウスの中に入り「オオカミして」と言う。保育者がオオカミになると3匹の子ブタになりきっている。「三匹のやぎのがらがらどん」や「おおかみと七匹のこやぎ」などのごっこ遊びも好きで、絵本のせりふを言って楽しむ。 |
| ●食事の後にあいさつをする。 | ●ごっこ遊びを楽しむ。 |
| ●正しい姿勢で食事する。健康<br>●「ごちそうさま」を言ってから席を立つ。健康 | ●保育者や友達とごっこ遊びを楽しむ。人間 言葉 |
| ●そのつど正しい姿勢を伝え、直していく。また、面談では、あいさつを家でしないため園でもすぐ席を立つのかもしれない、とのことだった。家庭でもあいさつをして席を立つようにお願いし、園と家庭と同じ振る舞いができるようにする。 | ●絵本のイメージが膨らむようにしながら、本児から出てくる言葉をつなげ、より遊びが盛り上がるように工夫する。また、友達や3歳以上児も誘い、一緒にごっこ遊びを楽しめるように仲立ちする。 |
| ●そのつど、正しい姿勢を伝えたことで、少しずつ正しい姿勢で食べられるようになった。椅子をずらす前に保育者が声をかけることで、「ごちそうさま」も言えるようになった。習慣づけられるよう、引き続き声をかけたい。また、正しい姿勢で食べられたときは、「かっこいいね」などの声をかけ、意欲を育てたい。 | ●保育者も一緒にごっこ遊びを楽しみながら、友達と一緒に遊ぶ楽しさを知らせることができた。また、「大きなカブ」など、ごっこ遊びにつながるような絵本を読み、3歳以上児とも一緒に遊ぶ楽しさを知らせていくこともできた。十分にごっこ遊びが楽しめたのでよかった。 |

**記入のコツ!!**

何のお話の世界に入ってごっこ遊びをしているかが分かるように、絵本のタイトルを記入しておくことは大切です。

**保育のヒント**

「ごちそうさま」の意味を伝えましょう。世界には食べ物が足りない地域もあります。ごちそうを食べられてありがとう、という気持ちを込めて保育者も一緒に言いましょう。

12月 個人案

# 1月 個人案

> **立案のポイント**
> 列に並んでいれば順番がくることを伝え、待つ間も手遊びなどで楽しく待てる工夫をします。

> **立案のポイント**
> 2歳児の保育室に興味をもっています。世界を広げていけるように関わりましょう。

## ●1月個人案　ひよこ組

| | Aちゃん　1歳10か月（女児） | Bちゃん　2歳3か月（女児） |
|---|---|---|
| 前月末の子どもの姿 | ●言葉が少しずつ出るようになり、「貸して」と言える。急に取ってしまうことは少ない。<br>●相手が「ちょっと待っててね」と言っても、待てずに物を取ってしまいトラブルになる。トイレや手洗いも順番が待てず横から入ろうとする。 | ●おしっこやうんちが出たことを言葉で知らせ、トイレにも進んで行くが、気分がのらないときはオムツ交換も嫌がることがある。<br>●朝の時間外で2歳児の保育室に行き満足すると、戻ってからも楽しく遊び込む。 |
| ねらい | ●順番や待つことを知る。 | ●声かけによりトイレに行く。<br>●保育者や友達と一緒に楽しく遊ぶ。 |
| 内容 | ●声かけにより、順番や待つことを知る。 人間 言葉 | ●声かけにより嫌がらずにトイレに行ったり、オムツ交換をしたりする。 健康<br>●友達とのやり取りを楽しみ遊ぶ。 人間 |
| 保育者の援助 | ●急に取ることなく自分から「貸して」と言えたことを十分にほめて、意欲を育てる。<br>●待てずに横から入ろうとするときには「待っててね」と伝え、順番があることをくり返し伝える。 | ●気分がのらないときは、無理せず本児のペースに合わせて対応し、トイレに行きたくなるよう工夫する。<br>●楽しく集中して遊び込めるように、2歳児クラスと連携して保育する。まだあまり言葉が出ていない月齢の低い子とも遊び込めるように、相手の思いを代弁しながら仲立ちする。 |
| 評価・反省 | ●トイレや手洗い場などでは順番を理解し、待てるようになった。玩具の順番は待てないことが多いので、来月は本児が順番を理解できるよう、紙芝居や絵本（「かわりばんこじゅんばんこ」、「ぼくにものせてよ」）などを利用して、目に見える物で順番を待つことを伝えてみようと思う。 | ●トイレへの声かけを工夫したが、なかなか有効な言葉かけが見付からなかった。本児のペースや気持ちをくみ取りながら声をかけていきたい。<br>●2歳児クラスと連携して遊び込めたことにより、自分のクラスでも落ち着いて遊ぶようになりよかった。 |

> **記入のコツ!!**
> 順番が理解できるような紙芝居や絵本にはどのような物があるのか、何を見せようとしているのか、タイトルが書いてあり、参考になります。

### 立案のポイント
トラブルの仲立ちをする際、「何か言うことあるかな？」と優しく尋ねましょう。

### 立案のポイント
泣くのも大切な表現ですが、落ち着いたら思いを言葉で伝えられるように促しましょう。

| Cくん 2歳6か月（男児） | Dくん 2歳8か月（男児） |
|---|---|
| ●前月に比べて少しずつ正しい姿勢で食べられるようになった。好きな物を食べて満足すると、うつむいて保育者から声をかけられるのを待っていることがある。<br>●興奮すると強い口調になってしまい、友達とトラブルになることがある。 | ●思いが通らないと倒れ込んで泣いてアピールしたり、物を投げて泣いたりする。しばらく泣き続けるが、タイミングを見て声をかけると、話に耳を傾け、受け入れる。 |
| ●食後のあいさつをする。<br>●落ち着いて話をする。 | ●泣かずに言葉で思いを伝える。 |
| ●正しい姿勢で食事をして、自分でごちそうさまをする。健康<br>●落ち着いて友達と遊ぶ。人間 言葉 | ●泣かずに言葉で思いを伝え、声かけにより納得して次の行動に移る。言葉 |
| ●姿勢が悪いときは、そのつど声をかけて正しい姿勢で食べることを習慣づけられるようにする。また「おなかいっぱいになったら自分でごちそうさまって言うんだよ」とくり返し伝え、自分から終わりにできるように促す。<br>●興奮しているときは本児を落ち着かせ、「○○って言いたかったんだね」とトラブルになる前に仲立ちをする。 | ●「泣かないで何が嫌なのか言ってね」など、自分の思いを言葉で伝えられるよう、くり返し伝える。言葉で伝えられたときは思いを受け止める。また、泣いて言えなくなったときは、落ち着くまでしばらく時間をおき、気持ちを切りかえられるようにする。 |
| ●そのつど知らせていき、正しい姿勢で食事ができるようになった。また、「終わり」と言って食事を終えることや、自分から「ごちそうさま」とあいさつもできるようになった。今後も自信がもてるようにしたい。<br>●「優しく言ってね」とくり返し伝えたが、まだ十分でない。 | ●思いが通らないときに、何が嫌なのかを言葉で伝えようとする姿は見られるようになったが、なかなか気持ちを切りかえられず泣いて倒れ込んでいる。今後も気持ちを受け止めながら、気持ちの切りかえができるように、声かけを工夫したり時間をおいたりするなど、その場に合わせて対応していきたい。 |

 **保育のヒント**
興奮すると強い口調になるのは自然なことです。言いたいことは十分に言えるようにして、それから相手の思いも聞けるようにしましょう。

 **保育のヒント**
倒れ込んで泣くのも自分の気持ちを処理していく大切な過程です。さっぱりするまで十分に経験させましょう。

1月 個人案

# 2月 個人案

> **立案のポイント**
> 伝えたいことを視覚に訴えられるよう、紙芝居などを活用するのはよい方法です。

> **立案のポイント**
> トイレは暖かく保ち、おしりを出す際に寒くないようにします。好きな物を飾るのはよい工夫です。

## ●2月個人案　ひよこ組

|  | Aちゃん 1歳11か月（女児） | Bちゃん 2歳4か月（女児） |
|---|---|---|
| 前月末の子どもの姿 | ●言葉がだいぶ出るようになってきており、保育者や友達と積極的にやり取りをしながら遊びを楽しむ。ただ、ほしい玩具があると順番が待てず、力まかせに取ろうとするのでトラブルになる。 | ●トイレでおしっこが成功したときに「すごいね」と声をかけられると、とても嬉しそうにする。半面、寒さや遊びたい気持ちから、気分によってはトイレに行くことやオムツ交換を嫌がることがある。 |
| ねらい | ●簡単な言葉のやり取りを楽しむ。<br>●順番や待つことを知る。 | ●声かけにより進んでトイレに行く。 |
| 内容 | ●保育者や友達と簡単な言葉のやり取りを楽しみながら、順番や待つことを知る。[言葉] | ●声かけにより意欲的にトイレに行ったり、嫌がらずにオムツ交換をしたりする。[健康][言葉] |
| 保育者の援助 | ●一緒に遊びながら言葉のやり取りを楽しんだり、順番を待てるようにくり返し伝えたりする。言葉で「貸して」と相手に伝えられたときや、順番を待てたときはたくさんほめ、意欲につなげる。また、本児に分かりやすいよう、紙芝居などでやり取りの方法を伝えていく。 | ●トイレに行きたくなるように声かけを工夫し、トイレに好きな絵をはったり、オムツに絵をかいたりして、トイレでオムツ交換をしたくなるように工夫する。また、本児のペースや気持ちをくみ取りながら声をかける。 |
| 評価・反省 | ●遊びの中で言葉のやり取りを楽しむことで、言葉がより多く出るようになった。玩具のやり取りでは「貸して」と言えたり、順番を待てるようにもなったりしている。時々、順番が待てず叫び声をあげたり、物にあたったり投げたりという姿があるので、そのつどいけないことを伝えて順番を知らせていきたい。 | ●トイレに本児の好きな絵をはったところ、「クマさんに行く」と言い、喜んでトイレに行くようになった。また、オムツにも絵をかくことで交換もスムーズに行えた。ちょっとした工夫で、子どものやる気が育つと改めて感じたので、これからも工夫しながら、やる気を育てていきたい。 |

> **記入のコツ!!**
> クマさんが好きなBちゃんが、はりきってトイレに行く様子が生き生きと伝わってくる、よい書き方です。

> **立案のポイント**
> 言葉で伝えるよさを経験していきます。「優しく言うとどうなるかな？」と問いかけてみましょう。

> **立案のポイント**
> 自分で気持ちを整理したり、立ち直ったりする大切な経験をしています。ゆったり見守ります。

| Cくん 2歳7か月（男児） | Dくん 2歳9か月（男児） |
|---|---|
| ●だまって押すようなことはほとんど見られなくなり、「どいてよ」「これ使ってる」などの言葉で伝える。しかし、カッとなり興奮したとき以外でも口調が強くなるのでトラブルになる。思いが伝わらなかったイライラから、手が出てしまうことがある。 | ●思いが通じず泣いて倒れ込むだけではなく、泣きながらも思いを言えるようになる。しかし、納得して気持ちを切りかえることができずに、部屋の隅へ行ってしばらく帰ってこなかったり、次の行動へなかなか移ることができなかったりする。 |
| ●落ち着いて話をする。 | ●声かけで気持ちを切りかえる。 |
| ●落ち着いて友達に話しかけ、楽しく遊ぶ。 人間 言葉 | ●声かけにより気持ちを切りかえ、納得して次の行動をとる。 言葉 |
| ●強い口調で話しているときには、「～って優しく言うんだよ。お友達がびっくりしちゃうよ」と、その場に合った伝え方や、相手の気持ちを知らせ、優しく話せるようにする。優しく言えたときは十分にほめ、自信をもたせる。 | ●泣きながらも思いを伝えたことを受け止めて自信を育てる。部屋の隅へ行ってしまっても自分で一人になり気持ちの整理をしていることもあるので、無理に声をかけず時間をおいて落ち着いた頃に声をかける。また、答えは自分で出せるように「どうする？」と投げかけ、納得して自ら次の行動に移れるようにする。 |
| ●強い口調になったとき、すぐに保育者が間に入り、「～って言いたいんだね」と気持ちを代弁することで、落ち着いて話したり、優しい口調になれたりする。今後もくり返し場面に応じて伝えていきたい。 | ●本児が落ち着いてから次の行動に誘ったり、「これが全部終わるまで待っているから、終わったら○○しようね」など納得できるよう言葉かけをしたりすることで、気持ちの切りかえも少しずつスムーズになった。しかし、現在も生活の節目には切りかえが難しいこともあるので、引き続き声かけの工夫をしていきたい。 |

 **記入のコツ!!**
納得できるような言葉かけとは一体どのようなものか、具体的に書いてあり、役立つ記述です。

 **保育のヒント**
周りの子にCくんは乱暴な子と思われているかもしれません。「Cくんは優しいよ。優しい言葉でお話できるんだよ」と、常に近くの子に話し、それをCくんにも聞かせましょう。

2月 個人案

# 3月 個人案

個人案 → P126-P127 3月の個人案

**立案のポイント**
思いやりを示せたら「優しいね」と認め、嫌がることをしたら「いいのかな？」と問います。

**立案のポイント**
「〇〇ちゃんが使っているよ」と事実を伝え、「Bちゃんも使いたいね」とゆっくり共感します。

### ●3月個人案　ひよこ組

|  | Aちゃん 2歳0か月（女児） | Bちゃん 2歳5か月（女児） |
|---|---|---|
| 前月末の子どもの姿 | ●泣いている子がいると頭をなでたり、転んだ子を見ると「ぶ？（大丈夫？）」と言って手を引いて起こしてあげたりする。しかし、何もしていない子に対して急に髪の毛を引っぱったり後ろから押したりして、反応を見ることがある。 | ●友達の使っている玩具に興味をもつと、力ずくで取ろうとする。●衣服の前後を「こっちが前？」と聞き、裏返しになっていると直そうとしている。また、一人で積極的に着替えをする。 |
| ねらい | ●他児への思いやりの気持ちをもつ。 | ●順番や待つことを知る。●一人で着替える。 |
| 内容 | ●他児への思いやりの気持ちをもって、関わろうとする。人間 | ●言葉で気持ちを表しながら、順番や待つことを知る。言葉 ●気を付けながら着脱をする。健康 |
| 保育者の援助 | ●相手を思いやる気持ちをもって接していることを十分にほめ、思いやりの気持ちを大切にする。●友達の嫌がることをして反応を見ているときには、そのつどいけないことだと知らせ、相手の気持ちも伝える。 | ●そのつど「貸して」と相手に聞くこと、順番があること、相手の思いなどをくり返し伝える。「貸して」と言って待てたときには十分にほめる。●前後の模様や印などを意識させながら、裏表の返し方を知らせる。頑張る姿を認めて自信につなげる。 |
| 評価・反省 | ●相手を思いやる気持ちや、自分の思いを言葉や行動で表している姿を受け止めていくことで、少しずつ友達が嫌がることをしなくなりよかった。これからも他児への思いやりの気持ちがより育つように、優しく接している姿を認めていきたい。 | ●くり返し友達の思いを代弁して伝えたが、現在も同じような姿が見られるので、引き継ぎをしっかりしていきたい。●一人で頑張る姿をほめ、意欲につなげていくことができた。また、前後も意識して着替えられるようになったので、十分にほめて自信につなげていきたい。 |

**保育のヒント**
相手が喜ぶ関わり方とはどのようにすればよいのか、具体的に伝えることが大切です。心が通う関わり方になるようにサポートしましょう。

| | Cくん 2歳8か月（男児） | Dくん 2歳10か月（男児） |
|---|---|---|
| | ●普段から話すときの口調が強く、周りの子が怒っていると思ってしまいトラブルになることがある。正義感が強いことから、友達に注意するときも強くなりがちである。保育者が「落ち着いて」「ゆっくり」と声をかけると、優しい口調で伝えられることもある。 | ●遊びに夢中になるとなかなか次の行動に移れないことが多く、おやつや給食の時間に「やだ。まだ遊びたかった」と言って怒る。みんなが食べ始めると「後で食べるから待ってて」と言う。自分で区切りを付けて、「来たよ」と言って食べ始める。 |
| | ●落ち着いて話しながら楽しく遊ぶ。 | ●スムーズに気持ちを切りかえ、次の行動に移る。 |
| | ●保育者や友達と落ち着いて会話をしながら、楽しく遊ぶ。人間 言葉 | ●声かけにより気持ちを切りかえ、納得してスムーズに次の行動に移る。言葉 |
| | ●強い口調になってしまったときは、「優しく言ってね」と声をかけたり、落ち着いて言えるよう、そのつど声かけをしたりする。また、友達に伝えたいという思いを大切に、「○○って言いたかったんだよね」と本児の思いを代弁し、優しく言えたときは十分にほめて自信につなげる。 | ●遊びに自分で区切りを付けると、自分から給食を食べにくるので、無理に誘おうとせず「待っているから、終わったら来てね」とゆとりをもって接していくようにしながら、少しずつスムーズに次の行動に移れるように促す。 |
| | ●くり返し伝えていったが、興奮するとどうしても口調は強くなりがちなので、こちらも今以上に本児におだやかな口調で接するように心がけたい。優しく思いを伝えているときには、「優しく言えたね」「こういう感じでお話しするとお友達も嬉しいね」などの声をかけながら、自信につなげたい。 | ●本児の気持ちを大切にしながら、ゆとりをもって接していったことで満足したようで、「やだ」と言うことも減り、スムーズに次の行動に移れるようになった。今後もこのような姿をたくさんほめて、意欲的に次の行動に移れるようにしたい。 |

**立案のポイント**
にっこり笑顔になると、声も自然と優しくなることを伝えましょう。

**立案のポイント**
自分で区切りを付けて生活をしている主体的な姿です。Dくんの判断を尊重していきましょう。

**記入のコツ!!**
みんなと同じように行動させようとするのではなく、自分で区切りを付けるのを見守っていることが伝わるよい記述です。

**保育のヒント**
「○○ちゃんに、〜って教えてあげて」など、日常で親切に友達に関わる場面を増やしていくとよいでしょう。

3月 個人案

# 4月 個人案

月齢・行動の違いによる子どもの文例

##  4月より入園 女児（1歳3か月）

### 今月初めの子どもの姿
- 新入園児。新しい環境に不安になり、保護者から離れるときから泣き続け、抱っこやおんぶをされて過ごす。
- 抱っこで園庭に出ると少し気分が変わるようで、周りの景色を見る。

### ねらい
- 新しい環境に慣れる。
- 戸外で機嫌よく過ごす。

### 内容
- 保育者と一対一で過ごしながら、新しい環境に慣れる。健康 人間
- 抱っこやおんぶをされて戸外に出て気分転換し、少しの間、機嫌よく過ごす。人間 環境

### 保育者の援助
- 安心できるように一対一で過ごし、優しく声をかけていく。また、本児の好きな遊びや本、歌などを保護者から聞いて対応する。
- たくさん触れ合うことで信頼関係を築き、安心して生活できるようにする。

### 評価・反省
- 一対一で過ごしたことで少しずつ慣れ、朝は泣いてしまうが日中は機嫌よく過ごせるようになってきたのでよかった。まだ抱っこで過ごすことが多いので、安心して遊べるようにしたい。
- 本児が不安を感じていると思われるときには、落ち着くまでそばで過ごし、無理なく遊びに入っていけるようにしたい。

**立案のポイント**
初めての環境に入り、不安な気持ちになるのは自然なこと。温かい関わりで園が好きになるよう心がけます。

##  戸外で遊ぶの大好き 男児（1歳4か月）

### 今月初めの子どもの姿
- 新しい保育室や周囲の環境に不安になり、泣いてしまうことが多い。
- 外遊びが好きで、戸外では機嫌よく好きな遊びを楽しむ。
- 「おつきさまこんばんは」など、気に入っている絵本を読んでもらうと泣きやみ、じっと見る。

### ねらい
- 落ち着いた雰囲気の中で、安心して楽しく一日を過ごす。

### 内容
- 新しい保育室や保育者に慣れ、一日を安定して過ごせるようになる。健康 人間
- 保育者に、好きな絵本を読み聞かせしてもらい楽しむ。人間 環境

### 保育者の援助
- 好きな絵本や玩具をいつでも手に取れるように用意したり、外遊びの時間を長くとったりするなど、機嫌よく過ごせる時間をたくさんつくり、少しずつ新しい環境に慣れていくようにする。

### 評価・反省
- 園庭で体を動かしてたくさん遊んだり、ゆったりと好きな本を読み聞かせたりすることで、少しずつ新しい環境に慣れ、笑顔も多く見られるようになったのでよかった。
- まだ眠りが浅く、午睡から早く目覚めて泣いてしまうので、安心して眠れるように抱っこで寝かせたり、静かな場所に布団を敷いたりするなど工夫したい。

**立案のポイント**
気に入った絵本が本児の安定アイテムになっています。保育者と一対一の時間を上手につくりながら、安心に導きます。

## 友達との関わりに配慮
### 女児（1歳9か月）

**今月初めの子どもの姿**
- 新しい保育室や友達、保育者などがいる環境に戸惑うことなく機嫌よく一日を過ごし、食事は手づかみで食べる。
- 泣いている友達の頭をなでてあげることもあれば、突然押すなどして反応を見ることもある。

**ねらい**
- 意欲的に食事をする。
- 遊びの中で友達との関わり方を知る。

**内容**
- スプーンやフォークを使ったり手づかみをしたりして意欲的に食事をする。 健康
- 保育者や友達と一緒に遊ぶ中で、友達との関わり方を少しずつ知っていく。 人間

**保育者の援助**
- 食事への意欲を大切にしながら、少しずつスプーンで食べることを促していく。
- 友達を押すなどしてしまったときは、そのつどいけないことだと知らせ、友達の気持ちを伝えていく。また、友達に優しく接しているときは、十分にほめる。

**評価・反省**
- 食事に対する意欲的な姿を大切にしながら、スプーンやフォークを渡したり、声をかけたりしたが、ほとんど手づかみで食べている。引き続き声をかけ、食具を使うことを促したい。
- 友達を押すことはいけないことだと知らせてきたが、まだ同じような姿が続いているので、引き続きくり返し知らせながら、他の遊びに誘うなどしたい。

**立案のポイント**
友達が自分と同じように気持ちがある存在だとは、まだ気付いていないようです。危険がないよう配慮し、関わり方を知らせます。

## 他園からの転園児
### 女児（1歳10か月）

**今月初めの子どもの姿**
- 3月まで他園に通園していたため、保育園の生活には慣れており、初日から一日を機嫌よく遊びながら過ごす。
- 周りの子が遊ぶ様子を、そばでじっと見ていることが多い。

**ねらい**
- 好きな遊びを見付けて楽しく過ごす。
- 友達に親しみをもつ。

**内容**
- いろいろな遊びを通して好きな遊びを見付け、楽しく過ごせるようになる。 環境
- 保育者や友達と一緒に遊ぶことを楽しむ。 人間

**保育者の援助**
- いろいろな遊びに誘い、本児の好きな遊びが見付かるように援助する。また、友達の様子を見ているときには、「一緒にやろう」と保育者のほうから声をかけて仲立ちをする。
- 「〇〇ちゃんおはよう」と保育者も一緒に声をかけたり、「△△して遊ぼうか」と遊びに誘ったりして、友達と一緒だという気持ちを大切にしながら遊ぶ機会をつくる。

**評価・反省**
- いろいろな遊びに誘ったり、友達との仲立ちをしたりして一緒に遊べるように援助したことで、積極的に遊ぶようになってよかった。自分から友達に声をかけるようになったので、やり取りができるように引き続き仲立ちしたい。

**立案のポイント**
安定しているので一安心。好きな遊びが見付けられるように導きます。友達と関われるようなら見守りましょう。

4月 個人案文例

# 5月 個人案

## 月齢・行動の違いによる子どもの文例

### つたい歩きで動く　女児（1歳4か月）

**前月末の子どもの姿**
- 登園時は泣いてしまうが、保育者に抱っこされることで安心し、少しずつ玩具や砂場で遊べるようになっている。
- まだ歩くことができないため、一か所に座ったままじっとしていることが多い。時々はいはいやつかまり立ちで移動し、動けなくなると泣いて訴える。

**ねらい**
- 自分から好きな遊びを見付けて遊ぶ。
- 意欲的に体を動かして活動する。

**内容**
- 保育者と一緒に様々な遊びを楽しむ中で、好きな遊びを見付けて自分から遊ぶ。 環境
- つたい歩きを楽しむ。 健康

**保育者の援助**
- 絵本やチェーンリングなど本児の興味がある物や、月齢に合った玩具を準備する。遊びに入りやすいよう、言葉をかけるなどして援助する。
- 本児から少し距離を置いて名前を呼んだり、コンビカーで遊んだりする機会をつくり、歩行に対する意欲を育てる。

**評価・反省**
- いろいろな遊びに誘ったことで、好きな遊びを見付けて黙々と遊ぶようになった。また、つたい歩きで保育室中を動き回り始めたので、少し離れたところから声をかけて呼ぶなどして、歩行への意欲を育てていくことができた。引き続き、意欲的に活動できるように促したい。

**立案のポイント**
はいはいやつたい歩きで、歩行のための筋力が養われます。少し先に興味をひく物を置いて、自分で動くよさを体験させましょう。

### 午睡時に泣く　男児（1歳5か月）

**前月末の子どもの姿**
- 少しずつ新しい環境にも慣れてきて、日中は保育室や園庭などで玩具や遊具を使い、機嫌よく遊ぶようになっている。
- 眠りが浅く不安定で、午睡前や午睡後に泣くことがある。

**ねらい**
- 保育者がそばに付き添い、一定時間は安心してゆっくり眠る。

**内容**
- 一対一での関わりの中で、一定時間安心して眠る。 健康 人間
- 静かな環境の中で気持ちよく眠り、気持ちよく目覚める。 健康

**保育者の援助**
- 食後、すぐに眠くなることもあるので、いつでも布団に入れるように用意しておく。
- 入眠と目覚めのときは、必ず一対一でそばに付いて安心できるようにし、布団の場所もいつも同じにして落ち着けるようにする。

**評価・反省**
- じっくりと一対一で遊びに対応していったことで、新しい環境にも慣れ、午睡も一定時間は安定して眠れるようになりよかった。
- 園での生活にも慣れてきたので、気に入った玩具などでよく遊ぶようになったのだが、思い通りにならないときは手やかみつきが出てしまうので、十分に注意して見守っていきたい。

**立案のポイント**
眠るということは、無防備になること。安心できなくては寝ることはできません。一対一の関わりやトントンして対応しましょう。

「5領域」の 健康：健康　人間：人間関係　環境：環境　言葉：言葉　表現：表現　を表しています。

### できることが増えた
### 女児（1歳10か月）

**［前月末の子どもの姿］**
- 靴やズボンの着脱、食後の片付けなど簡単な身の回りのことを進んで行い、自分でできると満足そうにする。
- おしっこやうんちが出ると、しぐさやズボンを脱ぎ出すなどで知らせる。

**［ねらい］**
- 簡単な身の回りのことを進んで行う。
- おしっこが出たことを言葉で知らせる。

**［内容］**
- 自分でできることを少しずつ増やす。 健康
- 声かけにより、おしっこやうんちが出たということを言葉で知らせる。 健康 言葉

**［保育者の援助］**
- 自分でやろうとしている気持ちや、できたことを認めながら見守り、自信につなげる。
- 「おしっこ出たね」と声をかけ、「出たよって教えてね」と知らせる。また、出たことに気付いたことをほめ、意欲を育てる。

**［評価・反省］**
- 自分でやろうとする気持ちを認め、十分にほめたことで、自分でできることが増えたのでよかった。
- 今までできていたタオルの片付けなどをわざとせずに保育者の反応をうかがうことがあるので、本児の意欲につながるような声かけを工夫したい。
- 遊びに夢中になり排尿したことを知らせる機会が減ったので、様子を見ながら声をかけ、知らせたときは十分にほめて意欲を育てていきたい。

**立案のポイント**　排泄したことを知らせる行為を認め、前向きな生活態度を持続させましょう。ただし、子どもには気分の波があるのでゆったりと。

---

### 遊びが見付からない
### 女児（1歳11か月）

**［前月末の子どもの姿］**
- 友達に興味があるが、関わり方が分からず、顔をのぞき込んだり名前を呼んだりする。好きな遊びが見付からずにウロウロすることがある。
- 声をかけられるとズボンの着脱や食後の片付けなど、簡単な身の回りのことをやってみようとする。

**［ねらい］**
- 好きな遊びを十分に楽しむ。
- 簡単な身の回りのことをやってみようとする。

**［内容］**
- 保育者や友達と一緒に、好きな遊びを楽しむ。 人間
- 声かけにより、簡単な身の回りのことを自分でやってみる。 健康

**［保育者の援助］**
- 「○○ちゃんに、どうぞってしてごらん」と声をかけ、一緒に遊ぶ機会をつくるなどして、遊びながら本児の好きな遊びが見付けられるようにする。
- 頑張っている姿をほめて、やる気を育てる。また、ズボンなどをはきやすいように置いて、できたという満足感を味わえるようにする。

**［評価・反省］**
- いろいろな遊びに誘い、一緒に遊ぶことで人形遊びを好むようになりよかった。友達との仲立ちをしたので、少しずつ一緒に遊ぶ姿も見られるようになったが、しぐさで思いを伝えることが多いので、相手への伝え方を援助していきたい。
- 頑張っている姿をほめることでやる気につながり、できることが増えたのでよかった。

**立案のポイント**　することが見付からないと充実できません。いろいろな遊びを見せて、興味の方向を探りましょう。

5月　個人案文例

# 6月 個人案
## 月齢・行動の違いによる子どもの文例

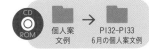

### 5～6歩は歩く　女児（1歳5か月）

**前月末の子どもの姿**
- つたい歩きで保育室内を移動することを楽しむようになっている。5～6歩は歩けるが、歩行への意欲はあまり見られない。
- 一人でじっと座って、周りの子の遊ぶ様子をにこにこしながら見ている。

**ねらい**
- 体を動かして遊ぶことを楽しむ。
- 保育者と友達の輪の中に入って遊ぶ。

**内容**
- 全身を使っての運動を楽しみながら、安定して歩く。 健康
- 保育者や友達と好きな遊びを楽しむ。 人間

**保育者の援助**
- 十分に体を動かして遊べるようにコンビカーで遊ぶ機会をつくったり、短い移動は手をつないで歩いたり、少し距離を置いて名前を呼ぶなどして、歩行に対する意欲を育てる。
- 「○○ちゃんも一緒にやろう」と声をかけ、友達がしている遊びに誘い、一緒に遊ぶ楽しさを知らせる。

**評価・反省**
- 移動の際はなるべく手をつないで歩くようにしたり、コンビカーで体を動かしたりして遊べるようにしたことで、少しの距離だが自分から歩こうとする姿が見られた。しかし、まだ一度座るとじっとしていて、活発に遊ぶことは少ないので、いろいろな遊びに誘いたい。また、他児とも一緒に遊べるように仲立ちをしていきたい。

**立案のポイント**
まだまだつたい歩きをたくさんさせてあげましょう。カタカタや、またがって足でこぐ乗り物に興味をもてるようにします。

### 全身で表現する　男児（1歳6か月）

**前月末の子どもの姿**
- 友達と一緒に過ごしたり、同じ遊びをしたりすることを喜ぶが、自分の思いが通らないと手が出たり、かみつきも出たりすることがある。物を投げて、思い通りにならなかったくやしい思いを表す。

**ねらい**
- 友達との関わり方を知る。
- 友達との触れ合いを楽しむ。

**内容**
- 遊びの中で、友達との好ましい関わり方を知る。 人間
- 保育者に仲立ちをしてもらいながら、友達との触れ合いを楽しむ。 人間

**保育者の援助**
- 「これがほしかったんだね」と気持ちを受け止めながら、「貸してって言うんだよ」と関わり方を丁寧に知らせていく。また、手が出る前に、他の遊びに誘うなどする。
- 友達と一緒に遊んでいるときにはそばでさり気なく見守り、手でたたこうとしたり、かみつきが出そうになったりしたら、そのつどしてはいけないことだと伝える。

**評価・反省**
- 気持ちを受け止めることで少しずつ落ち着いてきたが、思い通りにならないときなどは手足を激しく動かしたり、物を投げたり、時にはかみついたりするなどして気持ちを表現している。引き続き「貸して」と言うなど、言葉での伝え方を少しずつ知らせていきたい。

**立案のポイント**
友達にけがをさせては大変です。本児の思いを受け止め、嫌だった気持ちに共感しながら望ましい表現の仕方へと導きましょう。

## 手づかみで食べる
### 女児（2歳0か月）

**前月末の子どもの姿**
- 食事を手づかみで食べる。保育者が声をかけるとフォークやスプーンを使おうとするが、またすぐに手づかみになってしまい、手が汚れることを嫌がることも多い。また、食べこぼしもかなり多く、テーブルが汚れることも嫌がる。

**ねらい**
- スプーンやフォークを使って食べる。

**内容**
- 声かけにより、スプーンやフォークを使って食べようとする。 健康

**保育者の援助**
- スプーンやフォークの使い方をそのつど知らせたり、手づかみ食べになる前に、片手は皿に添えるように援助したり、フォークで刺しやすいように小さく切ってから渡したりするなど工夫する。
- 手で食べると汚れたりこぼしてしまったりすることを伝え、手ふきタオルやふきんを用意しておき、手の汚れやテーブルの汚れはすぐにきれいにできるようにしておく。

**評価・反省**
- 手づかみをしているときには、スプーンやフォークを使用するように声をかけ、小さく切ってすくいやすいようにしたが、手づかみ食べが続いている。引き続き、そのつど声をかけていきたい。
- 上手にスプーンやフォークを使って食べられたときには、十分にほめて自分で食べる意欲につなげていきたい。

**立案のポイント**　手の汚れを嫌がるのに手で食べてしまいます。反対の手にはフォークを持たせるとよいかもしれません。

## 泣いて訴える
### 女児（2歳0か月）

**前月末の子どもの姿**
- 「貸して」「おかわり」などが言葉で伝えられず、泣いて訴えることがある。
- 自分より小さい子の世話をしようとする姿が見られるが、相手が嫌がると泣く。

**ねらい**
- 思いを言葉で表す。
- 友達との触れ合いを楽しむ。

**内容**
- 自分の気持ちや欲求を言葉で表現する。 言葉 表現
- 保育者に仲立ちしてもらいながら、友達との触れ合いを楽しむ。 人間

**保育者の援助**
- 本児の気持ちを言葉で代弁し、「おかわりちょうだい」など、その場に合った言葉を伝える。
- 本児の友達に関わりたいという気持ちを大切にしながら、けがにつながらないように見守ったり、友達が嫌がっているときには違う関わり方をすることを知らせたりする。

**評価・反省**
- その場に合った言葉をくり返し伝えたので、「貸して」「ちょうだい」など、簡単な言葉で表現するようになってきた。引き続き、その場に合った言葉を伝えていきたい。
- 友達と関わりたい気持ちは強いが、友達が受け入れられないこともあり、泣いてしまうことがまだ見られる。引き続き関わり方を知らせながら、友達との触れ合いを楽しめるようにしていきたい。

**立案のポイント**　泣いて訴えられるのは大事なこと。それを別の望ましい表現方法で表せるようにし、少しずつ身に付くようにしましょう。

6月 個人案文例

# 7月 個人案

## 月齢・行動の違いによる子どもの文例

### 物を口に入れる　女児（1歳6か月）

**前月末の子どもの姿**
- 探索活動を楽しんでいるが、植木や小石、玩具など、興味がある物を何でも口に入れてしまう。
- 口に入れてはいけないと言われても、笑いながらくり返し行い、止められると、大声を出して怒ることがある。

**ねらい**
- 探索活動を楽しみながら、食べられる物と食べられない物の区別が分かる。

**内容**
- 探索活動を十分に楽しむ。 `環境`
- 保育者の声かけで食べられない物を理解する。 `言葉`

**保育者の援助**
- 身の回りには、口に入るような小さな物は置かないように気を付ける。
- 食べられない物を口に入れようとしたときは、それは食べられない物であることや、おいしくないことをくり返し伝える。
- 止められてもくり返し行うときは、表情や声のトーンを変えながら口に入れてはいけないことをくり返し分かりやすく伝えていく。怒っているときは落ち着いてから話をする。

**評価・反省**
- 本児の思うように自由に探索を楽しむことはできた。食べられないことやおいしくないことをくり返し伝え、少しずつ口へ入れることが減ってきたが、時々こちらの様子をうかがい、わざと口へ入れることもあるので、十分に注意したい。

**立案のポイント**
口で物を知ろうとするのは子どもの自然な姿です。けれども、誤飲の危険があるので、常に見守る必要があります。

### かみつくことがある　男児（1歳7か月）

**前月末の子どもの姿**
- 思いが通らないと物を投げたり、手が出たり、かみついたりしてしまうときがある。また、「あい」や「だ」などを連発して自分の思いを伝える。
- 友達と関わろうとして、体を押したり上にのったりする。

**ねらい**
- 言葉で自分の気持ちや欲求を伝えようとする。
- 保育者の仲立ちの下で友達との触れ合いを楽しむ。

**内容**
- 保育者と一対一の関わりで安定して一日を過ごし、自分の思いを言葉で伝えようとする。 `言葉` `表現`
- 保育者に仲立ちしてもらいながら、友達と同じ遊びをしたり、触れ合いを楽しんだりする。 `人間`

**保育者の援助**
- 「○○したかったんだよね」など、本児の気持ちを代弁しつつ、「貸してって言うんだよ」など、相手への伝え方をくり返し知らせていく。
- 友達に関わろうとする気持ちを認めながら、相手の嫌な思いも伝えていく。また、仲立ちして、友達と楽しく遊べるようにする。

**評価・反省**
- クラスに保育者を一人増やし、担任が一人でじっくりと本児と関わったので、少しずつ落ち着いてきている。思いが通らず、手やかみつきが出ることはまだあるので、引き続きじっくりと向き合って保育にあたり、言葉にできない本児の思いやいら立ちを代弁し、かみつきなどを未然に防ぐようにしたい。

**立案のポイント**
本児なりの言葉「あい」や「だ」が出ることは大きな成長です。一対一でじっくり関わることが功を奏しています。

## 食事中に遊び出す
### 女児（2歳0か月）

**前月末の子どもの姿**
- 好きな物は進んで食べ、満足すると食事を混ぜたりこぼしたりして遊び出す。
- 片付けや衣服の着脱など、身の回りのことに対しあまり興味がもてず、声かけをしてもやろうとしないことが多い。

**ねらい**
- 遊ばずに食事をする。
- 簡単な身の回りのことをしようとする。

**内容**
- おなかがいっぱいになったら、声かけにより「ごちそうさま」をして、終わりにする。 健康
- 声かけにより、簡単な身の回りのことをやってみようとする。 健康

**保育者の援助**
- 「いらない」と言ったり、満足な様子が見られたりしたら、遊び出す前に「おいしかったね」「ごちそうさまようね」と声をかけ、食事を終わらせるようにする。
- 「上手にできるかな？」と声をかけて一緒に行い、「上手にできたね」「すごいね」とほめて意欲につなげる。

**評価・反省**
- そばで一緒に食事をしながらくり返し声をかけたのだが、まだ自分から食事を終わりにできず遊んでしまう。来月も自分から気付いてごちそうさまができるように促したい。
- 身の回りのことを一緒に行いほめたことで、自分でやってみようとする姿も出てきた。今後も励ましながら自信につなげ、より意欲がわくようにしたい。

**立案のポイント**
遊び出すのはおなかがいっぱいになったサインです。遊び始めたら「ごちそうさま」を促しましょう。

---

## 言葉のやり取りが増えた
### 女児（2歳1か月）

**前月末の子どもの姿**
- 友達とごっこ遊びなどをしながら、「貸して」「どうぞ」「ありがとう」などの簡単な言葉でのやり取りが見られる。
- 「○○ちゃん」などと友達の名前を呼ぶようになったり、「△△しますよ」など保育者の言葉をまねしたりする。

**ねらい**
- 簡単な言葉でのやり取りを楽しむ。

**内容**
- 保育者や友達との遊びの中で、簡単な言葉のやり取りを十分に楽しむ。 言葉 人間
- 保育者の言葉をまねしたり、好きな遊びをしたりしながら発語を楽しむ。 言葉

**保育者の援助**
- 一緒に遊ぶ中で友達との関わりを仲立ちし、その場に合った言葉を知らせたり、お店屋さんごっこなどに誘ったりして、言葉のやり取りが更に盛んになるように楽しむ。
- 分かりやすいように、ゆっくりと簡単な言葉で話すように心がける。本児の発した言葉に込められた思いを感じ取り、共感しながら言葉のやり取りの楽しさを伝える。

**評価・反省**
- 一緒に遊びながら言葉のやり取りを楽しめたので、保育者のまねをして言ってみる姿が多くなった。今後も本児との言葉のやり取りを共に楽しみながら、言葉の広がりをもたせたい。

**立案のポイント**
言葉を発して相手が返してくれると嬉しいものです。言葉を交わす際に視線を合わせたり、微笑み合ったりすることも大切に。

7月　個人案文例

# 8月 個人案
月齢・行動の違いによる子どもの文例

## 一人遊びが好き　女児（1歳7か月）

### 前月末の子どもの姿
- 園庭を歩くことにも慣れ、積極的に歩くようになる。一度座るとその場でじっと座っていることが多い。
- 一人で黙々と静かに遊ぶことが多く、周りに友達がたくさん集まってくると移動して友達の輪から離れ、興味がなさそうにする。

### ねらい
- 保育者と一緒に好きな遊びを十分に楽しむ。
- 友達との関わりを広げる。

### 内容
- 保育者と一緒に体を動かしたり、いろいろな遊びを楽しんだりする。 健康 環境
- 保育者の仲立ちの下で、友達との関わりを少しずつ楽しむ。 人間

### 保育者の援助
- 一人でじっくり遊びたい様子のときには場所を確保し、一人で遊び込めるようにする。
- 座り込んで、遊びが広がらない様子のときには、いろいろな遊びに誘って一緒に楽しむ。
- 友達と一緒にいる楽しさを味わえるように、友達と触れ合う機会をつくる。

### 評価・反省
- いろいろな遊びに誘ったことで友達と一緒に体操を楽しむ姿が見られ、以前より少しずつ活発に遊ぶようになった。
- 暑さからか、寝転がって過ごすことも多くなった。引き続き遊びに誘うなどして、遊びに集中できるようにしたい。

**立案のポイント**　一人の遊びが充実している際は、それが十分できるようにし、手持ちぶさたを感じている際は友達との遊びに誘うようにしましょう。

## 行動の切りかえが困難　女児（2歳0か月）

### 前月末の子どもの姿
- 保育者が片付けの声かけをしても遊び続けたり、次の行動に移るときも流れにのれなかったりして一人で遊び続け、周りの様子を気にすることもない。
- 保育者の問いかけに答えたり、自分の気持ちを伝えられたりする。

### ねらい
- 声かけにより期待をもって次の行動に移る。
- 簡単な言葉のやり取りを楽しむ。

### 内容
- 保育者の声かけを聞いて片付けをしたり、期待をもって次の行動に移れたりする。 言葉
- 好きな遊びを通して、保育者との言葉のやり取りを楽しむ。 言葉

### 保育者の援助
- 本児が気付くよう個別に分かりやすいように声かけをしたり、次の行動に期待がもてるように「次は〜するから…しようね」など、具体的に伝えたりする。
- 本児の話に耳を傾け、本児が分かりやすい言葉がけをし、やり取りを楽しむ。

### 評価・反省
- 次の行動への声かけを工夫したり、声をかけず自分で気が付くようにしたりという対応を試みた。少しずつ流れにのれるようになったので、引き続き工夫したい。
- 一人遊びをしていることが多いが、本児の好きな遊びに誘うことで保育者に話しかけてきたため、一緒に楽しむことができた。今後も言葉のやり取りができる環境づくりをし、共に言葉のやり取りを楽しみたい。

**立案のポイント**　自分の遊びが楽しく、片付けの声かけも自分に言われている気がしないのかもしれません。個別に名前を呼んで伝えましょう。

## 身の回りのことに意欲的
### 女児（2歳1か月）

**前月末の子どもの姿**
- 自分で使ったタオルの片付けをしたり、ズボンをはいたり脱いだりするなど、簡単な身の回りのことを進んで行う。
- 片付けや着替えなどをしている途中で、遊び出すことがある。
- 援助されるのをとても嫌がり、「自分で」と言って自らやろうとする。

**ねらい**
- 保育者に見守られながら、途中で遊ばずに最後まで身の回りのことを自分で行おうとする。

**内容**
- タオルの片付けやズボンの着脱など、自分の身の回りのことを最後まで自分で行う。 健康

**保育者の援助**
- 本児が納得できるまで見守り、自分でできたときはその努力をほめて自信につなげる。
- 身の回りのことをしている途中で遊び出したときは、「上手にできるかな」など意欲につながるような声をかける。

**評価・反省**
- 身の回りのことを行う際、納得できるまで手を出さずに見守ったことで、最後まで自分で頑張る姿が多くなりよかった。十分にほめて意欲を育てていきたい。
- ままごと用の簡単なつくりのゴム入りスカートを、自分ではく姿も出てきている。ままごと遊びをしながら、自分ではいたり脱いだりする経験ができるように今後も工夫したい。

**立案のポイント**
自分でやりたい思いを大切にして、時間がかかってもやり遂げさせます。途中で遊びを誘発するような物は置かないこと。

## トイレでの排尿が少ない
### 女児（2歳3か月）

**前月末の子どもの姿**
- 友達がトイレに行く姿を見て行きたがり、声かけにより嫌がらずにトイレに行くが、まだ尿は出ないことが多い。
- オムツに排泄しても、そのことを知らせる姿はまだ見られない。

**ねらい**
- トイレで排尿することに慣れる。
- オムツに排泄したことに気付き、知らせるようになる。

**内容**
- 声かけでトイレに行き、排尿することに慣れる。 健康
- オムツが汚れたら、身振りや言葉で知らせるようになる。 健康 表現

**保育者の援助**
- 本児から気付くことが少ないため、生活の節目にトイレに誘い、排尿を促す。成功したときは自信につながるように一緒に喜び、「すごいね」と声をかける。
- 気付いたことをほめ、オムツを替えて気持ちよくなったことを感じられるようにする。

**評価・反省**
- 生活の節目にトイレに誘い、排尿を促したが成功することはほとんどなかった。本児のトイレに行きたい気持ちを大切にして、引き続き生活の節目にトイレに誘い、トイレで排尿することに慣れるよう励ましたい。
- 排尿したことを教えるようにくり返し声をかけたところ、オムツに排尿後、自分から進んで知らせてくれることが増えている。引き続き知らせたことをほめて自信につなげ、トイレでの排尿につなげていきたい。

**立案のポイント**
嫌がらずにトイレに行くのですが、椅子に座っているのと同じで下腹部が緩まないのでしょう。焦らず取り組みましょう。

8月 個人案文例

# 9月 個人案

月齢・行動の違いによる子どもの文例

## 赤ちゃん返りが見られる
### 女児（1歳7か月）

**前月末の子どもの姿**
- 声をかけても、ほとんど手づかみ食べになる。また、食事を混ぜたり手を入れたり、こぼしたりして遊ぶ姿が以前より多い。
- 声をかけても聞こえない振りをしたり、やり続けようとしたりすることが多い。家庭でも同じようなことがあり、赤ちゃん返りが出てきたとのことだった。

**ねらい**
- 遊ばずに最後まで食事をする。
- 安定して一日を過ごす。

**内容**
- 遊ばずにスプーンやフォークを使って食べる。健康
- 保育者に見守られながら安定して過ごす。健康 人間

**保育者の援助**
- そのつど食べ物で遊んではいけないことをしっかりと伝える。園での様子をまめに伝え、家庭と連携を図り、同じ対応を取れるようにする。
- 妹が生まれ、家庭で赤ちゃん返りが見られるようになったとのことなので、温かく見守る。

**評価・反省**
- 家庭と連携を図りながら対応し、家庭での赤ちゃん返りは見られなくなってきた。しかし、気を引こうとして、食事を手づかみしたり、混ぜたり、わざとこぼしたりなどの姿はまだ見られる。引き続き食べ物で遊んではいけないことを伝え、食べやすいようにスプーンにすくって渡し、食べられたら「上手に食べられたね」とほめたい。また、家庭でも園と同じ対応を取ってもらうようお願いし、園と家庭とで見守っていきたい。

**立案のポイント**
妹が生まれたことで不安定になっている様子がうかがえます。あまり注意をせず食事中に遊び始めたら、「ごちそうさま」にしましょう。

## 遊びに加わり始めた
### 女児（1歳8か月）

**前月末の子どもの姿**
- 曲に合わせて踊ったり、保育者のそばへ来たりと、少しずつ自分から遊びに加わろうとすることもあるが、遊びが続かず、すぐに寝転がってしまう。
- 指を差したり、「キャー」などの声を発して自分の思いを伝えようとしたりする。

**ねらい**
- 十分に体を動かして遊ぶことを楽しむ。
- 自分の思いを簡単な言葉で表現する。

**内容**
- 保育者と一緒に体を動かして遊ぶことを楽しむ。健康
- 簡単な言葉やいろいろなしぐさで、自分の思いを伝えようとする。言葉 表現

**保育者の援助**
- 一人で遊び込みたい様子のときは場所を確保し、遊びが見付からない様子のときは、保育者も遊びに加わったり、遊びに誘ったりする。
- 一緒に遊ぶ中で本児の思いを受け止め、「○○がしたかったんだね」などと代弁し、「ちょうだい」などの簡単な言葉やしぐさで思いを表現できるように伝える。

**評価・反省**
- 積極的に自分から遊びに加わろうとする姿が増え、歩行も安定し、体をよく動かすようになったが、寝転がって過ごす姿もある。十分に遊び込めるように一緒に遊んでいきたい。
- 言葉にならない思いを代弁したり、その場に合った言葉を知らせたりしたことで、少しずつ言葉が増えたのでよかった。今後も発語を促す援助をしたい。

**立案のポイント**
好きな遊びが十分にできるように、場を整えます。保育者が発する言葉をモデルにできるよう、意識して声をかけましょう。

## 思いを表現するようになった
### 男児（1歳9か月）

**前月末の子どもの姿**
- 言葉にできない思いを保育者に代弁してもらうことで、気持ちが落ち着き、少しずつだが身振りや簡単な言葉で思いを表現する。
- 気持ちが収まらないときは、物を投げたり、かみついたりしてしまう姿も見られる。

**ねらい**
- 簡単な身振りや言葉で自分の思いを伝える。

**内容**
- 保育者の仲立ちの下で、友達との関わり方を知る。 人間
- 自分の思いを、身振りしたり簡単な言葉を発したりして伝えようとする。 言葉 表現

**保育者の援助**
- 気持ちが落ち着くように思いを受け止め代弁しながら、その場に合った言葉や関わり方をくり返し丁寧に伝える。
- 気持ちを落ち着かせたり、保育者の声かけに耳を傾けさせたりしながら、上手に友達と関われたときはたくさんほめる。

**評価・反省**
- 思いを十分に受け止め、落ち着かせてから気持ちを代弁したり、言葉にかえたりして表現方法を知らせていったので、「貸してって言うんだよ」「ごめんねしようね」などの場面に合った声かけを素直に受け止めてくれ、身振りで表現するようになった。しかし思いが通らないときなど物を投げる姿がまだ見られるので、引き続き、そのつど場に合った関わり方を知らせたい。

**立案のポイント**
保育者が分かってくれたと思うだけで、その子の気持ちは収まります。望ましい表現ができるように導きましょう。

## 自分でしようとする
### 女児（2歳2か月）

**前月末の子どもの姿**
- 鼻水が出ると知らせ、自分でティッシュでふこうとする。手に付くと手を洗いに行く姿も見られる。
- 着脱をほとんど一人で行う。
- トイレに誘うと嫌がることなく便器に座り、タイミングが合うと成功することもあるが、オムツに排泄した後に知らせることは少ない。

**ねらい**
- 簡単な身の回りのことを積極的に行い、自分でできることを増やす。

**内容**
- 身の回りのことを一人で行う。 健康
- 尿意を知らせ、トイレでの排泄に慣れる。 健康

**保育者の援助**
- 鼻水を自分でふいたり着替えたりするのは見守り、ふき残しやズボンが引っかかったりするときにはさり気なく手助けをするなど、一人でできた満足感を味わえるようにして、自信につなげる。
- オムツが濡れたときには「ちっち出たね」と不快感を意識できるようにし、トイレで成功したときにはほめる。

**評価・反省**
- できないところをさり気なく手伝い、満足感がもてるようにしたので、着替えやタオルの片付けなどは「自分で」と言って積極的に行っている。本児の意欲を認めながら、今後も見守っていきたい。
- オムツに排泄すると「ちっち」と知らせる姿が出てきたので、知らせたことをほめる。本児のペースでトイレに誘い、トイレでの排泄に慣れるようにしたい。

**立案のポイント**
認めることで、更に意欲をもって身の回りのことに取り組みます。鼻水の始末もだんだん上手になります。

9月 個人案文例

# 10月 個人案

月齢・行動の違いによる子どもの文例

## 配慮が必要な子 男児（1歳7か月）

### 前月末の子どもの姿
- 今月より入園。園生活の経験はない。
- 「あーあー」などと声を出すことはあるが、言葉はまだ出ない。
- 体を支えるとつかまり立ちはできるが、歩行やはいはいでの移動はできないので、保育者が抱っこをして移動する。
- 今まで家の中で過ごすことが多かったとのことで、静かなところだと安心して泣きやむ。友達の声に驚いて泣く。

### ねらい
- 新しい環境に慣れる。

### 内容
- 担任や保育室に慣れる。 健康 人間
- 一日を安定して穏やかに過ごす。 健康

### 保育者の援助
- 一日の担当を決めるようにして、落ち着いて過ごせるようにする。
- 泣いているときは、廊下に出るなど気分転換をし、落ち着いているときは、なるべく保育室で過ごせるようにする。

### 評価・反省
- その日一日を担当する保育者を決めることで、少しずつ担任の顔を覚えてきたのでよかった。
- 安心して過ごせるように、泣いているときは散歩に出るなど気分転換を図りながら、少しずつ保育室にいる時間を増やした。今後も園の生活に慣れ、落ち着いて過ごせるように対応したい。

**立案のポイント**　初めての環境で緊張しています。騒々しさにも慣れていかなければなりません。担当の保育者との絆づくりが大切です。

## 身振りで表現する 女児（1歳9か月）

### 前月末の子どもの姿
- 身振りや「うっ」「おっおっ」などの声で自分の思いを伝えようとする。
- 思いが通じないと体を震わせイライラを表したり、手やかみつきが出たりすることもある。

### ねらい
- 簡単な言葉のやり取りを楽しむ。
- 簡単な言葉や身振りで自分の思いを伝える。

### 内容
- 保育者との簡単な言葉のやり取りを楽しむ。 言葉
- 簡単なしぐさや言葉で自分の思いを伝え、友達との関わり方を知る。 人間 言葉

### 保育者の援助
- 「貸して」など、その場に合った言葉を知らせ、友達との関係を仲立ちする。また、手やかみつきが出てしまったときには、友達の気持ちを知らせて、してはいけないことを伝えていく。
- 保育者との簡単な言葉のやり取りを通し、はっきり言えない言葉はゆっくりとくり返して発語を促す。

### 評価・反省
- 思いを言葉で伝えるのはまだ難しい様子だが、「貸して」「もう1回」など身振りで積極的に表現し、友達や保育者に伝えようとする。少しずつ言葉にできるように、今後もくり返しその場に合った言葉を伝えたい。
- 手を出したりかみついたりするのはいけないということや、友達の様子を伝えることで、そのようなことは少しずつ減ってきた。今後も友達との関わりを仲立ちし、本児が楽しめるようにしたい。

**立案のポイント**　本児なりの表現で思いを伝えようとしています。保育者はそれを受け止め、より多くの人が分かる言葉での表現を促しましょう。

## 着替えに挑戦中
### 女児（2歳2か月）

**前月末の子どもの姿**
- 着替えなどを自分で行うように促すと、はじめは自分でしようとする。しかし、途中でズボンに足が引っかかって入らなかったり、うまく袖に腕が通せなかったりなど、なかなかスムーズにできないことがある。そのうちに他のことに気を取られ、着替えをしないまま遊び出す。

**ねらい**
- ズボンの着脱など、身の回りのことを自分で行う。

**内容**
- 声かけにより、最後まで身の回りのことを自分で行おうとする。 健康

**保育者の援助**
- ズボンをはきやすいように広げて置き、意欲が薄れないようにする。
- ズボンをはく、Tシャツを着るなど、簡単なことから自分でできるように促し、できたときは自信につながるように十分にほめる。できないときは一緒に行い、やり方を伝える。
- 途中で遊び出してしまうときは、「終わってから遊ぼうね」と少し先の見通しをもたせる言葉をかけて、最後まで取り組めるようにする。

**評価・反省**
- 自分でズボンをはきやすいように置くなど、そばに付いて一緒に行っていったことで、声をかけられると一人で身の回りのことを最後まで行うようになった。引き続き、できたことを十分にほめて意欲を高めていきたい。

**立案のポイント**　他のことに気を取られないよう、着替える場を工夫しましょう。リズミカルな言葉をかけて促すのも効果的です。

## トイレに積極的
### 女児（2歳3か月）

**前月末の子どもの姿**
- トイレに誘うと喜んで行くが、まだ成功はしていない。時々トイレの水を流すなどしている。何度も水を流したくて、なかなか戻ってこないことがある。
- オムツが濡れていることが多い。
- トイレに行くことには意欲があり、オムツの脱ぎはきなどを積極的に行う。

**ねらい**
- トイレでの排尿に慣れる。
- トイレの使い方を覚える。

**内容**
- 生活の節目にトイレに行き、排尿しようとする。 健康
- トイレの使い方を覚え、水を流したら遊ばずに保育室に戻る。 健康

**保育者の援助**
- 生活の節目にトイレに誘い、便座に座ることに慣れるようにする。成功したときは一緒に喜び、自信につなげる。
- 水を流すのは1回だけという約束をくり返し知らせ、水を流したら終わりにすることにして、遊びにならないようにする。

**評価・反省**
- トイレに行くことを嫌がらず積極的に行っているが、まだ水を流して遊びたがることもあるので、そばに付いてトイレの使い方を知らせたい。
- 一度トイレで成功し、一緒に喜ぶと自信につながったようでよかった。引き続き本児のペースに合わせて進めたい。

**立案のポイント**　トイレに嫌がらずに行けるので、タイミングが合うように頃合いを見計らう必要があります。成功を共に喜びましょう。

10月　個人案文例

# 11月 個人案

## 月齢・行動の違いによる子どもの文例

---

###  外で抱っこを求める 女児（1歳10か月）

**前月末の子どもの姿**
- 園庭で機嫌よく遊べていたが、10月末頃から靴をはいて園庭に行くときに、抱っこを求めるようになる。園庭で少しの距離でも保育者のそばを離れられず、泣いてしまう姿が多い。
- 室内では、少しずつだが友達と関わって遊び、落ち着いて過ごす。

**ねらい**
- 保育者や友達と楽しく遊ぶ。
- 安心して保育者と遊ぶ。

**内容**
- 保育者の仲立ちの下で、友達と関わり楽しく遊ぶ。 人間
- 保育者に見守られながら、安心して遊ぶ。 人間 環境

**保育者の援助**
- 本児が安心して遊べるように、不安な様子のときはそばに付いて一緒に遊ぶようにする。
- 一人で遊びたいときなどは場所を確保する。
- 友達と関わろうとしているときは仲立ちをする。

**評価・反省**
- 不安な様子が見られるときは、抱っこで移動したり、そばでじっくりと関わったりしたことで、このような姿はなくなって、遊べるようになりよかった。
- 友達がそばに来ると、「ん？」と言うことがあり、「だれ？」といったそぶりを見せるので、そのつど「○○ちゃんも一緒に遊ぼう」など、友達の名前を保育者と一緒に呼ぶなどしながら、関わりを仲立ちした。そうしているうちに自ら声をかける姿が出てきたので、引き続き友達との関わりを仲立ちしていきたい。

**立案のポイント**
広い場所に出ると、所在なく不安になるのでしょう。抱っこや手を握るなど、保育者がそばにいる安心感を得られるようにします。

---

###  思いを伝えようとする 男児（1歳11か月）

**前月末の子どもの姿**
- 「〜ない」「いたい」など、言葉はまだ少ないが、自分の知っている言葉を使って、保育者や友達に自分の思いを伝えようとする。
- 一日を通してだいぶ落ち着いて過ごせるようになったが、思い通りにならないと手やかみつきが出ることもある。

**ねらい**
- 自分の思いを簡単な言葉で伝える。
- 友達との関わりを知る。

**内容**
- 簡単な言葉やしぐさで自分の思いを伝える。 言葉 表現
- 友達との関わり方を徐々に知る。 人間
- 保育者に仲立ちしてもらいながら、友達と関わって遊ぶ。 人間

**保育者の援助**
- 「〜したかったんだよね」などと代弁し、本児の思いを受け止める。
- 気持ちを落ち着かせて「貸して」など、その場に合った言葉をくり返し伝える。言葉で伝えられたときは十分にほめ、友達との関係を仲立ちする。

**評価・反省**
- そのつど本児の思いを代弁し、受け止めたことで、すぐに気持ちを落ち着かせ、手を出さなくなり少ない言葉ながら伝えようとする姿が増えてきた。
- 手を出さずに友達に思いを伝えようとしている姿を認め、引き続きその場に合った伝え方や言葉を丁寧に知らせていくようにしたい。

**立案のポイント**
好きな遊びで十分に充実感を味わわせ、まず楽しい思い、嬉しい思いをたくさん伝えられるように導きましょう。

###  トイレトレーニング中
### 女児（2歳2か月）

**前月末の子どもの姿**
- 声かけにより嫌がらずにトイレに行き、一度だけ成功したが、出たことに気付かない。パンツでおしっこが出てしまっても気にせずに遊び続ける。
- 言葉で思いを伝えようとすることが増えたが、うまく伝えられないと泣いてアピールする。

**ねらい**
- トイレで排尿することに慣れる。
- 自分の思いを言葉で伝える。

**内容**
- トイレに行き、排尿しようとする。 健康
- パンツが濡れたら知らせる。 健康
- 泣かずに落ち着いて、思いを言葉で伝える。 言葉

**保育者の援助**
- そばで「出るかな？」と声をかけながら排尿を促す。出たときには、「トイレでおしっこが出たよ、すごいね」と一緒に喜び、トイレで出たという感覚を知らせる。
- 「〜って言うんだよ」とその場に合った言葉を伝え、泣かずに言えたときは、ほめて自信につなげる。

**評価・反省**
- 今月も1回はトイレで排尿することができた。「すごいね」と声をかけるととても喜んでおり、意欲につながった。来月も励まして、習慣になるように時間を見てトイレに誘いたい。
- 保育者が本児を落ち着かせてから「〜って言うんだよ」と伝えると、まねをして言えるようになった。しかし、自分から言葉を見付けるのはまだ難しいようだ。その場に合った言葉を来月も伝えていきたい。

**立案のポイント**　おしっこが出る感覚をまだ自覚できないようです。パンツが濡れたか、触って確認する機会をつくりましょう。

---

###  手づかみ食べになる
### 女児（2歳5か月）

**前月末の子どもの姿**
- 「手はダメだよね」「スプーンでね、そうそう上手」と保育者から言われていることを覚えていて、自分で言いながら食具を使って食べる。
- 食べ物を混ぜるなどの遊びはしなくなったが、時間がたつとだんだん手づかみ食べになってしまう。しかし、自分の手が汚れていることに気付くと「手はダメだった」と言う。

**ねらい**
- スプーンやフォークを使って食べる。

**内容**
- 声かけにより、スプーンやフォークを使って食べる。 健康
- 手の汚れやテーブルの汚れに気付いて、スプーンやフォークを使おうとする。 健康

**保育者の援助**
- 自分で意識してスプーンで食べているときは、「上手だね」とほめて自信や意欲を育てる。
- 手づかみ食べのときは、そのつどスプーンを使うように声をかける。手の汚れやテーブルにこぼした汚れにも気付くように声をかけて、スプーンで食べるように促す。

**評価・反省**
- スプーンやフォークを使って食べることをそのつどくり返し知らせたり、「上手だね」とほめたりしたことで、少しずつ意識するようになっている。しかし、すぐに忘れてしまうので、引き続きそのつど声をかけたり、本児の手に保育者の手を添えたりして、お椀に手を添えることなども伝えていきたい。

**立案のポイント**　自分で励ましながらスプーンで食べる姿が微笑ましいです。慣れるまでには時間がかかるので、焦らず付き合いましょう。

11月　個人案文例

# 12月 個人案
### 月齢・行動の違いによる子どもの文例

---

## 配慮が必要な子
### 男児（1歳9か月）

**前月末の子どもの姿**
- 保育室や友達に慣れてきたが、園庭に出ると泣いてしまうことが多い。
- 機嫌がよいときに話しかけると嬉しそうに声を出すが、怒っていたり機嫌の悪かったりするときは低い声でうなる。

**ねらい**
- 生活のリズムが安定し、機嫌よく落ち着いて生活をする。

**内容**
- 保育者と一緒に園庭に出ることに慣れる。【健康】
- 喃語（なん ご）を楽しむ。【言葉】

**保育者の援助**
- 機嫌のよいときは、園庭に出て優しく声をかけ、周囲の景色や風の動きなどを味わえるようにする。
- 本児の好きな「いないいないばあ」などの触れ合い遊びをたくさんしたり、一緒に歌を歌ったりしながら発語を促す。

**評価・反省**
- 様子を見ながら、20分程度の午前寝や遊びに誘ったことで、機嫌よく過ごす時間が増えてよかった。機嫌のよいときに園庭に出ると、周りの景色に興味を示し、手を伸ばす姿が見られるようになった。
- 保護者から本児の好きな歌を聞き、一緒に楽しんだことで、声もたくさん出るようになった。引き続き、保育者が表情豊かにあやしたり、歌を歌ったり、一緒に園庭に出たりして、たくさん声をかけていきたい。

**立案のポイント**
嬉しい声も怒った声も、どちらも大事です。喃語を十分に楽しませ、表現してくれることが保育者には嬉しいことを伝えましょう。

---

## 「うっうっ」で伝える
### 女児（1歳10か月）

**前月末の子どもの姿**
- 「うっうっ」という声や身振りで思いを伝えており、言葉はまだ出ていない。うまく伝わらないとイライラしたり、手やかみつきが出たりすることが多い。こちらが思いを代弁すると納得して、「うっうっ」と言ってうなずく。

**ねらい**
- 自分の思いを、簡単な言葉や身振りによって保育者や友達に伝える。

**内容**
- 簡単な言葉やしぐさで、自分の思いを伝える。【言葉】【表現】
- 保育者の仲立ちの下で友達との関わりを楽しむ。【人間】

**保育者の援助**
- 本児が身振りで知らせようとしていたら、保育者が代わりに「貸してって言うんだよ」などと伝える。本児の気持ちを受け止めながら、その場に合った言葉を知らせていく。
- 思いが伝わらずイライラしてトラブルにならないように、思いをくみ取って代弁し、友達との関わりを仲立ちする。

**評価・反省**
- 友達とのやり取りの際、「貸して、って言うんだよ」と保育者が声かけをすると、「…て」などとまねをしたり、「だだ」などの自分なりの言葉で伝えようとしたりしている。友達との関わりをよく見て、何かあったときにはすぐに保育者が仲立ちすることで、トラブルも少なくなった。来月も友達との関わりを仲立ちし、発語を促したい。

**立案のポイント**
本児なりの表現を受け止め、「〜ということかな？」とゆっくり問いかけましょう。そして、その場で望ましい行動を知らせます。

## 友達が好き
### 女児（1歳11か月）

**前月末の子どもの姿**
- 簡単な言葉が少しずつ出るようになった。友達の名前を呼びながら関わろうとしたり、遊ぼうとしたりする。
- 「これ着る」と、ままごと用のエプロンを持ってきたり、うまく靴下がはけないと近くにいる子に「やって」などとお願いしたりする。簡単な言葉で、相手に何かを伝える。

**ねらい**
- 簡単な言葉のやり取りを楽しむ。

**内容**
- 簡単な言葉でのやり取りをしながら、保育者や友達と楽しく遊ぶ。 人間 言葉

**保育者の援助**
- 友達の名前を呼んで関わろうとしているときは、相手の子との関わりを仲立ちし、一緒に遊ぶ。
- 自分の言いたいことをうまく言葉で表せず、もどかしそうにしているときは、思いを代弁し、「○○って言うんだよ」などと、その場に合った言葉を丁寧に知らせる。

**評価・反省**
- 友達との関わりを仲立ちしたことで、より友達との関わりをもてるようになり、嬉しそうな様子が見られてよかった。
- 友達が「ありがとう」と言うと、「どういたしまして」と返すなど、自分から言葉で伝えられる場面もあるので、更に言葉を増やせるように、友達や保育者と一緒に遊びながら促したい。

**立案のポイント**　友達の名前を呼ぶことが嬉しいのでしょう。仲立ちする際も、どこまでするか兼ね合いを見計らいます。

---

## トイレで遊ぶ
### 女児（2歳5か月）

**前月末の子どもの姿**
- 意欲的にトイレに行き、便座に座ると成功する。
- トイレに行くと、トイレットペーパーを何度も取ろうとしたり、何度も水を流そうとしたりして、遊んでしまう。声をかけてもくり返している。

**ねらい**
- トイレの使い方を覚える。

**内容**
- トイレで遊ばずに排泄しようとする。 健康
- トイレの使い方や、トイレで排泄するときの一つ一つの手順や流れを覚える。 健康

**保育者の援助**
- そばに付いて、1回に使うトイレットペーパーの適量や、トイレの水は1回だけ流すということを、そのつど知らせていく。
- おしっこが成功したときは十分ほめて、「トイレでできた」という自信につなげる。

**評価・反省**
- 保育者がそばに付き、一つ一つ手順を伝えることで、遊ばずにトイレを済ませることができるようになった。習慣化するように、来月もトイレの際はそばに付いて、声をかけていきたい。
- トイレに行くことを習慣化できたら、少し離れたところで見守る。遊ばずにトイレを済ませることができたときは十分にほめて意欲を育てていきたい。引き続き「トイレでおしっこできたね」「水は1回だけ流したんだね」「トイレットペーパーも上手に使えたね」など、その行動を認める言葉をかける。

**立案のポイント**　トイレも子どもにとっては魅力的な空間です。座っているときに、手に玩具を持たせてもよいでしょう。

12月 個人案文例

# 1月 個人案
## 月齢・行動の違いによる子どもの文例

---

### 配慮が必要な子
**男児**（1歳10か月）

**前月末の子どもの姿**
- 「一本橋こちょこちょ」など体を使った触れ合い遊びをすると、嬉しそうに声を出して笑う。
- 園庭に出ても泣くことが少なくなり、つかまり立ちをしたり、葉っぱや砂に触ったりする。
- はいはいを促しても、あまりしようとしない。

**ねらい**
- 体全体を動かして遊ぶことを楽しむ。
- 触れ合い遊びを楽しむ。

**内容**
- 姿勢を変えたり、移動したり、体全体を動かして遊んだりすることを楽しむ。 健康
- 好きな歌や手遊びを一緒に楽しむ。 表現

**保育者の援助**
- いろいろな歌や手遊びを一緒に楽しめるようにする。
- 園庭に出て安全なスペースを確保し、砂や葉っぱなどを口に入れないよう気を付けながら、感触が楽しめるようにする。
- 本児の好きな玩具を前に置いて名前を呼び、はいはいを促す。

**評価・反省**
- 保育カウンセラーとの話し合いや、病院受診の結果などから本児との関わり方を見直し、はいはいをするなど体を動かすことを多く取り入れた。自分で動こうとすることが増えたので、これからも安全な環境をつくり、たくさん遊べるようにしたい。
- 本児の知っている歌をたくさん一緒に楽しみ、気持ちが安定するように関わることができたのでよかった。

 **立案のポイント**
保育者に心を許し、関わりを楽しんでいます。引っ張る玩具などを目の前に置き、はいはいに意欲が出るようにします。

---

### 登園時刻が遅い
**女児**（1歳11か月）

**前月末の子どもの姿**
- ほめられることで意識してフォークを使うようになり、手づかみ食べは少しずつ減っている。
- 登園時刻が10時すぎと遅い日が多くて十分に遊び込めず、おなかもすかないので食事が遊びになりがちであることを保護者に伝えた。早めの登園に協力してもらってからは、登園が早い日はよく食べ、食事中に席を立つことも減っている。

**ねらい**
- 遊ばずに食具を使って食事をする。

**内容**
- スプーンやフォークを使い、正しい姿勢で食べる。 健康
- 遊ばずに意欲的に食べる。 健康

**保育者の援助**
- 手づかみを注意するよりも、上手にできていることをほめるようにし、やる気を育てていく。
- 「手じゃなくてフォークでね」と声をかけるだけでなく、自分で気付くように「手がベタベタだよ。どうしたらいいかな？」などと声をかけていく。

**評価・反省**
- 手づかみを注意するよりも、できたことをほめたり自分で気付くように声をかけたりしたことで、意欲的に食具を使うようになっている。引き続き、同じように声をかけていきたい。
- 登園が遅い日がまだ時々あり、遊び足りないようである。引き続き保護者に様子を伝え、連携を図っていくと共に、他の子どもたちと時差を付けて十分に遊んでから、最後に食事を始めるなどの工夫をしたい。

 **立案のポイント**
保護者に園での姿を伝えることで、生活リズムが改善したことが分かります。声かけは自分で気付けるようにすることが大切です。

## 食事のマナーが課題
### 男児（2歳1か月）

**前月末の子どもの姿**
- スプーンやフォークなどを使い、自分から積極的に食べる。
- 夢中になるとひざを立てたり、ひじを付いたり、食後に口をふく前に、あいさつもせず席を立ってしまったりすることがある。

**ねらい**
- 正しい姿勢で食事をする。
- 食後に「ごちそうさま」とあいさつをしてから席を立つ。

**内容**
- 正しい姿勢で食事をする。 健康
- おなかがいっぱいになったら、ごちそうさまをしてから席を立つ。 健康
- 食後は、おしぼりで口をふく。 健康

**保育者の援助**
- ひざを立てているときは、そのつど正しい姿勢を伝えていく。
- 途中で席を立ってしまいそうなときは、その前にごちそうさまを促し、麦茶を飲んだり、口をふくことを習慣づける。

**評価・反省**
- ごちそうさまをして、口をふいてから席を立つようにくり返し伝えたことで、習慣になったのでよかった。
- くり返し正しい姿勢を伝えていったのだが、まだひざを立てたり、机を押して動かしたり遊んだりする姿は見られる。引き続き、正しい姿勢をくり返し伝えていきたい。

**立案のポイント**　席を立つのはおなかがいっぱいになったサインなのでしょう。楽しい雰囲気で食事をした後は、さっと切り上げましょう。

## 相手を押してしまう
### 女児（2歳5か月）

**前月末の子どもの姿**
- 相手は遊びたくて近くに来たり、声をかけてきたりしているにもかかわらず、特定の子以外は近くに来ただけで押したり、「嫌い」「やだ」と言ったりしてトラブルにつながってしまう。
- 特定の気の合う子とは、楽しそうに遊ぶ。

**ねらい**
- 自分の思いの伝え方を知る。

**内容**
- 保育者の仲立ちの下で、自分の思いの伝え方を知る。 人間
- 相手の思いに気付く。 人間

**保育者の援助**
- 相手をたたいたり、「嫌い」などと言ったりするときには、相手の一緒に遊びたいという思いを伝え、「今は一緒にやりたくないんだね。でも嫌いじゃなくて、後でって言うんだよ」など、関わり方や伝え方をそのつど知らせていく。

**評価・反省**
- とっさに自分で言葉を選んで伝えることはまだ難しいようだが、保育者が伝え方を知らせることで、落ち着いて話すことができるようになってきた。徐々に自分で言葉を選べるように、くり返し伝えたい。
- 自分の気持ちを上手に伝えられたときは十分にほめ、伝えようとする気持ちにつなげていきたい。
- 友達が近づくだけで嫌がってしまう姿はまだ見られるので、本児の好きな遊びを友達がしているところに誘い、一緒に遊ぶ機会をつくっていく。いろいろな友達と遊ぶ楽しさを味わえるようにしたい。

**立案のポイント**　特定の子ども以外には、まだ心を許せないのでしょう。その友達のよさを伝え、親しみがもてるようにしたいものです。

1月　個人案文例

# 2月 個人案

月齢・行動の違いによる子どもの文例

##  配慮が必要な子 男児（1歳11か月）

### 前月末の子どもの姿
- 甘えて抱っこをせがむことが多いが、大好きなぬいぐるみを前に置くと、はいはいする。
- 何か訴えたいことがあると、床に額を打ち付けて表そうとする。
- 好きな絵本に手を伸ばし、読んでもらうとよく見て声を出す。

### ねらい
- 姿勢を変えたり移動したりと、体全体を動かして遊ぶことを楽しむ。

### 内容
- はいはいを楽しむ。 健康
- 喃語を楽しむ。 言葉

### 保育者の援助
- マットを用意したり、はいはいがしやすいようにスペースを確保したりする。
- 喃語に込められている思いを受け止めながら、本児の好きな絵本を読んで話しかけたり、歌を歌ったりして発語を促す。

### 評価・反省
- 保護者にニット帽を用意してもらい、柔らかいマットの上でたくさん誘いかけたことで、安心してはいはいしたり体を動かして遊んだりすることができた。一人でつかまり立ちをしようとする姿も出てきたので、転倒などがないよう十分に注意して見守っていきたい。
- 好きな絵本をたくさん読むことで、声をたくさん出していた。これからもたくさん本を読んだり、話しかけたりしていきたい。

**立案のポイント**　訴えたいときには、額を打ち付けずに声を出せるように援助しましょう。体を動かしてリラックスさせ、喃語を楽しみます。

##  自分なりに話そうとする 女児（2歳1か月）

### 前月末の子どもの姿
- 思いを伝えたいが、なかなか思うように言葉が出ず、時々苦しそうに口をもぞもぞさせる。「○△だよ」と代弁すると、「……△」と語尾だけ発し、一生懸命に言葉を話そうとする。
- イライラしてカッとなったり、手やかみつきが出たりすることは少ない。

### ねらい
- 簡単な言葉のやり取りを楽しむ。

### 内容
- 保育者と簡単な言葉のやり取りを楽しむ。 言葉
- 話せる言葉を増やす。 言葉

### 保育者の援助
- 本児のなかなか言葉にならない思いを読み取り、気持ちを受け止めながら代弁したり、適切な言葉をゆっくりと伝えたりすることで発語を促す。
- 話そうとしている思いを大切に、一語一語、丁寧にくり返し伝えていく。言えたときは十分にほめて自信につなげる。

### 評価・反省
- 遊びや生活の中でやり取りしながら、くり返し代弁したり、伝え方を知らせたりすることで、少しずつだが「ごはん」「バイバイ」などの単語で伝えられるようになった。今後も、自分から伝えられる言葉が増えるように促していきたい。
- 保育者が代弁することでまねをして、本児も口を動かしている。今後も遊びや生活の中で、言葉をたくさん伝えていきたいと思う。

**立案のポイント**　言葉で伝えたい思いはあるのですが、どんな言葉を使えばいいのか分からないでいます。適切な言葉をゆっくり伝えましょう。

## 言葉づかいが乱暴
### 男児（2歳2か月）

**前月末の子どもの姿**
- 言葉がたくさん出るようになり、保育者や友達と簡単な言葉のやり取りを楽しんだり、思いを言葉で伝えたりしようとする。しかし時々、「どけ」などの乱暴な言葉を使う。

**ねらい**
- 簡単な言葉のやり取りを十分に楽しむ。
- 自分の思いの伝え方を知る。

**内容**
- 保育者や友達と、簡単な言葉のやり取りを十分に楽しむ。 言葉
- 保育者の仲立ちの下で、その場に合った言葉や思いの伝え方などを知る。 人間 言葉

**保育者の援助**
- 一緒に遊びながら簡単な言葉のやり取りを楽しむ。
- その場に合った言葉や伝え方をそのつど教えたり、相手の気持ちを知らせたりして、優しく言えるように声をかける。

**評価・反省**
- 乱暴な言葉を使ったときは、そのつど「〜って言うんだよ」と保育者が知らせることで、まねして伝えられる場合が多くなってきた。今後も場面に合った伝え方を知らせたい。
- 自分が納得できなかったり、思いが通らなかったりしたときは、泣いてしまって言葉で伝えられないこともある。そのようなときは少し時間をおき、本児が落ち着いてから保育者も言葉を補いつつ伝えられるように働きかけたい。

**立案のポイント**　よい言葉の使い方をしている際には「お話が上手になったね」と認めながら、そのつど好ましい言い方を伝えましょう。

## 不安定な様子
### 女児（2歳8か月）

**前月末の子どもの姿**
- 年明けから、遊び食べが目立つ。妹の入院から園でも家庭でも赤ちゃん返りし、何でも「いや」と泣くなど、不安定な様子が見られる。父親が出張で平日は不在な日が多く、妹が母親と二人で過ごしていることに不満があってぐずるようである。

**ねらい**
- 遊ばずに意欲的に食事をする。
- 安定して一日を過ごす。

**内容**
- フォークを使った食事に慣れ、正しい姿勢で遊ばずに食べる。 健康
- 家庭や園での気持ちを十分に受け止めてもらい、一日を安定して過ごす。 健康 人間

**保育者の援助**
- 上手にできていることをたくさんほめて、意欲を育てる。また、自分で気付くように声をかける。
- 不安定なので、保護者と連携して、こまめに様子を伝え合う。また、休日に母親と二人の時間をもつようにするなどの対応を一緒に考えていく。

**評価・反省**
- 遊んでいることに自分で気付くようくり返し声をかけ、たくさんほめることで遊ばずに意欲的に食べられるようになった。忘れると手づかみになり、声かけすると食具を使うので、必要に応じて声をかけたい。
- 休日に母親と二人でじっくり過ごすなどの対応を、保護者と共に考えて実行してもらったところ、園でも安定して過ごせるようになったのでよかった。

**立案のポイント**　妹の入院により、母親が自分から離れたような寂しさを感じたのでしょう。連携して子どもに寄り添うと、母も子も落ち着きます。

2月　個人案文例

# 3月 個人案

月齢・行動の違いによる子どもの文例

## 配慮が必要な子
### 男児（2歳0か月）

**前月末の子どもの姿**
- 機嫌がよいときは誘ったり少し離れたところから声をかけたりするとはいはいをするが、すぐに抱っこをせがむ。
- 自分でテーブルなどに手を伸ばし、つかまり立ちをする。
- 機嫌がよいと、保育者の語りかけに対して甘えた声や笑い声などを出している。

**ねらい**
- 体全体を動かして遊ぶ。

**内容**
- はいはいをたくさんする。 健康
- 喃語に込められている思いを受け止められて、楽しく言葉のやり取りをする。 言葉

**保育者の援助**
- 他児も誘って一緒にはいはいをするなど、自分から動けるように誘ってみる。
- 本児の好きな絵本をひざの上で、ゆっくり話しかけながら読むようにする。途中で喃語が出たときには、それに答えながら読み進める。

**評価・反省**
- つかまり立ちをする姿勢がたびたび見られたので、危険がないように環境を整え見守った。喃語にも共感して言葉を促したい。
- はいはい自体の距離はあまり変わらないが、機嫌がよいときや好きな物があると進んではいはいをする。本児の体調にも配慮しながら、体を動かしていけるように保育を進めたい。

**立案のポイント**
はいはいやつかまり立ちなど、全身運動を促しましょう。喃語も十分に受け止め、更に話したい意欲を育みましょう。

## 「バカ」で表現する
### 男児（2歳3か月）

**前月末の子どもの姿**
- 保育者や友達と「貸して」「いいよ」「ありがとう」などの簡単な言葉のやり取りを楽しみながら、遊ぶことも喜ぶ。
- 「バカ」などの言葉で自分の気持ちを伝えようとすることがある。嬉しいときも怒っているときも「バカ」と言う。

**ねらい**
- 言葉の意味を知り、その場に合った自分の思いの伝え方を知る。

**内容**
- 保育者や友達との簡単な言葉のやり取りを楽しみながら、思いの伝え方を知る。 言葉 表現
- それぞれの言葉の意味を知り、言葉を選んで使うようになる。 言葉

**保育者の援助**
- 一緒に遊びながら、簡単な言葉のやり取りを促して楽しむ。
- 使う言葉によっては、言ってはいけないことや、友達が嫌な気持ちになることを伝え、言葉を選んで使うようにくり返し伝えていく。

**評価・反省**
- 一緒に遊ぶ中で、そのつどその場に合った言葉を使って聞かせたり、相手の気持ちを知らせたりしたことで、「バカ」と言うことはなくなったのでよかった。言葉が広がるようこれからもいろいろな言葉の意味を伝えたり、うまく使ったりしながら一緒に遊ぶ中で知らせていきたい。

**立案のポイント**
周りから聞いて「バカ」を覚えてしまったのでしょう。「好き」「すてき」など好ましい言葉で置きかえられるようにしましょう。

## オムツに排便する
### 女児（2歳8か月）

**前月末の子どもの姿**
- 意欲的にトイレに行き、遊ぶこともなくなり、排尿することに慣れる。
- うんちが出る前に「うんち」と言うこともあり、トイレに誘うと気分によってトイレに行くこともあるが、落ち着かないようで、トイレで排泄したことはない。オムツにうんちをした直後に自分でビニール袋などを出してきて、「出た」と知らせることがある。

**ねらい**
- 言葉で尿意や便意を知らせ、意欲的にトイレに行き、排便する。

**内容**
- トイレでの排尿や排便に慣れる。 健康
- 尿意や便意を知らせてトイレに行く。 健康

**保育者の援助**
- 意欲的にトイレに行き、成功したことをほめ、自信につなげる。
- おしっこやうんちが出る前に知らせたときは、無理のない程度にトイレに誘っていく。知らせたことをほめ、次への意欲も育てる。

**評価・反省**
- おしっこやうんちを知らせたことをほめて、自信につなげることができた。出る前に必ず知らせるようになった。
- トイレに行き排尿することには慣れたが、うんちは落ち着かないですぐに立ってしまい、成功することはなかった。引き続き無理のないように進め、トイレでの排便もできるようにしたい。

**立案のポイント**
うんちが出そうなことを知らせるようになっています。周りを囲ったり、保育者が付いたりして安心できるようにしましょう。

## 思いの伝え方が課題
### 女児（2歳9か月）

**前月末の子どもの姿**
- 近づくだけで「嫌い」「やーよ」と言うことが少なくなる。
- 自分の思い通りにならないときに泣き出し、たまたまそばにいる子に対して、何かされたかのように「痛い」と言い出したり、他児の使っている玩具がほしいと泣いて「〇〇ちゃんが取った〜」などと言って保育者に訴えたりして、アピールする。

**ねらい**
- 自分の思いの伝え方を知る。
- 友達との関わり方を知る。

**内容**
- 遊びの中で自分の思いの伝え方を知る。 表現
- 保育者の仲立ちにより、友達との関わり方を知る。 人間

**保育者の援助**
- 一緒に遊びながら、他の子は何もしていないことをそのつどしっかり伝える。
- 物を貸してほしいときには、「取られちゃった」ではなく「貸してね」と言うことや、順番や少し待つということもあるんだと、くり返し知らせる。

**評価・反省**
- くり返し友達との関わりを仲立ちして、その場に合った伝え方を知らせたことで、「取られちゃった」でなく「貸してね」と、自分の思いをきちんと言葉で表して伝えるようになりよかった。
- 「待っててね」と言われると、「後で貸してね」と言って待てるようになった。今後も様子を見守り、必要なときは友達との関わりを仲立ちしたい。

**立案のポイント**
何と言えば自分に有利に事が運ぶかを、周りから学習したようです。望ましい言い方をそのつど伝えることで言葉を獲得します。

3月 個人案文例

## こんなときどうする？ 個人案 Q&A

**Q 個人面談などで、個人案を保護者に見せてもよいものでしょうか？**

**A 原則として、見せません**

個人案に書いた内容を、口答で伝えることは問題ありません。子どもはどんな発達の状況なのか、何を心がけて保育しているのかを知らせることは大切です。けれども、保護者に見せると、「コピーさせてほしい」、「うちは見せてもらっていない」など、保護者からの要望が噴出してしまうでしょう。

**Q よく食べよく遊び、すべてが良好な子どもほど、個人案が書きにくくて困ります。どんな点を見ていけばよいのでしょうか？**

**A 更によい経験を積み重ねられるように**

悪いところを直すことが、保育の本質ではありません。すべてが良好なのは、園の保育が適切だという証拠です。ありのままの姿と、更に経験させたいことを加えながら、「喜んで～することを積み重ねる」という方針で書きましょう。

**Q 排泄や食事などは、一つの「ねらい」に近づくため毎月同じになりますが、よいのでしょうか？**

**A 成長に応じて、変わるはず**

子どもは日々成長していますから、その発達に応じた「ねらい」をステップアップしていきたいものです。「食具を使って食べる」だけで毎月同じにせず、今月は「楽しく会話しながら食べる」など、らせん状に「ねらい」を設定すると、保育者も子どももリラックスできるでしょう。

# 第5章

# 週案・日案の立て方

週ごとに作成する「週案」と、一日単位の「日案」は、最も書く頻度の高い行事などを中心に紹介しています。

# 1歳児の週案 おさえたいポイント

## 一週間のスパンで育ちをとらえる

週案は、各月の指導計画を基に更に具体化して、一週間分の計画を立てたものです。毎週書いている園は少ないかもしれませんが必要に応じて書けるようにしておきましょう。

### 最近の子どもの姿
前週の子どもの育ちの姿や問題のある姿をありのまま書きます。

### 今週のねらい
前週の姿を踏まえ、どのような子どもの姿を願って今週の保育をするのかを書きます。

### 評価・反省
一週間の保育を振り返り、「ねらい」に近づけたか、次週に配慮することは何かを書きます。

---

**4月週案 第3週 ひよこ組**

### 最近の子どもの姿
- 新入園児・在園児共に、少しずつ新しい環境にも慣れ、1日を機嫌よく過ごせるようになる。徐々に生活の流れも覚え、声かけにより進んで身の回りのことを行おうとする。
- 新しい生活への疲れが出てきたようで、体調を崩す子や、午前中に眠くなる子もいる。
- 園庭に出て遊ぶことを喜び、プランターのまだ青いイチゴを見て、赤くなるのを楽しみにしている。

### 今週のねらい
- 新しい環境に慣れる。
- 保育者と一緒に好きな遊びを見付け、機嫌よく過ごす。

### 評価・反省
- 時差を付け、できるだけゆったり、一人一人に関わるようにしたことで、新しい環境に少しずつ慣れ、一日を機嫌よく過ごす子が増えてよかった。
- 大きく体調を崩すこともなく元気に過ごせたのでよかった。疲れが出てくる頃なので、体調の変化には十分に気を付けて保育していきたい。
- 新しい環境に慣れてきた分、活発に動き回って遊ぶようになったので、危険がないように保育者間で声をかけ合い、子どもたちを見守りたい。

| | | ★ 内容 | 環境構成 | 予想される子どもの姿 | 保育者の援助 |
|---|---|---|---|---|---|
| 養護 | 生命の保持・情緒の安定 | ●保育者とゆったりと関わり、新しい環境に少しずつ慣れる。<br>●保育者とゆったりと関わり、安心して生活する。<br>●保育者に見守られながら、ゆったりと食べる。 | ●時差保育で一人一人にゆったりと関わる。<br>●ゆったりと過ごせるようなデイリープログラムをつくる。<br>●時差を付け、少人数でゆったりと食事ができるようにする。 | ●新しい環境に慣れ、安定して過ごせる子もいれば、不安になり泣く子もいる。<br>●新しい環境の疲れから、体調を崩す子がいる。<br>●食事中に眠くなる子がいる。 | ●一人一人が安心して過ごせるように気持ちを受け入れ、個々に合わせて対応する。<br>●疲れやすく体調を崩しやすいので、個々の状態を十分に把握する。<br>●登園の早い子や眠くなる子、園庭でじっくり遊べない子から先に入室して食事を開始するなど、個々に合わせてゆったりと食事ができるようにする。 |
| 教育 | 健康・人間関係・環境・言葉・表現 | ●好きな遊具や玩具で遊んだり、保育者とプランターの花やイチゴを見て遊んだりする。人間 環境<br>●生活の流れを覚え、声かけにより簡単な身の回りのことを自分でしようとする。健康<br>●保育者の言葉を安心した気持ちで聞く。言葉 | ●季節の花を植えたり、イチゴのプランターを見やすい場所に置いたりする。<br>●見通しがもてるように、次の行動へ移るときに何をするのか、そのつど伝える。 | ●花やイチゴを見付けて喜ぶ。<br>●滑り台や三輪車で遊ぶことを楽しんでいるが、まだ転びやすい。<br>●声かけで次の行動に移れる子もいれば、なかなか切りかえることができない子もいる。 | ●安全に気を付け、花やイチゴを見たり、触れたりしながら遊べるようにそばで見守る。子どもの発見や驚きに共感する。<br>●滑り台などの遊具では危険がないように必ずそばに付いて見守る。<br>●次は何をしたらよいのか、何をするのかをそのつど伝え、一緒に行う。やろうとする気持ちをほめて、意欲につなげる。 |

### 内容
「ねらい」を達成するために、どのような経験をさせたいのか、子どもを主語にして書きます。活動よりも充実感や達成感を重視します。

### 環境構成
「内容」を経験させるために、どのような環境を用意するかを、詳しく書きます。

### 予想される子どもの姿
用意した環境の中で、子どもはどのように反応したり遊び始めたりするかを予想します。

### 保育者の援助
保育者がどのような援助をすることで「内容」が経験されるのかを書きます。

# 1歳児の日案

## おさえたいポイント

### 一日の流れと援助の仕方を明確に

日案は、時間に沿って生活の流れを記入します。そして内容を達成するための環境構成と、保育者の援助を具体的に記入します。デイリープログラムとして作成される場合もあります。

### 最近の子どもの姿
ここ数日の子どもの様子や興味・関心をとらえ、「本日のねらいと内容」に関連することを記入します。

### 本日のねらいと内容
その日の「ねらい」と、それに対応した「内容」を関連させて書きます。その日、子どもたちに経験させたいことを明確にする必要があります。

### 評価・反省
その日の保育を振り返り、ねらいに近づいた子どもの姿や、今後への課題を記します。

---

**日案 4月10日 ひよこ組**

#### 最近の子どもの姿
- 新入園児の中には、新しい環境への不安から泣き続ける子や、抱っこを求めて保育者から離れられない子がいる。進級児もその泣き声につられ、甘えたり泣いたりする子もいるが、ほとんどの子は安定して過ごしている。

#### ◆本日のねらいと内容
- <ねらい> 保育者とゆったり関わり、新しい環境に慣れる。
- <内 容> 好きな遊びを見付け、機嫌よく過ごす。

#### ◆評価・反省
- 時差を付けて保育を行うことで、一人一人にゆったりと丁寧に対応することができ、泣く時間も少なくてよかった。今後も丁寧に対応できるように時差を付け、園生活に早く慣れるようにしたい。

| 時刻 | 予想される子どもの生活（活動） | 環境構成 | 保育者の援助 |
|---|---|---|---|
| ～8:30 | 時間外保育より引き継ぎ、順次登園<br>自由遊び（ままごと、ブロック、絵本、体操など） | ●じっくり遊べる子と、泣き続けて遊べない子とに分かれて保育する時間をつくる。 | ●時間外担当の保育者や保護者から子どもの様子を聞き、健康状態などを把握する。 | ●在園児がじっくり遊び込めるように、泣き続ける子（新入園児）を園庭や廊下に抱っこや散歩車で出し、気分転換を図る。<br>●各コーナーで少人数ずつ、じっくり遊べるようにする。 |
| 9:15 | オムツ交換、片付け、手洗い | ●片付けしやすいように、玩具ごとにかごを用意する。<br>●片付けの後、先に手洗いする子と後に手洗いする子に分かれ、後から洗う子は、手遊びなどをして待てるようにする。 | ●オムツ交換は一人ずつ丁寧に行う。<br>●手洗いは水道が混まないように、時差で少人数ずつ丁寧に行えるようにする。 | |
| 9:40 | おやつ（牛乳）<br>園庭遊び（砂場、滑り台、ボールなど） | ●牛乳を飲んだ子から順次園庭へ誘導する。園庭では危険のないよう担任間で連携を図る。 | ●席に着いたら順次あいさつをして牛乳を飲ませ、待たせないようにする。 | |
| 10:20 | 入室、オムツ交換、手洗い | ●一人一人にゆったり関わるために時差で入室する。 | ●時差により入室後の手洗いやオムツ交換にゆったりと関わる。 | |
| 10:40 | 給食<br>着替え | ●待たせないように先に配膳を整える。<br>●眠りたいときにすぐに眠れるように、食べ終わった子から着替えをする。 | ●配膳が整ってから少人数ずつ手を洗い、待たせないよう順次あいさつをしてから食べ始められるようにする。 | |
| 11:30 | 午睡<br>目覚めた子から着替え、オムツ交換 | | ●ゆっくり眠りたい子が目覚めてしまわないように、早く目覚めた子は多目的室で遊ぶようにする。 | ●個々の睡眠リズムに合わせて布団を敷く場所を決める。<br>●絵本コーナーには泣いて早く目覚めてしまう子、食後すぐに寝てしまう子の布団を敷く。安定して眠れる子はブロックコーナーとままごとコーナーに布団を敷く。 |
| 14:30 | 手洗い、おやつ | ●早く目覚めた子は、おやつまで多目的室で遊ばせる。 | ●楽しくおやつを食べられるよう声をかける。 | |
| 16:00 | 散歩車で園庭の散歩をしたり、コスモス（子育て支援センター）の部屋で遊んだりする | ●おやつ後、コスモスに遊びに行ったり、散歩車で園庭を散歩したりする。その間に室内掃除をする。 | ●1歳児クラスにはない玩具の取り合いなどのトラブルには十分に注意して見守り、順番を決めたり一緒に使うように仲立ちをしたりする。 | |
| 16:30 | オムツ交換<br>絵本の読み聞かせ「うえきばちです」「きょうだいなきょうだいな」<br>時間外保育へ引き継ぎ | ●子どもたちの気に入っている絵本を用意し、落ち着いて時間外保育に引き継げるようにする。 | | |

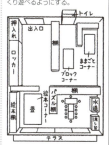

### 予想される子どもの生活（活動）
時間に沿って、戸外遊び・室内遊びの予想される生活や、食事や午睡などの流れを書きます。

### 環境構成
予想される生活で、「内容」を経験するために、どのような環境を準備するかを書きます。

### 保育者の援助
その日、保育者が特に心がけた援助を選んで書きます。

155

# 4月 週案
## 新入園・進級

### 4月週案 第3週 ひよこ組

週案 → P156-P157 4月の週案

#### 最近の子どもの姿
- 新入園児・在園児共に、少しずつ新しい環境にも慣れ、1日を機嫌よく過ごせるようになる。徐々に生活の流れも覚え、声かけにより進んで身の回りのことを行おうとする。
- 新しい生活への疲れが出てきたようで、体調を崩す子や、午前中に眠くなる子もいる。
- 園庭に出て遊ぶことを喜び、プランターのまだ青いイチゴを見て、赤くなるのを楽しみにしている。

| | | ★ 内容 |
|---|---|---|
| 養護 | 生命の保持・情緒の安定 | ●保育者とゆったりと関わり、新しい環境に少しずつ慣れる。<br>●保育者とゆったりと関わり、安心して生活する。<br>●保育者に見守られながら、ゆったりと食べる。 |
| 教育 | 健康・人間関係・環境・言葉・表現 | ●好きな遊具や玩具で遊んだり、保育者とプランターの花やイチゴを見て遊んだりする。[人間][環境]<br>●生活の流れを覚え、声かけにより簡単な身の回りのことを自分でしようとする。[健康]<br>●保育者の言葉を安心した気持ちで聞く。[言葉] |

### 4月の新入園・進級の週案 ここがポイント！

#### 家庭的な雰囲気をかもし出して

少しずつ園に慣れ始めた頃です。初めは緊張していた子どもたちも、ようやく自分を出せるようになり、わがままを言って保育者を試したり、はめをはずしてみたりします。

特定の保育者との絆（きずな）が育まれるように、スキンシップを大切にしながら、家庭的な雰囲気の保育室をしつらえましょう。明るい保育者の表情と声は、何よりも子どもの支えになります。

 保育のヒント

春の草花やイチゴなど、春の陽気の中で自然を見たり触れたりすることで、心がなごみます。進んで園庭やテラスに出て、春の風を感じましょう。

## ◆ 今週のねらい

- 新しい環境に慣れる。
- 保育者と一緒に好きな遊びを見付け、機嫌よく過ごす。

## 評価・反省

- 時差を付け、できるだけゆったり、一人一人に関わるようにしたことで、新しい環境に少しずつ慣れ、一日を機嫌よく過ごす姿が増えてよかった。
- 大きく体調を崩すこともなく元気に過ごせたのでよかった。疲れが出てくる頃なので、体調の変化には十分に気を付けて保育していきたい。
- 新しい環境に慣れてきた分、活発に動き回って遊ぶようになったので、危険がないように保育者間で声をかけ合い、子どもたちを見守りたい。

| 環境構成 | 予想される子どもの姿 | 保育者の援助 |
|---|---|---|
| ●時差保育で一人一人にゆったりと関わる。<br>●ゆったりと過ごせるようなデイリープログラムをつくる。<br>●時差を付け、少人数でゆったりと食事ができるようにする。 | ●新しい環境に慣れ、安定して過ごせる子もいれば、不安になり泣く子もいる。<br>●新しい環境の疲れから、体調を崩す子がいる。<br>●食事中に眠くなる子がいる。 | ●一人一人が安心して過ごせるように気持ちを受け入れ、個々に合わせて対応する。<br>●疲れやすく体調を崩しやすいので、個々の状態を十分に把握する。<br>●登園の早い子や眠くなる子、園庭でじっくり遊べない子から先に入室して食事を開始するなど、個々に合わせてゆったりと食事ができるようにする。 |
| ●季節の花を植えたり、イチゴのプランターを見やすい場所に置いたりする。<br>●見通しがもてるように、次の行動へ移るときに何をするのか、そのつど伝える。 | ●花やイチゴを見付けて喜ぶ。<br>●滑り台や三輪車で遊ぶことを楽しんでいるが、まだ転びやすい。<br>●声かけで次の行動に移れる子もいれば、なかなか切りかえることができない子もいる。 | ●安全に気を付け、花やイチゴを見たり、触れたりしながら遊べるようにそばで見守る。子どもの発見や驚きに共感する。<br>●滑り台などの遊具では危険がないように必ずそばに付いて見守る。<br>●次は何をしたらよいのか、何をするのかをそのつど伝え、一緒に行う。やろうとする気持ちをほめて、意欲につなげる。 |

4月 週案

### 保育のヒント

全体で一斉に動くと、その雰囲気に子どもは恐怖を感じてしまいます。一人一人に応じ、時差を付けて活動に区切りを付けたり、次の活動に誘ったりしましょう。

### 記入のコツ!!

食事に誘うのにも時差を付けますが、どのような子から先に声をかけるかということが明記されています。チームで動く保育者にとって、分かりやすい記述です。

# 7月 週案 水遊び

**7月週案 第2週 ひよこ組**

### 😊 最近の子どもの姿

- 水遊びを毎日心待ちにし、どの子も喜んで遊んでいる。偶然たらいに落ちた帽子が洗濯ごっこに発展し、ハンカチなどを洗濯して干すことを楽しむ。
- 食後に声をかけなくても、月齢の高い子は服が汚れていると自ら着替えようとする姿がある。月齢の低い子も援助されながら、やってみようとする。

CD-ROM 週案 → P158-P159 7月の週案

| | | ★ 内　容 |
|---|---|---|
| 養護 | 生命の保持・情緒の安定 | ●涼しく安全な環境の中で、快適に過ごす。<br>●衛生に留意されて、暑さの中でも健康に過ごす。<br>●手やスプーンを使い、自分で食べたり、援助されながら食べたりする。 |
| 教育 | 健康・人間関係・環境・言葉・表現 | ●衣服の着脱を自分でやろうとする。健康<br>●声を出したり、片言を言ったりすることを楽しむ。言葉<br>●友達と水に触れながら楽しく遊ぶ。環境 人間 表現 |

### 🏷 7月の水遊びの週案 ここがポイント！

**水に触れる気持ちよさを味わう**

　暑い夏ですが、水に触れるとひんやりして心地よいということを十分味わわせたいものです。その際、どのような玩具を何個くらい用意するのかも、具体的に書いておきましょう。

　また、水に関わろうとしない子にはどのようにアプローチするかなど、子どもの動きを予想しながら対策を考えておくことも大切です。子どもの姿を想像し、ワクワクしながら書きましょう。

## ◆ 今週のねらい

- 暑い夏を快適に過ごす。
- 夏ならではの遊びを十分に楽しむ。

## 評価・反省

- 汗をかいて着替える機会が多かったので、着脱にも自然と興味を示し、積極的な姿が多くなった。ズボンがはきやすいように、牛乳パックでつくったベンチを用意したことで、うまく足を通せるようになり、やる気につなげることができた。更に意欲を育てたい。
- 水遊びでは、先週から引き続き洗濯ごっこを楽しんでいたので、ハンカチや人形の服、干すためのハンガーなどを用意すると更に遊びが盛り上がり、十分に楽しめた。今後も続けたい。

| 環境構成 | 予想される子どもの姿 | 保育者の援助 |
|---|---|---|
| ●室内の通気をよくしたり、クーラーを使用したりする。<br>●汗をかいたらシャワーをしたり、こまめに着替えたりする。<br>●手づかみ食べを見守ったり、食具を使う際に手助けをしたりして自分で食べようとする気持ちを大切にしながら、必要に応じて援助する。 | ●暑さで体を動かすことを嫌がり、寝転がっている子もいる。<br>●汗をかくことが多くなり、あせもができる子もいる。<br>●暑さで水分ばかりほしがり、食事が進まない子もいる。 | ●クーラーを使用するときには外気温との差に注意して、快適に過ごせるよう、こまめに調節をする。<br>●遊びの後には、十分な休息を取り、水分補給をする。<br>●皮膚疾患にかかりやすい時期なので、皮膚の清潔に留意し、早期発見や感染防止に努める。<br>●「おいしいね」と言葉をかけたり、食べる援助をしたりする。 |
| ●自分で衣服の着脱がしやすいように牛乳パックでつくったベンチを用意する。<br>●水遊びが楽しめるよう、洗濯ごっこ用ハンカチ、人形の服、干すためのハンガーや洗濯ばさみなどを用意する。 | ●「自分でする」と言い、援助を嫌がるがうまくできず、途中で遊び出したり怒ったりする。<br>●水に触れて遊ぶことを喜ぶ。 | ●自分でしようとする気持ちを受け止めながら、さり気なく手助けをして「自分でできた」という満足感が得られるようにする。<br>●一緒に楽しみながら、一人一人の動きを把握して安全に遊べるようにする。 |

7月 週案

 **記入のコツ!!**
一人一人に対して、手づかみも認めながら、自分で食べる意欲を大切にしていることが分かります。

 **保育のヒント**
牛乳パックでつくったベンチを置くことで、そこに座ってズボンをはくことが促されます。ベンチの座る面にバスタオルを敷くと洗濯しやすく、衛生的です。

 **保育のヒント**
まず自分で食べようとする意欲を育てることが重要です。それを認め、それから手を添えたり言葉をかけたりしましょう。

# 10月 週案 運動会

## 10月週案 第1週 ひよこ組

週案 → P160-P161 10月の週案

### 10月の運動会の週案 ここがポイント！

#### にぎやかな雰囲気を味わう

1歳児にとっては、運動会という行事の全体像はまだつかめません。お兄さんやお姉さんが運動する様子を見て興味をもったり、まねをしたりすることはありますが、連続した取り組みにはなりません。毎日の生活リズムを大切にしながら、機嫌のよいときには運動会に向けたにぎやかな雰囲気の中にひたり、楽しめるようにしましょう。一方、騒がしいのが嫌だと思う場合もあります。その際は、静かな活動ができる空間に導きましょう。

### 最近の子どもの姿

- 運動会で行う体操を喜んで踊っている。園庭で3歳以上児が体操をしていると近くへ行って、一緒に踊ることを楽しんでいる。また、3歳以上児のリレーの練習に興味を示し、「頑張れ」と応援したり、バトンを借りてリレーごっこを楽しんだりする。
- 靴や靴下の着脱を自分でやろうとしている。うまくできないと助けを求める子もいれば、手助けを嫌がる子もいる。

| | | ★ 内　容 |
|---|---|---|
| 養護 | 生命の保持・情緒の安定 | ●体調や生活リズムを整え、健康に過ごす。<br>●気温差に留意されながら快適に過ごす。<br>●こぼしながらもスプーンやフォークを使って自分で食べる。 |
| 教育 | 健康・人間関係・環境・言葉・表現 | ●靴や靴下をはくことを自分でやってみようとする。健康<br>●リズムに合わせ、楽しみながら体を動かす。表現<br>●3歳以上児との交流の中で、運動会に期待をもつ。人間<br>●園庭いっぱいを使った運動会の雰囲気を味わう。環境<br>●「フレーフレー」という応援の言葉を、まねて楽しむ。言葉 |

### 保育のヒント

3歳以上児の活動が、子どもたちにとって刺激になります。近くでまねをしたり、グッズに触らせてもらったりすることで、より世界を広げることができます。

「5領域」の 健康：健康 人間：人間関係 環境：環境 言葉：言葉 表現：表現 を表しています。

## ◆ 今週のねらい
- 運動会に期待をもつ。
- 保育者や友達と、体を動かして遊ぶことを楽しむ。

## 評価・反省
- 体操を楽しみ、3歳以上児の練習を見る中で、運動会に興味や関心、期待をもつことができた。当日も一人一人がその子なりに会を楽しめていたのでよかった。運動会をきっかけに跳んだりくぐったりすることが好きになったので、これからもいろいろな曲を取り入れたい。
- 身の回りのことができたら十分にほめたり、さり気ない手助けをしたりして、自信や意欲を育てることができた。今後も自分でやろうとする気持ちを大切にしながら見守りたい。

| 環境構成 | 予想される子どもの姿 | 保育者の援助 |
|---|---|---|
| ●気温差に合わせ衣服の調節をする。<br>●保護者に調節しやすい衣類を用意してもらう。<br>●食具ですくったり、刺したりしやすいように、食品の大きさを調節して切る。 | ●気温差から体調を崩す子がいる。<br>●厚着をして登園する子がいる。<br>●片手にスプーンを持ちながら、手づかみで食べる。<br>●声かけにより食具を使おうとする。 | ●気温の変化や子どもの健康状態に合わせてこまめに衣服を調節し、一人一人の体調をしっかり把握する。<br>●活発に体を動かして遊びを楽しめるように、薄着を心がける。<br>●食具の持ち方や手の添え方を覚えられるよう、実際に見せたり、言葉で知らせたりする。 |
| ●靴をはく場所が混雑しないように、少人数ずつ行う。<br>●子どもの気に入っている曲や、運動会で行う体操の曲を用意する。<br>●3歳以上児と一緒に体操したり、応援したりする機会をつくる。 | ●自分ではこうとするが、足がうまく入らず手助けを求める。<br>●3歳以上児の運動会の練習を喜んで見る。<br>●3歳以上児の運動会の練習をまねして、一緒に体操をしたり体を動かしたりする。 | ●一人一人に丁寧にやり方を知らせ、できないところはさり気なく手助けをして自分でできたときの喜びを味わえるようにする。<br>●園庭で3歳以上児と一緒に体操をする際は保育者も一緒に体を動かし、楽しさを共有する。3歳以上児の練習を応援することで、当日も興味をもって運動会に参加できるようにする。 |

10月 週案

### 記入のコツ!!
運動会中でも、曲に合わせて体操することを楽しめたことが分かります。どのような動きが気に入ったのかも書いてあり、今後の参考になります。

### 保育のヒント
体を動かすと暑くなり、汗をかくこともあります。衣服を脱いだり着たりして体温を調節し、風邪をひかないようにしましょう。くしゃみが出たら要注意です。

# 3月 週案 進級

## 3月週案 第4週 ひよこ組

### 😊 最近の子どもの姿

- 2歳児の保育室に遊びに行き、「もうすぐあんず(2歳児)組に引っ越しだね」と言い、楽しみにしている。
- 5歳児クラスと一緒に散歩に出かけることや、午睡の後のお手伝い(着替えや一緒におやつを食べる)などの交流を喜んでいる。また、同じ1歳児クラスのたんぽぽ組やすみれ組と一緒に遊ぶ機会を設けると、喜んで一緒に遊ぶ。様々な友達との交流が楽しい様子である。中には雰囲気に慣れない子もいる。

|  |  | ★ 内　容 |
|---|---|---|
| 養護 | 生命の保持・情緒の安定 | ●季節の変わり目を、健康で快適に過ごす。<br>●保育者の声かけにより、片手を皿に添えて食べようとする。 |
| 教育 | 健康・人間関係・環境・言葉・表現 | ●異年齢児と遊ぶことで、様々な友達との関わりを喜び、親しみをもつ。[人間]<br>●進級することを喜び、期待をもって生活をする。[環境][表現]<br>●友達の名前に興味をもってたずねる。[言葉]<br>●保育室内を行き来することで、歩く距離が増える。[健康] |

### 🏷 3月の進級に向けての週案 ここがポイント！

#### 2歳児クラスに憧れを

　探索活動を楽しむ子どもたちにとって、2歳児の保育室は自分たちの部屋にない魅力があるでしょう。触ったことのない玩具、見たことのない絵本、保育室のつくりの違いも新鮮に目に映ります。何度か遊びに行くうちに、ここで遊びたいと思うようになるでしょう。

　また、スムーズに進級するためには保護者の安心が欠かせません。しっかり説明し、不安なく4月が迎えられるようにしましょう。

### 📖 記入のコツ!!

今週、特に力を入れたいことを書きます。「片手を皿に添える」ことが重点目標だと分かります。友達の様子や保育者に示されることで意識していくでしょう。

## ◆ 今週のねらい

- 進級する喜びを感じ、期待をもつ。

## ◆ 評価・反省

- 5歳児クラスとの交流や2歳児クラスへの引っ越しを通して、より進級への期待や喜びへとつなげることができた。「上手だね。もうすぐあんず組（2歳児）になるんだもんね」と声をかけることで、何に対しても意欲的に取り組む姿が見られた。日頃の声かけの大切さを改めて感じたり、子どもたちの成長を感じたりして、嬉しく思った。来週からの新年度のスタートも、自信をもって送り出せる。<u>新担任にしっかりと引き継ぎを行い</u>、子どもたちが一日も早く慣れ、新生活を楽しく過ごせるようにしたい。

| 環境構成 | 予想される子どもの姿 | 保育者の援助 |
|---|---|---|
| ●室内の温度、湿度の調節に留意して、換気をよくする。<br>●一緒に食事をしながら、実際に皿に手を添えて見せる。<br>●会食の際に5歳児の様子を見せ、正しい姿勢や食器に手を添える姿をまねしようとするきっかけをつくる。 | ●寒暖の差が大きく、鼻水が出る子が多い。<br>●食器に手を添えずに食べようとして、こぼすことがある。<br>●保育者や友達のまねをして正しい姿勢で食べようとする。 | ●衣服の調節をこまめに行い、厚着にならないようにする。<br>●体調の変化には十分に気を付け、早めに対応する。<br>●そのつど正しい姿勢や、片手は皿に添えるということを知らせていく。上手にできたときは十分にほめて、自信につなげる。 |
| ●<u>5歳児や1歳児のたんぽぽ、すみれ組と一緒に散歩に行く計画</u>を立てる。<br>●3月中に2歳児の保育室に引っ越しをすることで、進級に向けての雰囲気づくりをする。 | ●5歳児や1歳児のことを「だあれ？」と言って名前を知りたがる。<br>●たんぽぽやすみれ（1歳児）の子と一緒に遊ぶことを喜ぶ。<br>●2歳児の保育室の玩具で、喜んで遊ぶ。<br>●もうすぐ「○○組」と言って、進級することを楽しみにしている。 | ●友達と手をつなぐことを嫌がる子には、気持ちをくみ取り、保育者と手をつなぎ、少しずつ雰囲気に慣れるようにする。<br>●保育室の使い方や玩具の使い方を知らせる。<br>●少し早めに2歳児保育室の生活を始めて、安心して新年度を迎えられるようにすることで、進級する喜びや期待がもてるようにする。 |

3月　週案

## 保育のヒント

1歳児クラスが複数ある場合、2歳児クラスへ進級する際に、同じクラスになるかもしれない友達との出会いの機会をつくり、顔なじみになっておくと安心です。

## 記入のコツ!!

これまでの担任としての思いと、新年度に向けて引き継ぎたいことなどを書いておきます。書くことでより明確になったり、気持ちを整理したりできるでしょう。

# 4月 日案
## 新入園・進級

日案
4月10日
ひよこ組

### 4月の新入園・進級の日案
## ここがポイント！

### 安心できる空間づくりを

　新入園児にとっては、人が大勢いるだけで落ち着かず不安になる場合もあります。保育室を区切ったり、コーナーをつくったりしながら、安心して過ごせる空間をつくりましょう。

　また、保育者と信頼関係をつくる大切な時期です。温かい笑顔とスキンシップで、甘えていいことを知らせながら、優しく関わりましょう。子どもにとっては、園イコール保育者です。保育者のことが好きなら、子どもは安心して登園できるのです。

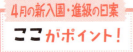

### 最近の子どもの姿

●新入園児の中には、新しい環境への不安から泣き続ける子や、抱っこを求めて保育者から離れられない子がいる。進級児もその泣き声につられ、甘えたり泣いたりする子もいるが、ほとんどの子は安定して過ごしている。

| 時刻 | 予想される子どもの生活（活動） |
|---|---|
| ～8:30 | 時間外保育より引き継ぎ、順次登園<br>自由遊び（ままごと、ブロック、絵本、体操など） |
| 9:15 | オムツ交換、片付け、手洗い |
| 9:40 | おやつ（牛乳）<br>園庭遊び（砂場、滑り台、ボールなど） |
| 10:20 | 入室、オムツ交換、手洗い |
| 10:40 | 給食<br><br>着替え |
| 11:30 | 午睡<br>目覚めた子から着替え、オムツ交換 |
| 14:30 | 手洗い、おやつ |
| 16:00 | 散歩車で園庭の散歩をしたり、コスモス（子育て支援センター）の部屋で遊んだりする |
| 16:30 | オムツ交換<br>絵本の読み聞かせ「うえきばちです」「きょだいなきょだいな」<br>時間外保育へ引き継ぎ |

### ◆ 本日のねらいと内容

<ねらい>●保育者とゆったり関わり、新しい環境に慣れる。
<内　容>●好きな遊びを見付け、機嫌よく過ごす。

### 評価・反省

●時差を付けて保育を行うことで、一人一人にゆったりと丁寧に対応することができ、泣く時間も少なくてよかった。今後も丁寧に対応できるように時差を付け、園生活に早く慣れるようにしたい。

| 環境構成 | 保育者の援助 | |
|---|---|---|
| ●じっくり遊べる子と、泣き続けて遊べない子とに分かれて保育する時間をつくる。 | ●時間外担当の保育者や保護者から子どもの様子を聞き、健康状態などを把握する。 | ●在園児がじっくり遊び込めるように、泣き続ける子(新入園児)を園庭や廊下に抱っこや散歩車で出し、気分転換を図る。 |
| ●片付けしやすいように、玩具ごとにかごを用意する。 ●片付けの後、先に手洗いする子と後に手洗いする子に分かれ、後から洗う子は、手遊びなどをして待てるようにする。 ●牛乳を飲んだ子から順次園庭へ誘導する。園庭では危険のないよう担任間で連携を図る。 | ●オムツ交換は一人ずつ丁寧に行う。 ●手洗いは水道が混まないように、時差で少人数ずつ丁寧に行えるようにする。 ●席に着いたら順次あいさつをして牛乳を飲ませ、待たせないようにする。 | ●各コーナーで少人数ずつ、じっくり遊べるようにする。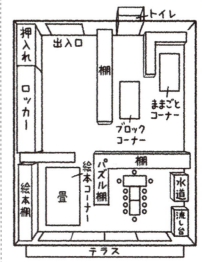 |
| ●一人一人にゆったりと関わるために時差で入室する。 | ●時差により入室後の手洗いやオムツ交換にゆったりと関わる。 | |
| ●待たせないように先に配膳を整える。 ●眠りたいときにすぐに眠れるように、食べ終わった子から着替えをする。 | ●配膳が整ってから少人数ずつ手を洗い、待たせないよう順次あいさつをしてから食べ始められるようにする。 ●ゆっくり眠りたい子が目覚めてしまわないように、早く目覚めた子は多目的室で遊ぶようにする。 ●楽しくおやつを食べられるよう声をかける。 | ●個々の睡眠リズムに合わせて布団を敷く場所を決める。 ●絵本コーナーには泣いて早く目覚めてしまう子、食後すぐに寝てしまう子の布団を敷く。安定して眠れる子はブロックコーナーとままごとコーナーに布団を敷く。 |
| ●早く目覚めた子は、おやつまで多目的室で遊ばせる。 ●おやつ後、コスモスに遊びに行ったり、散歩車で園庭を散歩したりする。その間に室内掃除をする。 ●子どもたちの気に入っている絵本を用意し、落ち着いて時間外保育に引き継げるようにする。 | ●1歳児クラスにはない玩具の取り合いなどのトラブルには十分に注意して見守り、順番を決めたり一緒に使うように仲立ちをしたりする。 | |

# 6月 日案 保育参観

日案 → P166-P167 6月の日案

## 日案 6月20日 ひよこ組

### 最近の子どもの姿
- 靴の脱ぎはき、タオルやエプロンの片付けなど、簡単な身の回りのことを進んでやろうとする。
- 好きな遊びで黙々と遊んだり、友達と一緒にやり取りしたりして遊ぶ。

| 時刻 | 予想される子どもの生活（活動） |
|---|---|
| ～8:30 | 時間外保育より引き継ぎ<br>順次登園（8:30より参観開始）<br><br>自由遊び（ままごと、ブロック、絵本、ミニカーなど） |
| 9:15 | オムツ交換、片付け、手洗い |
| 9:30 | 朝の集まり |
| 9:40 | おやつ（牛乳） |
| 10:00 | 園庭遊び（砂場、三輪車、虫探し、滑り台など） |
| 10:30 | 入室、オムツ交換、手洗い |
| 10:50 | 給食 |
| 11:40 | 着替え<br>午睡 |
| 12:00 | 参観終了 |
| 14:45 | 目覚めた子から着替え<br>オムツ交換、手洗い |
| 15:00 | おやつ<br>散歩車で園庭の散歩 |
| 16:00 | オムツ交換<br>絵本を見る「あーんあん」「くだものだもの」 |
| 16:30～ | 時間外保育へ引き継ぎ |

### 6月の保育参観の日案 ここがポイント！

**日常の様子がすべて出るように**

　保護者が見たいのは、日頃の園での我が子の様子です。どのように園で一日を過ごしているのか知りたいと思って、保育参観にやってきます。もちろん、子どもたちも保護者がいることが分かるので、わざと甘えることもありますが、通常の保育の流れと、日頃の遊びの姿を見てもらえるように配慮しましょう。

　また、人との関わり方が気になる、身の回りのことに無頓着などの一面も保護者に見てもらい、保護者会の場で話し合いたい場面が現れるようにします。

## ◆ 本日のねらいと内容

<ねらい> ●保護者に保育園での子どもたちの生活を見てもらい、成長を感じてもらう。
<内　容> ●保育者や友達と好きな遊びを十分に楽しむ。

## 評価・反省

● 事前に参観の希望日を聞いて日程調整をしたので、混雑なく行えた。
● 担任同士で声をかけ合い、丁寧に対応したので、落ち着いて過ごすことができた。

| 環境構成 | 保育者の援助 | |
|---|---|---|
| ●参観用のデイリープログラムを用意して、1日の流れと参観の見所やポイントを記入して、はる。<br>●かみつきなどのトラブルに配慮し、落ち着いて遊べるように環境を整える。<br>●片付けしやすいようにかごを用意する。<br>●一人一人に丁寧に洗い方を知らせるために、少人数ずつ手洗いに誘う。<br>●子どもの好きな絵本「ふうせんねこ」「くだもの」を用意。<br>●タオルやエプロンを片付けやすいように一つにまとめる。<br>●一人一人にゆったりと関わるために、時差で少人数ずつ入室する。<br><br>●参観に来ている保護者から、子どもの食事の様子が見やすいように席を替える。<br><br>●ズボンの着脱がしやすいように台や椅子を用意する。<br><br>●食べ終わった子から散歩車で園庭へ出て、まだ食べている子が落ち着いて食べられるようにする。<br><br>●絵本を用意して、時間外保育への引き継ぎに配慮した雰囲気をつくる。 | ●時間外担当の保育者や保護者から子どもの様子を聞き、健康状態などを把握する。<br><br>●片付けに意欲がもてるように声をかけ、必要に応じて援助する。<br>●園庭で遊ぶなど、これからの活動を知らせる。<br>●上手にできたことをほめて意欲を育てる。<br>●担任間で連携を図りながら、子どもの居場所や人数を確認する。<br>●入室の際は少人数ずつ入り、落ち着いて過ごせるようにする。<br><br>●アレルギー児がいるので、誤食がないよう保育者同士で声をかけ合う。<br><br>●自分でやってみようとする気持ちを大切にして、必要に応じて援助する。<br><br>●絵本を読み、落ち着いた雰囲気の中で引き継ぎを行う。 | ●参観用の目かくしは、参観期間数日前より用意し、子どもも慣れるようにしておく。<br>●外遊び中は2階テラスより参観してもらう。<br><br>※いつもの様子を見てもらいたいことと、混み合って見にくくならないために、参観は1日2組まででお願いする。そのため、希望日を早めに聞いて調整する。<br><br>●保護者が参観している子は、保護者から食べる様子が見える位置に移動させる。<br>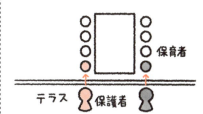<br><br>●参観のアンケート用紙を用意して感想などを記入してもらい、今後の参考にする。 |

6月 日案

# 10月 日案 遠足

日案 10月4日 ひよこ組

### 😊 最近の子どもの姿

● 動きが活発になり、滑り台、三輪車などで体を動かして遊ぶ姿が多く見られる。
● 手をつないで近くの公園まで歩けるようになり、ドングリや落ち葉を見付けて、喜んで触れている。

| 時刻 | 😊 予想される子どもの生活（活動） |
|---|---|
| 8:30 | 時間外保育より引き継ぎ |
| 9:00 | 全員9:30までに登園<br>オムツ交換、集まって「おべんとうのえんそく」の紙芝居を読む |
| 9:40 | 出発 |
| 9:50 | 公園到着（日頃から親しんでいる公園）<br>集合写真<br><br>おやつ<br>遊び（遊具、山登り、虫探し、ドングリ探しなど） |
| 10:25 | 公園を出発 |
| 10:40 | 園到着<br>オムツ交換、手洗い<br><br>水分補給<br>集まり |
| 10:55 | 給食<br><br>着替え |
| 11:50 | 午睡 |
| 14:50 | 目覚めた子から着替え、オムツ交換 |
| 15:15 | おやつ<br>子育て支援センターの部屋で遊ぶ<br>オムツ交換<br>紙芝居読み聞かせ「おべんとうのえんそく」<br>時間外保育へ引き継ぎ |

10月の遠足の日案 ここがポイント！

## お出かけと秋の自然を楽しむ

遠足といっても、いつも行っている公園ですが、季節により様子が変わるので、その時々の公園の風景を楽しみたいものです。子どもも日々成長しており、前回は登れなかったところに登るなど、こちらの予測を超えることもあります。目を離さず十分注意しましょう。

また、園に戻った後は疲れが出るので、十分休息を取り、ぐずる子への対応なども考えておきましょう。

## ◆ 本日のねらいと内容

<ねらい>●秋の遠足の雰囲気を楽しむ。
<内　容>●ドングリや落ち葉などの秋の自然に触れる。
　　　　●遊具の上り下りなどで、体を十分に動かして遊ぶことを楽しむ。

## ◆ 評価・反省

●遠足の前にも散歩に出かけ、公園に親しみをもって遊べるようにしたので、当日もドングリ拾いを喜んだり、山を上り下りしたりするなど戸惑うことなくたっぷりと遊び込めた。時間・場所などに無理がなくて、よかったと思う。

| 環境構成 | 保育者の援助 | |
|---|---|---|
| ●健康観察を行い、子どもの体調を把握する。 | ●遠足に行く前にオムツをきれいにすることとトイレに行っておくことを話し、トイレに誘う。<br>●手を離さないなど歩くときの約束や、一日の流れを話して遠足への期待がもてるようにする。 | ●持って行く物の確認をする。<br>・散歩用リュック（予備のおやつ、着替え、薬など）<br>・携帯電話<br>・ウェットティッシュ<br>・ゴミ袋<br>・カメラ<br>・おやつ<br>・麦茶<br>・ブルーシート<br>・ドングリなどを入れるためのポシェット |
| ●散歩車に乗る子3人と歩く子7人をあらかじめ決めておく。 | ●子どものペースに合わせて歩く。途中で疲れたときには、散歩車に乗っている子と交代する。 | |
| ●到着後に公園内の安全確認を行ってから遊ぶ。 | ●保育者同士で声をかけ合って遊びを分担する。 | |
| ●柔らかいボール2〜3個を持って行く。 | ●危険がないよう見守りながら、一緒に遊びを楽しむ。 | <br>●応援の職員1名に参加してもらう。<br>●事前の環境設定として、目的地の公園に散歩に出かけ、道のりや公園に慣れるようにする。<br>●クラス便りなどで日程や当日の登園時間などを知らせておく。 |
| ●水分補給して落ち着いた雰囲気をつくる。<br>●スムーズに食べ始められるよう、集まっている間に配膳準備をする。<br>●食事中に午睡スペースに布団を用意しておき、疲れから眠くなる子は、すぐに眠れるように布団を敷いておく。<br>●けがのないよう室内で過ごす。<br>●子育て支援センターで遊んでいる間に室内の掃除をする。<br>●好きな紙芝居や絵本を読み聞かせて、ゆったりとした雰囲気づくりをする。 | ●集まりの中で遠足での発見や、楽しかったことを振り返る。<br><br>●一人一人の疲れの度合いに合わせ、ゆっくり起こすようにする。<br><br>●遠足の疲れもあるので、室内でゆったりと過ごす。<br>●日中の疲れもあるので、引き継ぎの際に子どもの様子を時間外担当の保育者にしっかり伝える。 | |

10月 日案

## こんなときどうする？ 週案・日案 Q&A

### 週案

**Q** 研修会があるので、いつもは計画していない週案を書くことに。月案にはない新たな「ねらい」が入ってもよいのでしょうか？

**A** その週に必要な「ねらい」は入れる

園によって通常立てる計画は違うので、特別に書くこともありますね。週案は月案よりも具体的になるので、項目によっては月案で言及していない「ねらい」も週案に入れたくなることがあります。その方が、より分かりやすい週案になるのなら、入れた方がよいでしょう。

### 日案

**Q** 日案での環境構成図や遊びの内容など、やる保育者が分かっていれば書かなくてもよいのでしょうか？

**A** だれが見ても分かるように書く

日案は、自分のためだけに書くのではありません。第三者が見ても、このクラスでどのような保育が展開されるのかが伝わらなければならないのです。環境構成図はもちろんのこと、予想される遊びや準備する物まで、だれにでも分かるように詳しく記入します。

### 日案

**Q** 日案の「保育者の援助」をできるだけ具体的に書くよういわれました。どこまで書けばよいのでしょうか？

**A** 自分の保育が目に見えるように

計画している遊びの内容や、歌う曲目、読む絵本のタイトルなども書きます。準備する教材の個数も必要です。また、「〜する子には、〜」というように、子どもの動きを予想しながら、その対応についても明記します。

# 第6章

# 保育日誌の書き方

保育終了後に記入する「保育日誌」は、園行事や戸外・室内などの活動ごとに使いやすい記入例を紹介しています。

# 1歳児の保育日誌

年間指導計画をはじめ個人案などは、計画ですから保育前に記入するものですが、この保育日誌は、保育後にその日を振り返りながら記入するものです。どのような保育をしてきたかが分かり、子どもの姿が見えるように記入しましょう。

**おさえたい3つのポイント**

## 子どもと暮らす喜びをかみしめる

　子どもと共に一日を過ごすと、嬉しいこともあれば、思うようにいかず苦労することもあります。保育者の一日は、子どもたちの泣き笑いに彩られた小さな出来事の積み重ねです。てんやわんやで終えた一日も、子どもたちが帰った後に振り返ってみると、ちょっとした子どもの一言を思い出して吹き出したり、3時間も泣き続けた子どものエネルギーに脱帽したり、いろいろな場面がよみがえってくるでしょう。あの子が友達をかまないようにとあれほど気を付けていたのに、不意にパクッとかみ、トホホな気持ちになることも。

　それらのたくさんの出来事の中から、今日書いておくべきことを選び出します。「ねらい」を達成した嬉しい場面や、うまくいかなかったことで保育者間で手立てを講じなければならない場面を、子どもの表情やしぐさなども分かるように書くのです。

　そして、そのような姿が表れたのは、どのような要因があったのか、どのような援助や環境が有効だったのかを考察します。うまくいかなかった場合には、どうすればよかったのかを別の援助の可能性を考えて記したり、明日からはどのように関わろうと思うのかを書いたりします。

　スペースは限られています。複数の保育者がチームで保育をしているので、共通理解しておかなければならないことを中心に書きましょう。

　保育日誌は、計画が適当だったかを実施の過程から検証していくものです。子どもの真実の姿をとらえて考えることで、確かな保育となります。

### ① 育ちが感じられた場面を書こう

「ねらい」の姿に近づいている嬉しい場面を、なぜそうできたのか、周りの状況も合わせて記すのが基本ですが、保育者が最も心に残った場面を書いてもよいでしょう。心に残るとは、それだけ心を動かされて何かを感じたということだからです。ハプニングなども書いておきます。

### ② その育ちを支えたのは何かを考える

　放っておいて勝手に子どもが育ったわけではありません。保育者が心を込めて用意した環境や温かい援助が功を奏することもあれば、友達の影響や不意のハプニングが要因になることもあります。何が子どもの育ちにつながるのか見抜く目を養うことが、保育力を高めます。

### ③ 書き切れないことは、自分のノートに

　園で決まっている用紙には、ほんの少ししか書けないことが多いようです。そんな場合は自分の記録ノートに、エピソードを具体的に詳しく、思い切り書きます。書いているうちに、そのときの子どもの気持ちや、自分はどう援助すればよかったか見えてくることが多いものです。

### 主な活動
その日の主な出来事や遊び、ハプニングについて記します。後で見直した際に、こんなことがあった日だとすぐに思い出せることが大事です。

### 子どもの様子
一日のうちで最も嬉しかったり困ったりした印象的な場面を、子どもの姿がリアルに浮かび上がるように書きます。事実のみ記載します。

### 評価・反省
子どもの様子で書いた場面を、保育者はどうとらえて何を思ったか、保育者の心の内を書きます。ありのままの思いと明日への心構えを記入します。

## ●避難訓練

| | 主な活動 | 子どもの様子 | 評価・反省 |
| --- | --- | --- | --- |
| 4/20 | ●避難訓練（地震）<br>●園庭遊び（砂遊び、虫探し、滑り台など） | ●今年度初の避難訓練であったが、みんな落ち着いていた。声かけですぐに保育者のそばに集まり、「しーだよ」の声かけで「しーっ」と言って、スムーズに避難できた。怖がって泣く子もいなかった。訓練後は、園庭に出て元気に遊んだ。 | ●「大丈夫だよ」「静かにね」と穏やかに話しかけ、バタバタした雰囲気にならないようゆったりと関わった。怖がらずに速やかに集まれた。放送の間、その場で静かに座って待つこともできたのでよかった。伝わる声のかけ方を改めて実感した。 |

## ●室内遊び

| | 主な活動 | 子どもの様子 | 評価・反省 |
| --- | --- | --- | --- |
| 4/27 | ●室内遊び（楽器遊び、ダンス、お絵かき、パズル、穴落としなど） | ●朝からの雨で室内遊びが2日続いたが、楽器（鈴）を鳴らしながらダンスをして体を動かすコーナーと、机上で遊ぶコーナーとの2つに分け、少人数ずつで遊んだので、トラブルもなく落ち着いて遊び込めた。 | ●2日続けての室内遊びであったが、飽きることなく、どの子も遊びに集中していたのでよかった。体を動かせる場と机上でじっくり遊ぶ場に分け、少人数で遊んだので、とても落ち着いて遊べた。今後も環境の設定を工夫したいと思う。 |

# 4・5月 保育日誌

## ●避難訓練

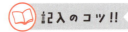 記入のコツ!!

「しーだよ」と声をかけたことで、子どもたちが落ち着いて避難できたことが分かります。具体的な言葉を書いておくようにしましょう。

| | 主な活動 | 子どもの様子 | 評価・反省 |
|---|---|---|---|
| 4/20 | ●避難訓練（地震）<br>●園庭遊び（砂遊び、虫探し、滑り台など） | ●今年度初の避難訓練であったが、みんな落ち着いていた。声かけですぐに保育者のそばに集まり、「しーだよ」の声かけで「しーっ」と言って、スムーズに避難できた。怖がって泣く子もいなかった。訓練後は、園庭に出て元気に遊んだ。 | ●「大丈夫だよ」「静かにね」と穏やかに話しかけ、バタバタした雰囲気にならないようゆったりと関わった。怖がらずに速やかに集まれた。放送の間、その場で静かに座って待つこともできたのでよかった。伝わる声のかけ方を改めて実感した。 |

## ●室内遊び

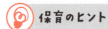 保育のヒント

雨の日は室内の人口密度が高くなり、トラブルも起きやすいもの。体を動かす場、静かに遊ぶ場を設定することで成功しています。

| | 主な活動 | 子どもの様子 | 評価・反省 |
|---|---|---|---|
| 4/27 | ●室内遊び（楽器遊び、ダンス、お絵かき、パズル、穴落としなど） | ●朝からの雨で室内遊びが2日続いたが、楽器（鈴）を鳴らしながらダンスをして体を動かすコーナーと、机上で遊ぶコーナーとの2つに分け、少人数ずつで遊んだので、トラブルもなく落ち着いて遊び込めた。 | ●2日続けての室内遊びであったが、飽きることなく、どの子も遊びに集中していたのでよかった。体を動かせる場と机上でじっくり遊ぶ場に分け、少人数で遊んだので、とても落ち着いて遊べた。今後も環境の設定を工夫したいと思う。 |

## ●戸外遊び

 保育のヒント

できるつもりでいる誤解があるからチャレンジできるのです。誤解をキープし、上手に援助して慣れさせましょう。

| | 主な活動 | 子どもの様子 | 評価・反省 |
|---|---|---|---|
| 5/17 | ●園庭遊び（スクーター、砂場、虫探しなど） | ●三輪車やスクーターに興味が出てきたようで、乗ったり押したりしている姿が増えてきた。まだ上手に扱えず、倒れそうになることも多い。一人で乗ることを喜び、手助けされることを嫌がる子もいる。 | ●三輪車やスクーターを3歳以上児がスイスイと乗っているのを見て、自分たちもできるつもりで乗るので、倒れそうになることもまだ多い。やりたい気持ちを受け止めながら、危険のないようにさり気なく手助けをしていきたい。 |

## ●園庭遊び中に地震あり

 記入のコツ!!

突発的な事態についても、そのときの様子や対応をきちんと書き記しておく必要があります。安全な避難のための資料となります。

| | 主な活動 | 子どもの様子 | 評価・反省 |
|---|---|---|---|
| 5/20 | ●園庭遊び（スクーター、三輪車、砂場など）<br>●9:50地震発生、避難する | ●園庭に出てすぐに地震があった。子どもは外に4人、室内に5人と分かれていた。外ではそれぞれの場で遊んでいたが、呼ぶとすぐに担任のところに走ってきた。手の空いている保育者にお願いし、速やかに集まることができた。 | ●園庭で一人の保育者が子ども4人を見ていたが、どこでだれが遊んでいるのかをしっかり把握していたので、速やかに集まり避難できた。日頃から気を付け、急な地震でも慌てずに行動できるようにしたい。手の空いている保育者と連携を図れたのでよかった。 |

# 6・7月 保育日誌

## ●室内遊び／保育室の交換

 室内遊びが続く場合、時々は同年齢の他クラスと保育室を交換すると、玩具や環境づくりの違いから新鮮な気分で遊べます。

| | 主な活動 | 子どもの様子 | 評価・反省 |
|---|---|---|---|
| 6/13 | ●室内遊び（1歳児たんぽぽ組と保育室を交換して、ままごと、ブロック、パズルなど） | ●雨のため、たんぽぽ組（1歳児）と保育室を交換して遊んだ。たんぽぽ組の保育室に慣れてきて、お気に入りの玩具をすぐに探し出す姿が見られる。カウンターにお店をつくると、「いらっしゃいませ」「ありがとう」などのやり取りを盛んにしていた。 | ●雨の日に他クラスと保育室を交換することで、新鮮な気持ちで過ごせた。お店屋さんのカウンターをつくったことで、簡単な会話のやり取りが盛んに見られるようになった。その状況に合った場をこれからも用意し、遊びがより盛り上がるようにしていきたい。 |

## ●戸外遊び／内科検診

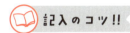 気温の変化により、昨日までの様子と違う場合には、健康状態のことも含めて詳しく記載します。

| | 主な活動 | 子どもの様子 | 評価・反省 |
|---|---|---|---|
| 6/30 | ●園庭遊び（砂遊び、三輪車、滑り台など）●内科検診 | ●今日はかなり暑く、水分をほしがり食欲が落ちている子が数人見られた。水分をたくさんとるからか、うんちが緩めの子もいた。暑くて寝転がり、元気のない子もいる。内科検診では泣く子もおらず、上手に診てもらうことができた。 | ●暑い日が続き、体調を崩し始めている様子もあるので、一人一人の状態をしっかりと把握したい。家庭とも早めに連絡を取り、様子を伝えていきたい。エアコンなども適切に取り入れ、過ごしやすい環境を心がけたい。 |

## ●音楽鑑賞

 子どもたちが楽しみにしていたイベントについても、様子を詳しく書いておくと次年度の参考にもなります。

| | 主な活動 | 子どもの様子 | 評価・反省 |
|---|---|---|---|
| 7/22 | ●歌のお姉さんによる歌のコンサート。「アンパンマンのマーチ」「となりのトトロ」「さんぽ」など | ●父母会のコンサートで「歌のお姉さんが来てくれるんだって」と言うと「アンパンマンの歌がいい」と言ってワクワクしながらホールへ向かった。大きな音に初めは少し戸惑っていたが、知っている曲に喜び、手拍子をしたり、歌ったりしていた。 | ●3歳以上児の大きなあいさつの声で不安になる子がいたが、コンサートが始まると楽しそうに曲を聞いていたのでよかった。知っている曲が多く、保育室に戻ってからも口ずさんでいた。今後もいろいろな歌を一緒に楽しんでいきたい。 |

## ●スイカ割り大会

 スイカ割りの活動に参加したことで、どのような育ちにつながったかを考察しています。食育にもなっていることが伝わります。

| | 主な活動 | 子どもの様子 | 評価・反省 |
|---|---|---|---|
| 7/27 | ●園庭遊び（砂場、三輪車など）●スイカ割り大会 | ●3歳以上児のスイカ割り大会を見に2階のホールに行った。スイカ割りが始まる前に、丸めた新聞紙の棒を借りて、スイカ割りを体験した。実際に大きなスイカを手でたたいたり、3歳以上児の本格的なスイカ割りの様子を応援したりして、とても喜んでいた。 | ●スイカ割りはとても楽しく参加できたのでよかった。給食でスイカが出ると、「エイッてした」「上手にできた」などの言葉が聞かれた。体験したことを言葉で表せるようになったと感じ、嬉しく思った。 |

# 8・9月 保育日誌

## ●水遊び

**保育のヒント**　ただ水と関わって遊ぶだけでなく、洗濯という生活に必要な活動の再現遊びになったところに意味があります。

| | 主な活動 | 子どもの様子 | 評価・反省 |
|---|---|---|---|
| 8/9 | ●水遊び（洗濯ごっこ） | ●たまたま、たらいの中に帽子を落とした子に「お洗濯するの？」と一人の子が言うと、みんな一斉に「お洗濯ー」と言って帽子を洗い出して楽しんだ。満足すると「先生、はい。キレイしたから。干してね」と言って干してもらい、喜んでいた。 | ●洗濯を楽しんだので、明日はハンカチなどを用意して、また洗濯ごっこをしたいと思う。いろいろと楽しい遊びを取り入れたい。また、水遊びができず見学している子も、飽きずに遊べるように考えていきたい。 |

## ●縦割り遊び

**記入のコツ!!**　5歳児のお店屋さんごっこにお客さんとして参加し、発達に必要な様々な経験を重ねたことが伝わります。

| | 主な活動 | 子どもの様子 | 評価・反省 |
|---|---|---|---|
| 8/24 | ●お店屋さんごっこ（5歳児ばら組によるお店屋さんで、食べ物コーナー、お菓子コーナー、ゲームコーナー、おもちゃコーナーなど） | ●朝からお店屋さんごっこを楽しみにしていた。ままごと用のバッグを渡すと大喜びし、食べ物コーナーやゲームコーナーなど、思い思いのコーナーで買い物を楽しんだ。バッグをどこかに置いてお店の見学に夢中な子もいた。 | ●普段使い慣れているままごと用のバッグを持参したので、十分に買い物を楽しめた。「くださいな」「どうぞ」などの言葉のやり取りも、日頃から楽しめるようになっているタイミングだったので、お店屋さんごっこを楽しめてよかった。 |

## ●戸外遊び

**記入のコツ!!**　順番を待つということが、2歳児と共にした滑り台の経験により、徐々に身に付いていることが分かる記述です。

| | 主な活動 | 子どもの様子 | 評価・反省 |
|---|---|---|---|
| 9/6 | ●園庭遊び（滑り台、砂遊び、スクーターなど）<br>●シャワー | ●2歳児が大きい滑り台で遊んでいたので興味を示し、滑り台へと向かった。「ちゃんと並んでね」の声かけで並び直す子もいれば、声をかけられても横から無理やり入ろうとする子もいたが、何度か声をかけているうちに並ぶようになった。 | ●手洗いなどで、順番を理解して待てるようになったので、滑り台でも声をかけると並ぶようになった。生活や遊びの中で、順番を待つことを伝えていきたい。待てたときは十分ほめて、意欲を育てたい。 |

## ●戸外遊び／リレー

**記入のコツ!!**　成長に驚いた保育者の心の動きが伝わります。今後の心構えも記してあり、よい書き方です。

| | 主な活動 | 子どもの様子 | 評価・反省 |
|---|---|---|---|
| 9/30 | ●園庭遊び（3歳以上児のリレーの応援、砂遊び、三輪車など） | ●5歳児がリレーをしていたので「危ないから終わるまでここから出ないで頑張れーってしてね」と言うと「分かった」とその場に座り、終わるまで応援しながら待っていた。その後、バトンを借りて2歳児とリレーごっこを楽しんだ。 | ●こちらの話を理解して行動している姿に、成長を感じた場面だった。月齢の低い子も理解していたのでびっくりした。話を理解して行動する力が付いているので、しっかりと分かりやすい言葉で伝えるように心がけたい。 |

# 10・11月 保育日誌

## ●運動会前日

 運動会前日といっても、1歳児にとっては日常と同じですが、少し華やいだ雰囲気の中で体操などの運動を楽しめるようにします。

| | 主な活動 | 子どもの様子 | 評価・反省 |
|---|---|---|---|
| 10/14 | ●園庭遊び（砂場、三輪車、体操など） | ●園庭に出ると3歳以上児が明日の運動会に向け体操をしていた。人気曲が耳に入ると走って行き、一緒に踊っていた。砂場にいた子も自然と体が動くようで、時々手を上げていた。人混みが苦手な子も、離れたところで一人で踊っていた。 | ●体操は日頃から楽しんでいるので、明日もいつものように体が動き、楽しめるとよいと思った。人混みが苦手な子は、当日は泣いたり戸惑ったりすると思われるので、普段は楽しんでいることを保護者に知らせ、安心してもらえるようにしたい。 |

## ●劇遊び

 「キノコが入っていたら当たり」と遊びにしたことで、苦手な子どもも食べられるようになる雰囲気がつくられます。よいアイデアです。

| | 主な活動 | 子どもの様子 | 評価・反省 |
|---|---|---|---|
| 10/20 | ●園庭遊び（三匹のこぶたごっこ、七匹のこやぎごっこ）<br>●室内遊び（大きなカブごっこ） | ●火曜日から遊びが続いており、「三匹のこぶたごっこ」ではオオカミ役の保育者がフーッとハウスを吹くまねをすると、大喜びした。<br>●給食の野菜スープを出すときに、「キノコが入っていたら当たりだよ」と言うと、喜んでシメジを探して食べた。 | ●絵本のまねっこごっこが盛り上がっている。子どもが今、楽しいと思うことをきちんと受け止め、より遊びが盛り上がるようにしたい。<br>●給食時、「キノコを探せ！」の遊びをすると、いつも野菜を残す子も食べていた。今後も声かけを工夫したい。 |

## ●総合避難訓練

 毎月の訓練とは違い、消防車や消防士さんも来る一日。特別な雰囲気を感じながら、より火事に対する理解が深まります。

| | 主な活動 | 子どもの様子 | 評価・反省 |
|---|---|---|---|
| 11/9 | ●総合避難訓練（車両見学、消火訓練、スモーク体験の見学など）<br>●保育参観（保護者1名） | ●火災の放送が入ると、しーっと言って、静かに集まった。「お外に逃げるよ」と言うとすぐに立ち上がり、スムーズにワゴン車へと乗り込み、避難できた。園庭に消防士がたくさんいたので「みんなが上手かなって見に来てるんだよ」と言うと納得していた。 | ●放送が入ったら「しーっだよ」といつも知らせているので、すぐに静かになり耳を傾けていて、成長を感じた。いつもとは違う訓練だったが、日頃の積み重ねが生かされていたと思う。日々の積み重ねを大切にしたいと改めて感じた。 |

## ●給食時

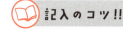 保育者の言葉かけ次第で、子どもの食材に対するイメージが変わることが分かります。書き留めておき、みんなで活用しましょう。

| | 主な活動 | 子どもの様子 | 評価・反省 |
|---|---|---|---|
| 11/30 | ●園庭遊び（スクーター、三輪車、滑り台、砂遊び）<br>●体験保育（午前中、親子1組） | ●給食のみそ汁の具がカブだった。カブが嫌いなRちゃんに、「これは大きなカブのおじいさんのスープだから、ちょっと食べてごらん」と声をかけると、嫌いなはずのカブを「おいしい」とペロリと全部食べた。また、他の子どもたちも喜んで食べた。 | ●Rちゃんは、カブと聞いて絵本の「大きなカブ」を思い出した。「おじいさんのカブのスープだよ」と声をかけたことにより、嫌いな野菜を全部食べたことに驚くと共に、声かけの工夫の大切さを改めて感じた。楽しく食事をするよいきっかけになった。 |

# 12・1月 保育日誌

## ●もちつき大会

 前もって話し期待感を高めておくことで、プラスイメージが広がり、活動はより楽しくなります。

| | 主な活動 | 子どもの様子 | 評価・反省 |
|---|---|---|---|
| 12/7 | ●もちつき大会、散歩（すみれ組と一緒に園の周りを1周、遊歩道でかけっこ） | ●集まりのときにもちつきの話をすると、みんな目を輝かせて「ペッタンする！」と言って、おやつや身支度をあっという間に済ませた。保育者のもちつきを応援し、一人10回ほどもちつきをした。「上手にできたよ」と、どの子も笑顔だった。 | ●朝の集まりで話したことでワクワク感が出て、見通しをもつこともでき、身支度に積極的な姿があった。見通しのもてる声かけは大切だと感じた。<br>●もちつきは、どの子も楽しめたことが笑顔から伝わってきた。 |

## ●お楽しみ会

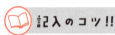 子どもたちが楽しんでいる様子を生き生きと描写できています。「楽しんだ」だけではなく、具体的な記述になっています。

| | 主な活動 | 子どもの様子 | 評価・反省 |
|---|---|---|---|
| 12/20 | ●3歳未満児のお楽しみ会（パネルシアター、2歳児による合奏、体操） | ●ホールに行く前にクリスマスの曲を流すと手拍子をしながら歌っていた。「サンタさん来るかな？」と言い、お楽しみ会を心待ちにしていた。パネルシアターが始まり、「赤鼻のトナカイ」が流れると「あっ」と言って、一緒に歌っていた。 | ●ホールへ行く前にクリスマスの曲を聞いたことで、お楽しみ会への期待が高まりよかった。会でも「赤鼻のトナカイ」などの知っている曲が流れたことで、楽しい時間を過ごせたと思う。これからもクリスマスの歌を多く取り入れたい。 |

## ●製作遊び

 福笑いをつくることで、顔に何があるか一つ一つの部位を意識することができます。置き方によって表情が変わることにも気付きます。

| | 主な活動 | 子どもの様子 | 評価・反省 |
|---|---|---|---|
| 1/20 | ●製作（福笑い） | ●のりを使って福笑いの製作を行った。見本をつくって置いておき、パーツを渡すときに「目だよ」「鼻だよ」と言って渡すと、自分の目に当てて「これだね」と言ってからパーツをはった。のりの量がよく分からず、大量に取ってしまう子もいた。 | ●見本を用意し、パーツの説明をして渡したことで、考えながら台紙にはり付けることができた。月齢の低い子も顔らしくつくれたので、顔をつくるという福笑いの意味を理解したと思う。のりの量がうまく調節できていないので、機会をつくってくり返し伝えたい。 |

## ●人形劇鑑賞

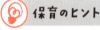 プロの人形劇を見ることで、十分に物語の世界に入って楽しむことができたでしょう。絵本で感動を呼び起こすのはよい試みです。

| | 主な活動 | 子どもの様子 | 評価・反省 |
|---|---|---|---|
| 1/26 | ●劇団花かごによる人形劇（「くまさんくまさん」「大きなぼうし」「おだんごパン」「おサルのもんちゃん」） | ●劇が始まりクマが登場すると、子どもたちの顔がパッと明るくなり、どんどん引き込まれた。不安そうにしていたSくんも大喜びで見ていた。特に「おだんごパン」は印象深かったようで「キツネ悪いね。パン食べちゃったね」と保育室に帰っても言っていた。 | ●子どもたちは小さな人形たちの登場で安心したのか、どの子も夢中になり、会を十分楽しんだ。中でも「おだんごパン」は印象深かったようで、保育室に帰ってからもその話題が多かった。絵本を用意して、もう一度楽しみたいと思う。心に残った話を大切にしたい。 |

# 2・3月 保育日誌

## ●保育室の交換

 記入のコツ!!

いつもと違う保育室で何に興味をもち、どのように遊んだのか具体的に書いておくと、通常の保育室での環境の工夫にもつながります。

| | 主な活動 | 子どもの様子 | 評価・反省 |
|---|---|---|---|
| 2/14 | ●ゆり組（3歳児）での室内遊び（指人形、ままごと、パズルなど） | ●ゆり組には時々遊びに行っていたので喜んだ。男の子はすぐにウルトラマンの指人形を取り出し、女の子はままごとコーナーやパズルを楽しむ姿が見られた。一番月齢の低いRちゃんが、トランプを指差して、たどたどしく「数字の1はなーに？」と歌い始めた。 | ●Rちゃんにトランプは難しいと思ったが、「すうじの歌」が好きなRちゃんはトランプの数字を眺めていたのだと気付いた。じっと見ているだけでも本人は楽しんでいたのだから、絵カードをすすめたのは余計な声かけだったと反省した。 |

## ●室内遊び

 保育のヒント

クラスにより玩具が異なるので、普段から時々は好きな保育室で遊べるようにすると、子どもの経験が豊かになるでしょう。

| | 主な活動 | 子どもの様子 | 評価・反省 |
|---|---|---|---|
| 2/20 | ●もも組（2歳児）での室内遊び（ピンセット、ままごと、ストロー落としなど） | ●もも組には手先を使う玩具が多くあったが、飽きてしまって走ったり、取り合ってトラブルになったりすることはなく、どの子も座ってじっくりと取り組んでいた。いつも友達の物がすぐほしくなり力ずくで取ろうとする子も、一人でじっくり遊んでいた。 | ●もも組には細かいパーツの手先を使う遊びが多く、とても新鮮だったようだ。集中して遊び込んでいたので、クラスにも成長に合わせて少しずつ手先を使う玩具を取り入れたいと思った。子どもの成長に合った玩具や遊びを考える必要があると強く感じた。 |

## ●卒園式

 記入のコツ!!

いつもと違う園の特別な雰囲気を感じたことでしょう。進級の喜びを感じているところに成長がうかがえます。

| | 主な活動 | 子どもの様子 | 評価・反省 |
|---|---|---|---|
| 3/13 | ●室内遊び（シールはり、ブロックなど）<br>●卒園式 | ●式の前に、いつも手伝いや遊びに来てくれたばら組さんを廊下で拍手で見送った。すてきなスーツやはかま姿に身を乗り出したり、よく知っているお兄さんを「おーい」と呼んだりした。自分たちももうすぐあんず組（2歳児）だと、しきりに言う姿もあった。 | ●いつもと違うすてきなばら組さんに「おめでとう」と言ったり拍手をしたりしている姿に、この一年で本当に成長したなと改めて思った。進級に対しても、期待する気持ちが芽生えたようだ。その気持ちを大切にし、進級に向けて残りの日々を過ごしたい。 |

## ●散歩

記入のコツ!!

春を感じる散歩のひととき、評価の欄に出来事のみが多くならないようにします。子どもたちの様子やよかった点が記してあるよい例です。

| | 主な活動 | 子どもの様子 | 評価・反省 |
|---|---|---|---|
| 3/26 | ●散歩（オムレツ公園で、滑り台など） | ●8名でワゴン車なしで歩いての散歩。前回同様、玄関からの出発だったので、「靴下は滑るから、後ではくんだよね」など、前回の流れを覚えていて話す子もいた。公園につくと、ハトがたくさんいて、「おーい！　ホーホケキョー」と言っていた。 | ●ツクシがたくさん生えていて普段見慣れないツクシをのぞき込んでいた。春の訪れを感じることができてよかった。ハトを見て、好きな絵本に出てくるウグイスを思い出し、「ホーホケキョ」と言ってみる姿も微笑ましかった。 |

## こんなときどうする？ 保育日誌 Q&A

### Q 「子どもの様子」に子どもの個人名を入れる先生、入れない先生で分かれました。どちらがよいのでしょうか？

**A　A、B、Cなど仮のイニシャルを入れてもよい**

具体的に子どもの姿を書こうとすると、個人名が出てくるはずです。クラスの担任間で共通理解しておかなければならないことなので、だれか分かるように記します。その子に対する援助も明確にする必要があるからです。けれども万一、日誌が外部の目に触れた場合を考えて、個人情報が出ないように仮のイニシャルにするとよいでしょう。

### Q 自分の保育を評価するのは、保育日誌での振り返りが一番よいのですか？

**A　自分専用のノートに**

園で形式が決まっている保育日誌は公文書であり、書く欄も狭く、考えたことすべては書けません。プライベートな自分のノートに、保育の場面を詳しく書いて考察し、自分の援助を振り返り、もっとよい援助の方法はなかったかを検討することが、保育力アップにつながります。

### Q 「評価・反省」にはその日起こったことを書いてしまいがちです。どう記入すればよいのでしょうか？

**A　子どもの姿をどうとらえたのかを書く**

子どものしていたことを書くのではなく、その姿を保育者がどうとらえたのかを書きます。何が育っていて何が育っていないのか、「ねらい」の姿に近づいているのか、援助は適切だったのか、他によい方法はなかったのかを考えます。明日の保育につながるはずです。

# 第7章

# ニーズ対応
# 防災・安全／保健
# 食育／子育て支援

この章は多様なニーズにこたえるために、防災・安全計画、保健計画、食育計画、子育て支援の指導計画の四つを紹介しています。

# 防災・安全計画

## おさえたい ③ つのポイント

### ❶ 子どもの命を守るために

私たちの最大の使命は、子どもの命を守ることです。何が起ころうとも、子どもの安全を最優先に行動しなくてはなりません。そのための計画は、常によりよいものとなるよう見直しを重ねましょう。

## 防災・安全計画 ❶ 避難訓練計画

月ごとに、設定する災害や犯罪内容を「種別／想定」に書き、それに対する避難訓練で子どもに身に付けさせたい「ねらい」やどのような援助が必要かを具体的に書きます。

| | 4月 | 5月 | 6月 |
|---|---|---|---|
| 種別① | 基礎訓練(園児)／机上訓練(職員) | 地震 | 火災 |
| 想定 | 火災 | 地震 | 調理室より出火 |
| ねらい② | ●基礎的な知識を得る。<br>●放送を静かに聞く。<br>●防災頭巾の使い方を知る。<br>●「おかしも」の意味を知る。 | ●放送を聞き、保育者のところへ素早く集まる。<br>●机の下へ安全に避難する。 | ●非常ベルの音を知る。<br>●保育者のところへ静かに集まる。<br>●放送の指示に従い避難する。<br>●「おかしも」の確認を知る。 |
| 保育者の援助③ | ●集会形式で非常ベルの音を聞かせる。<br>●放送による指示をよく聞くことを知らせる。<br>●訓練及び役割分担の確認。<br>●災害時備蓄品の確認。<br>●非常用リュックの中身を確認。<br>●非常勤・アルバイト職員への周知。 | ●放送を聞き、保育者のそばに集まり、机の下に避難させる。<br>●ホールに集合し(2〜5歳児)、防災頭巾をかぶらせる。 | ●「押さない、かけない、喋らない、戻らない」の約束の確認。<br>●調理室から出火の際の職員の行動確認。<br>●2階保育室は非常階段より避難させる。<br>●各保育室より消火器を持ってくる。 |
| 時刻／避難場所④ | 10:00／ホール | 10:00／ホール | 10:00／園庭 |

### ❶ 種別／想定

どの危険に対する訓練なのか、具体的に想定します。想定の幅が広いほど役立ちます。

### ❷ ねらい

この訓練で、子どもが何を身に付けるのかを子どもを主語にして書きます。

### ❸ 保育者の援助

保育者がしなければならないこと、子どもに伝えるべきことなどを具体的に書きます。

### ❹ 時刻／避難場所

訓練の開始予定時刻を明記。また、避難場所についても具体的に記しておきます。

## 防災・安全計画 ❷ リスクマネジメント計画

保育のあらゆる場面で想定できるリスクについて、事前に訓練や対応するための計画です。「ヒヤリ・ハット報告」「チェックリスト報告」など未然に防ぐ対策も明記します。

| | 4月 | 5月 | 6月 | 7月 | 8月 | 9月 |
|---|---|---|---|---|---|---|
| 担当職員が行うこと① | ●自衛消防組織の確認<br>●避難用リュックサックの確認<br>●SIDS確認<br>●アレルギー食の提供方法確認 | ●訓練用人形・AED借用依頼<br>●バックアップ園の看護師を依頼<br>●起震車申し込み<br>●消火器の場所の周知 | ●AEDの使い方・人工呼吸法について学ぶ<br>●3園合同訓練打ち合わせ<br>●プール遊びマニュアル確認<br>●熱中症対策の確認 | ●消防署へDVD借用依頼<br>●引き取り訓練お知らせ(園だより)<br>●消火器の使い方確認 | ●煙中訓練申し込み<br>●防犯訓練(警察)依頼 | ●緊急時メール送信の確認 |
| 実施する訓練② | ●火災(調理室)<br>●「おかしも」<br>●避難の基本行動確認 | ●地震①(おやつ後)<br>●地震②(第1避難所へ避難) | ●地震・火災(早・遅番)<br>●緊急時の対応(職員) | ●火災(3園合同・消防署立ち会い)<br>●初期消火・通報訓練、起震車体験 | ●火災(プール時・消防合同)<br>●避難服着用 | ●地震(関東地方一帯)<br>●メール配信訓練<br>●引き取り訓練 |
| ヒヤリ・ハット報告③ | ●報告書作成<br>●報告書回覧<br>●職員会議にて検討 | | | | | ●職員会議にてケース討議 |
| チェックリスト報告④ | ●事故リスク軽減のためのチェックリストにて確認 | | ●職員会議にて気付きの報告 | | | |

| | 10月 | 11月 | 12月 | 1月 | 2月 | 3月 |
|---|---|---|---|---|---|---|
| 担当職員が行うこと | ●3園合同訓練打ち合わせ<br>●園外での安全確認 | ●感染症対策マニュアル確認<br>●嘔吐・下痢対応 | ●ヒヤリ・ハット事故発生場所・時間帯集計 | ●デイホームとの打ち合わせ<br>●保育園実践研修 | ●福祉作業所との打ち合わせ<br>●危機管理マニュアル | ●早・遅番マニュアル見直し、検討<br>●年間避難訓練反省 |

### ❶ 担当職員が行うこと

その月に担当職員がしなければならない業務について記します。確認したことは、上司に報告します。

### ❷ 実施する訓練

その月に行う訓練が一目で分かるように記しておきます。種別や想定も書いておくとよいでしょう。

### ❸ ヒヤリ・ハット報告

日常的に記しているヒヤリ・ハット事例を、職員間で共有し、改善へ取り組みます。

### ❹ チェックリスト報告

毎月、事故防止チェックリストを見ながら、危険をチェックします。なるべく多くの職員で行うとよいでしょう。

## ② 万が一を想定する

火事、地震、突風や竜巻、津波、不審者、ミサイル攻撃…。どのような危険が襲ってきても、落ち着いて最善の行動がとれるようにします。想定外だった、では済まされません。あらゆる可能性を考え尽くします。

## ③ 見えない危険を見つけだす

日常生活の中にも、危険は隠れています。けがをしやすい場所、アレルギーの対応、昼寝や水遊びの見守りなど、これまで大丈夫だったからといって今日も無事とは限りません。見える化させる努力をしましょう。

---

### 防災・安全　事故防止チェックリスト

園内はもちろん、園外においても注意するチェック項目を各年齢ごとに示します。毎月行うため、季節ならではの項目などを加えていくのもよいでしょう。

| NO | チェック項目 | チェックした日 ① 月 日 |
|---|---|---|
| 1 | 子どもの遊んでいる位置や人数を確認している。 | ☐ |
| 2 | 遊具の安全を確認している。また、固定遊具を使用するときは、そばに付いている。 | ☐ |
| 3 | 玩具を持ったまま、カバンをかけたまま、固定遊具で遊ばせることはない。 | ☐ |
| 4 | 固定遊具に多くの子どもが集まり、押し合いなどしないように注意している。 | ☐ |
| 5 | 1人乗りブランコは、使用しているときのみ設定し、揺れているブランコには近づかないように注意している。 | ☐ |
| 6 | 子どもが敷居や段差のあるところを歩くときは、つまずかないように注意している。 | ☐ |
| 7 | 階段や玄関などの段差のあるところに、子どもが一人で行くことはない。 | ☐ |
| 8 | 階段を上がり下りするときは、子どもの下側を歩くか、手をつないでいる。 | ☐ |
| 9 | 子どもが大きな物を持って移動するときは、付き添うようにしている。 | ☐ |
| 10 | 子どもの腕を強く引っ張らないように注意している。 | ☐ |
| 11 | 肘内障を起こしやすい子ども、アレルギーや家庭事情など配慮を要する子どもを全職員が把握している。 | ☐ |

**① チェックした日**
チェックリストに沿って、いつ確認したのか日付を記入します。毎月行う必要があります。

**② チェック内容**
保育室、園庭、共有スペース、散歩時など保育のあらゆる場面において、安全に過ごせるようチェックする項目です。各年齢や園独自の項目を加えてもよいでしょう。

---

### 防災・安全　ヒヤリ・ハット記入シート

ヒヤリ・ハットが起きたとき、そばにいた保育者だけでなく、全職員で共有するためのシートです。一目で分かる内容報告と集計が、事故を未然に防ぐことにつながります。

| NO | ① いつ | だれが | どこで | ② どうしたか | ③ 職員の対応 | ④ 今後気を付けること | ⑤ 過去に同じケースがあった有無 | ⑥ 報告日 | ⑦ けがの種類 | ⑧ 集計 |
|---|---|---|---|---|---|---|---|---|---|---|
| 1 | 6/1(木) 天気:晴れ 早番 (午前) 昼 午後 遅番 | 名前:はるか 年齢:2歳 保育者:小林 | 園庭 | 遊んでいて目に砂が入った。 | 目を洗う。目の中に砂が残っていないかみる。 | 砂が思わぬところで入ることがあるため、注意してそばに付いていく。 | 有・(無) | 6/1 | 擦り傷 (切り傷) ひっかき かみつき 打撲 その他 | 未然 |
| 2 | 6/2(金) 天気:晴れ 早番 (午前) 昼 午後 遅番 | 名前:はると 年齢:1歳 保育者:田村 | 園庭 | ボールを持ったまま走り、鉄棒でおでこをぶつける。 | 傷がないかを確認し、15分間冷やす。こぶになっていないかを確認する。 | 視界がまだ狭い年齢のため、気を付けると同時に、鉄棒はくぐらないように知らせていく。 | 有・(無) | 6/2 | 擦り傷 切り傷 ひっかき かみつき (打撲) その他 | 未然 |
| 3 | 6/5(月) 天気:晴れ 早番 (午前) 昼 午後 遅番 | 名前:たつや 年齢:5歳 保育者:北島 | 園庭 | 2歳児とぶつかりそうになり、転んで左ひざをすりむく。 | 流水で洗う。止血する。 | 小さい子に気を付けながら遊ぶことを知らせる。 | 有・(無) | 6/5 | (擦り傷) 切り傷 ひっかき かみつき 打撲 その他 | 未然 |
| 4 | 6/6(火) 天気:晴れ 早番 (午前) 昼 午後 遅番 | 名前:ともひさ 年齢:2歳 保育者:山下 | 散歩 | タイヤ公園脇の階段で転ぶ。 | 全身にけがないか、頭部や口の中が切れていないか、歯がゆらいでいないかを確認する。 | 両手にウメの実を持っていたので、手に持って歩くことのないよう配慮する。 | 有・(無) | 6/6 | 擦り傷 切り傷 ひっかき かみつき 打撲 その他 | 未然 |
| 5 | 6/12(月) 天気:晴れ 早番 午前 昼 午後 (遅番) | 名前:みどり 年齢:3歳 保育者:篠塚 | 2歳児保育室 | 延長保育に入る前、2歳児保育室の流し台にあるせっけんボトルをとって口に入れようとする。 | すぐに止めにくる。なぜ口に入れようとしたのかを子どもに確認し、せっけんの成分について話す。 | せっけんボトルを口に入れようとすることもあると認識し、流し台に行ったときなど今後注意していく。 | 有・(無) | 6/12 | 擦り傷 切り傷 ひっかき かみつき 打撲 その他 | (未然) |
| 6 | 6/16(金) 天気:晴れ 早番 (午前) 昼 午後 遅番 | 名前:こうた 年齢:5歳 | プール | プールのふちを歩き込み、プールの中に体ので... | 声をかけて止める。なぜ危険であるかを話す。 | 全体にも声かけ、プールのふちの部分には触らないように注意し... | 有・(無) | 6/19 | 擦り傷 切り傷 ひっかき かみつき | (未然) |

集計表:
| | 事故 | 未然 |
|---|---|---|
| 年齢 | 1歳児 | |
| | 2歳児 | |
| | 3歳児 | |
| | 4歳児 | |
| | 5歳児 | |
| | その他 | |
| | 合計 | |
| 場所 | 室内保育室 | |
| | 散歩先 | |
| | 園庭 | |
| | トイレ/テラス | |
| | その他( ) | |
| | 合計 | |
| | 擦り傷 | |
| | 切り傷 | |

**① いつ・だれが・どこで**
ヒヤリ・ハットした日付、時間帯、場所、けがをした(しそうになった)子どもの名前、目撃した保育者の名前を記します。

**② どうしたか**
何が起きたのかを、具体的に書きます。

**③ 職員の対応**
その際、保育者がどのような行動をとったか、具体的に記します。

**④ 今後気を付けること**
その経験から何を感じ、次に同じことが起こらないために何が大切かを書きます。

**⑤ 過去に同じケースがあった有無**
自分は経験していなくても、以前も同じようなことがあったか、丸をつけます。

**⑥ 報告日**
いつ報告したのか日付を記入します。未然に防げた場合も報告する必要があります。

**⑦ けがの種類**
どのようなけがか、該当するものに丸をつけます。大きなけがは別に書きます。

**⑧ 集計**
1か月間にどのくらいの件数があったか、分かるようにしておきます。未然に防げた場合もしっかりと集計しましょう。

# 防災・安全計画 ❶ 避難訓練計画

ニーズ対応 → P184-P185 避難訓練計画

## 必要以上に怯えさせない

非常事態が起きたという緊張感をかもし出すことは訓練でも大切ですが、むやみに怖がらせないようにします。保育者と共に行動すれば、自分の命を守れることを伝えましょう。

| | 4月 | 5月 | 6月 |
|---|---|---|---|
| 種別 | 基礎訓練（園児）／机上訓練（職員） | 地震 | 火災 |
| 想定 | 火災／地震 | 地震 | 調理室より出火 |
| ねらい | ●基礎的な知識を得る。<br>●放送を静かに聞く。<br>●防災頭巾の使い方を知る。<br>●「おかしも」の意味を知る。 | ●放送を聞き、保育者のところへ素早く集まる。<br>●机の下へ安全に避難する。 | ●非常ベルの音を知る。<br>●保育者のところへ静かに集まる。<br>●放送の指示に従い避難する。<br>●「おかしも」の確認を知る。 |
| 保育者の援助 | ●集会形式で非常ベルの音を聞かせる。<br>●放送による指示をよく聞くことを知らせる。<br>●訓練計画及び役割分担の確認。<br>●災害時備蓄品の確認。<br>●非常用リュックの中身を確認。<br>●非常勤・アルバイト職員への周知。 | ●放送を聞き、保育者のそばに集まり、机の下に避難させる。<br>●ホールに集合し（2～5歳児）、防災頭巾をかぶらせる。 | ●「押さない、かけない、喋らない、戻らない」の約束の確認。<br>●調理室から出火の際の職員の行動確認。<br>●2階保育室は非常階段より避難させる。<br>●各保育室より消火器を持ってくる。 |
| 時刻／避難場所 | 10:00／ホール | 10:00／ホール | 10:00／園庭 |

| | 10月 | 11月 | 12月 |
|---|---|---|---|
| 種別 | 火災 | 総合訓練／他園と合同訓練／地震 | 地震（予告なし） |
| 想定 | 近隣より出火 | 地震／西側マンションより出火／散歩時 | 震度6／警戒宣言 |
| ねらい | ●すみやかに園庭に集まり、第2避難場所（A小学校）へ安全に避難する。 | ●火災予防、火の用心の話を聞いて理解する。<br>●園外保育時の避難を知る。 | ●緊急地震速報を聞き、目覚め、保育者のところにすみやかに集まる。<br>●放送の指示に従い、避難する。 |
| 保育者の援助 | ●園庭に子どもを集め、クラスごとに小学校に避難する。<br>●防災物品を準備する（寒い日は防寒具）。 | ●消防署員の立ち会いの下、通報訓練を行い、消火器の取り扱いの指導を受ける。<br>●火災の恐ろしさを知り、避難時の注意を聞く。<br>●散歩中の地震は安全を確保し、状況をきちんと把握して園に連絡を入れる。 | ●緊急地震速報が入り、後に大地震がくることを想定し、眠っている子どもたちを起こし、布団をかける。<br>●避難と並行し、防災頭巾・上履きの準備。<br>●避難経路の確保。 |
| 時刻／避難場所 | 9:45／A小学校 | 10:00／保育室・園庭 | 15:00／室内の安全な場所 |

## ♣ 年間目標

● 非常時において、自分の命を守るための行動を身に付ける。

| 7月 | | 8月 | 9月 |
|---|---|---|---|
| 地震（予告なし） | 防犯訓練 | 火災（予告なし） | 地震／引き取り訓練 |
| 地震／プール時 夏季保育中 | 不審者の出現 | 近隣より出火／朝の保育時 | 地震／震度6／遅番時 |
| ●プール時での避難を知る。 | ●不審者からの身の守り方を知る。 | ●「おかしも」の内容を理解する。 | ●防災頭巾の使い方を知る。 |
| ●プールバッグ・上履き（靴）の位置を確認。<br>●水の中、裸の子どもへの対応。<br>●水から上がり、バスタオルをはおらせ、園庭に避難させる。 | ●不審者が現れたときの子どもへの対応、どのように身を守るかを知らせる。 | ●当番保育者の指示に従い、避難させる。<br>●少数の職員での避難、誘導。<br>●肉声での伝達。<br>●防災物品の確認（各クラスのリュックも含む）。 | ●引き取り名簿の作成。<br>●保護者を確認し、名簿記入後引き渡す。<br>●保護者に登降園時の経路の安全確認を促す（お知らせ配布）。<br>●分散している園児の把握。<br>●引き取り保護者への対応。 |
| 10:00／園庭 | 2歳児〜／園庭・保育室 | 8:15／園庭 | 15:45／園庭 |

| 1月 | 2月 | 3月 |
|---|---|---|
| 火災 | 地震（予告なし） | 地震（予告なし）／机上訓練（職員） |
| 事務室より出火 | 遅番時 | 震度6／警戒宣言 |
| ●放送を静かに聞く。<br>●防災頭巾を適切に使う。<br>●「おかしも」の再確認をする。 | ●延長時の避難の仕方を知る。<br>●机の下に入る、布団をかぶせてもらうなど、頭を守る。 | ●緊急地震速報を聞き、保育者のところへすみやかに集まる。 |
| ●集会形式で非常ベルの音を聞く。<br>●放送による指示をよく聞くことを知らせる。<br>●訓練計画及び役割分担の確認。<br>●災害時備蓄品の確認。<br>●非常用リュックの中身を確認する。<br>●非常勤・アルバイト職員への周知。 | ●周囲の落下物を取り除き、避難経路の確保、防災頭巾・グッズを用意する。<br>●園児の人数確認。<br>●非常勤・アルバイトへの誘導・防災グッズをそろえるなどの動きを知らせる。 | ●緊急地震速報が入り、後に大地震がくることを想定し、園庭に避難する。<br>●今年度の防災計画を反省し、改善点を出し合う。<br>●避難訓練計画の反省。<br>●次年度への申し送り。 |
| 10:00／ホール | 17:30／保育室 | 11:00／園庭 |

ニーズ対応

防災・安全

# 防災・安全計画 ②
## リスクマネジメント計画

### 様々な危険から、子どもを守る

AEDの使用から感染症の対策まで、あらゆるリスクを想定しながら、子どもの安全を守ることが求められます。備えあれば憂いなしと心得ましょう。

| | 4月 | 5月 | 6月 | 7月 | 8月 | 9月 |
|---|---|---|---|---|---|---|
| 担当職員が行うこと | ●自衛消防組織の確認<br>●避難用リュックサックの確認<br>●SIDS確認<br>●アレルギー食の提供方法確認 | ●訓練用人形・AED借用依頼<br>●バックアップ園の看護師を依頼<br>●起震車申し込み<br>●消火器の場所の周知 | ●AEDの使い方・人工呼吸法について学ぶ<br>●3園合同訓練打ち合わせ<br>●プール遊びマニュアル確認<br>●熱中症対策の確認 | ●消防署へDVD借用依頼<br>●引き取り訓練お知らせ（園だより）<br>●消火器の使い方確認 | ●煙中訓練申し込み<br>●防犯訓練（警察）依頼 | ●緊急時メール送信の確認 |
| 実施する訓練 | ●火災（調理室）<br>●「おかしも」<br>●避難の基本行動確認 | ●地震①（おやつ後）<br>●地震②（第1避難所へ避難） | ●地震・火災（早・遅番）<br>●緊急時の対応（職員） | ●火災（3園合同・消防署立ち会い）<br>●初期消火・通報訓練、起震車体験 | ●火災（プール時・合同保育）<br>●避難服着用 | ●地震（関東地方一帯）<br>●メール配信訓練<br>●引き取り訓練 |
| ヒヤリ・ハット報告 | ●報告書作成<br>●報告書の回覧<br>●職員会議にて検討 | | | | | ●職員会議にてケース討議 |
| チェックリスト報告 | ●事故リスク軽減のためのチェックリストにて確認 | | | ●職員会議にて気付きの報告 | | |

| | 10月 | 11月 | 12月 | 1月 | 2月 | 3月 |
|---|---|---|---|---|---|---|
| 担当職員が行うこと | ●3園合同訓練打ち合わせ<br>●園外での安全確認、役割分担 | ●感染症対策マニュアル確認<br>●嘔吐・下痢対応方法確認<br>●保育安全の日 | ●ヒヤリ・ハット事故発生場所・時間帯集計 | ●デイホームとの打ち合わせ<br>●保育園実践研修発表会 | ●福祉作業所との打ち合わせ<br>●危機管理マニュアル見直し | ●早・遅番マニュアル見直し、検討<br>●年間避難訓練反省<br>●リスクマネジメント活動反省<br>●来年度の引き継ぎ |
| 実施する訓練 | ●地震（散歩時）<br>●防犯訓練（合い言葉確認） | ●地震・火災（3園合同）<br>●煙中訓練 | ●地震（昼寝時） | ●火災（2階沐浴室）<br>●非常滑り台使用 | ●地震・火災（デイホームより避難）<br>●国道への避難 | ●地震・火災（福祉作業所より避難） |
| ヒヤリ・ハット報告 | ●報告書作成<br>●報告書の回覧<br>●職員会議にて検討 | | | | ●来年度に向けて報告書からの検討 | |
| チェックリスト報告 | ●事故リスク軽減のためのチェックリストにて確認 | ●職員会議にて気付きの報告 | | ●来年度に向けてリストの検討 | | |

# 事故防止チェックリスト

チェックした日　月　日

| | | |
|---|---|---|
| 1 | 子どもの遊んでいる位置や人数を確認している。 | ☐ |
| 2 | 遊具の安全を確認している。また、固定遊具を使用するときは、そばに付いている。 | ☐ |
| 3 | 玩具を持ったまま、カバンをかけたまま、固定遊具で遊ばせることはない。 | ☐ |
| 4 | 固定遊具に多くの子どもが集まり、押し合いなどしないように注意している。 | ☐ |
| 5 | 1人乗りブランコは、使用しているときのみ設定し、揺れているブランコには近づかないように注意している。 | ☐ |
| 6 | 子どもが敷居や段差のあるところを歩くときは、つまずかないように注意している。 | ☐ |
| 7 | 階段や玄関などの段差のあるところに、子どもが一人で行くことはない。 | ☐ |
| 8 | 階段を上がり下りするときは、子どもの下側を歩くか、手をつないでいる。 | ☐ |
| 9 | 子どもが大きな物を持って移動するときは、付き添うようにしている。 | ☐ |
| 10 | 子どもの腕を強く引っ張らないように注意している。 | ☐ |
| 11 | 肘内障を起こしやすい子ども、アレルギーや家庭事情など配慮を要する子どもを全職員が把握している。 | ☐ |
| 12 | 手にけがをしていたり、手がふさがったりしているときは、特にバランスが取りにくく、転びやすいので注意している。 | ☐ |
| 13 | 室内、室外で角や鋭い部分にはガードがしてある。 | ☐ |
| 14 | 椅子に立ち上がるなど、椅子を玩具にして遊ばないよう注意している。 | ☐ |
| 15 | ロッカーや棚は倒れないよう転倒防止策を講じている。 | ☐ |
| 16 | 午睡中は、ある程度の明るさを確保し、子どもの眠っている様子や表情の変化に注意している。 | ☐ |
| 17 | ドアを開閉するとき、子どもの手や足の位置を確認している。 | ☐ |
| 18 | ドアのちょうつがいに手を入れないよう注意している。 | ☐ |
| 19 | 子どもが引き出しやドアを開け閉めして遊ばないよう注意している。 | ☐ |
| 20 | 室内は整理整頓を行い、使用した物はすぐに収納場所に片付けている。 | ☐ |
| 21 | はさみやカッターなどの刃物は、使用したら必ず片付けている。 | ☐ |
| 22 | コンセントなどに触らないよう注意している。 | ☐ |
| 23 | 口の中に入ってしまう小さな玩具を手の届くところに置いていない。 | ☐ |
| 24 | ネジや玩具の破片など誤飲の原因となる物が落ちていないか確認している。 | ☐ |
| 25 | 食べ物のかたさや、大きさ、量などを考えて食べさせている。 | ☐ |
| 26 | ビニール袋などは、子どもの手の届かないところにしまっている。 | ☐ |
| 27 | ひもなどを首にかけないよう注意している。 | ☐ |
| 28 | 子どもが鼻や耳に小さな物を入れないように注意している。 | ☐ |
| 29 | 玩具などをくわえて走り回ることがないようにしている。 | ☐ |
| 30 | 子どもが直接触れてやけどをするような暖房器具は使用していない。子どもが暖房器具のそばに行かないよう気を付けている。 | ☐ |
| 31 | 床が濡れたらすぐにふきとるようにしている。 | ☐ |
| 32 | トイレのレバーを操作するときは手助けをしている。 | ☐ |
| 33 | 落ち着いて便器に座るように補助している。 | ☐ |
| 34 | 子どもの足にあった靴か、体にあったサイズの衣類か確認している。また、靴を正しくはいているか確認している。 | ☐ |
| 35 | 雨の後など、テラスや園庭の固定遊具が濡れてすべりやすくなっていないか確認している。 | ☐ |
| 36 | 公園は年齢にあった公園を選び、遊ばせる際には安全に十分気を付けている。 | ☐ |
| 37 | 砂を口に入れたり、誤って砂が目に入ったりすることがないように、気を付けている。 | ☐ |
| 38 | 避難用バギーの点検を行い使用するときは、きちんとつかまって立ち、手や体を乗り出さないよう注意している。 | ☐ |
| 39 | 飼育物と触れ合うときは、そばに付いて注意している。 | ☐ |
| 40 | 散歩のときは人数確認をする。また、道路では、子どもが飛び出さないように注意している。 | ☐ |
| 41 | バケツや子ども用プールなどに、水をためて放置することはない。 | ☐ |
| 42 | 水遊びをするときは必ず保育者が付き添い、けがや事故のないよう十分注意している。 | ☐ |

ニーズ対応

防災・安全

# 防災・安全

## ヒヤリ・ハット記入シート

### ヒヤリ・ハットを最大限に生かす

大切なのは、ヒヤリ・ハットを、「ああ、無事でよかった」で済まさないことです。一歩間違えれば重大な事態になったわけです。「今後、そうならないために、今何をしておくべきか」を考える機会です。

| NO | いつ | | だれが | どこで | どうしたか | 職員の対応 |
|---|---|---|---|---|---|---|
| 1 | 6/1(木)<br>天気：晴れ | 早番 (午前)<br>昼　午後<br>遅番 | 名前：はるか<br>年齢：2歳<br>保育者：小林 | 園庭 | 遊んでいて目に砂が入った。 | 目を洗う。目の中に砂が残っていないかを確認する。 |
| 2 | 6/2(金)<br>天気：晴れ | 早番 (午前)<br>昼　午後<br>遅番 | 名前：はると<br>年齢：1歳<br>保育者：田村 | 園庭 | ボールを持ったまま走り、鉄棒でおでこをぶつける。 | 傷がないかを確認し、15分間冷やす。こぶになっていないかを確認する。 |
| 3 | 6/5(月)<br>天気：晴れ | 早番 (午前)<br>昼　午後<br>遅番 | 名前：たつや<br>年齢：5歳<br>保育者：北島 | 園庭 | 2歳児とぶつかりそうになり、転んで左ひざをすりむく。 | 流水で洗う。止血する。 |
| 4 | 6/6(火)<br>天気：晴れ | 早番 (午前)<br>昼　午後<br>遅番 | 名前：ともひさ<br>年齢：2歳<br>保育者：山下 | 散歩 | タイヤ公園脇の階段で転ぶ。 | 全身にけががないか、頭部や口の中が切れていないか、歯がゆらいでいないかを確認する。 |
| 5 | 6/12(月)<br>天気：晴れ | 早番　午前<br>昼　午後<br>(遅番) | 名前：みどり<br>年齢：3歳<br>保育者：篠塚 | 2歳児<br>保育室 | 延長保育に入る前、2歳児保育室の流し台にあるせっけんボトルをとって口に入れようとする。 | すぐに止めに入る。なぜ口に入れようとしたのかを子どもに確認し、せっけんの成分について話す。 |
| 6 | 6/16(金)<br>天気：晴れ | 早番 (午前)<br>昼　午後<br>遅番 | 名前：こうた<br>年齢：5歳<br>保育者：渡辺 | プール | プールのふちをのぞき込み、プールの中に体をのり出す。 | 声をかけて止める。なぜ危険であるかを話す。 |
| 7 | 6/21(水)<br>天気：晴れ | 早番 (午前)<br>昼　午後<br>遅番 | 名前：せいたろう<br>年齢：4歳<br>保育者：本山 | 4歳児<br>保育室 | カメのたらいに指を入れる（カメの口先）。 | すぐに止めに入る。かまれていないかを確認する。 |
| 8 | 6/22(木)<br>天気：くもり | 早番　午前<br>昼　午後<br>(遅番) | 名前：えいた<br>年齢：3歳<br>保育者：山下 | 園庭 | 三輪車で小さな段差に乗り上げ、つんのめって下唇をぶつけて切る。 | 下唇を流水で洗い、冷やす。歯がゆらいでいないかを確認する。 |
| 9 | 6/28(水)<br>天気：くもり | 早番　午前<br>昼　午後<br>(遅番) | 名前：さおり<br>年齢：3歳<br>保育者：篠塚 | 園庭・<br>水道場 | 水を飲みに来たたくやが、前に並んでいたさおりの腕をかむ。 | 流水で洗い、冷やしながら、傷がないかを確認する。すぐに冷やし、跡にはならなかった。 |
| 10 | 6/30(金)<br>天気：雨 | 早番 (午前)<br>昼　午後<br>遅番 | 名前：しゅんすけ<br>年齢：2歳<br>保育者：山下 | 2歳児<br>保育室 | ボールの上に乗ってしまい転倒。 | 痛いところはないかを全身を見ながら確認する。 |

| 今後気を付けること | 過去に同じケースがあった有無 | 報告日 | けがの種類 | | |
|---|---|---|---|---|---|
| 砂が思わぬところで入ることがあるため、注意してそばに付いていく。 | (有)・無 | 6/1 | 擦り傷 ひっかき 打撲 | 切り傷 かみつき (その他) | 未然 |
| 視界がまだ狭い年齢のため、気を付けると同時に、鉄棒はくぐらないように知らせていく。 | 有・(無) | 6/2 | 擦り傷 ひっかき (打撲) | 切り傷 かみつき その他 | 未然 |
| 小さい子に気を付けながら遊ぶことを知らせる。 | (有)・無 | 6/5 | (擦り傷) ひっかき 打撲 | 切り傷 かみつき その他 | 未然 |
| 両手にウメの実を持っていたので、手に持って歩くことのないよう配慮する。 | 有・(無) | 6/6 | (擦り傷) ひっかき 打撲 | 切り傷 かみつき その他 | 未然 |
| せっけんボトルを口に入れようとすることもあると認識し、流し台に行ったときなど今後注意していく。 | 有・(無) | 6/12 | 擦り傷 ひっかき 打撲 | 切り傷 かみつき その他 | (未然) |
| 全体にも声をかけ、プールのふちの部分には触らないように注意していく。 | 有・(無) | 6/19 | 擦り傷 ひっかき 打撲 | 切り傷 かみつき その他 | (未然) |
| カメはかむことがあるので、危険であることを伝える。 | 有・(無) | 6/21 | 擦り傷 ひっかき 打撲 | 切り傷 かみつき その他 | (未然) |
| 三輪車をこぐスピードや場所など、危険のないように伝えていく。 | (有)・無 | 6/23 | 擦り傷 ひっかき 打撲 | 切り傷 かみつき (その他) | 未然 |
| たくやは思いがけず、口や手が出てしまうことがあるので、そばに付いて見ていく。 | 有・(無) | 6/28 | 擦り傷 ひっかき 打撲 | 切り傷 (かみつき) その他 | 未然 |
| 大きめなボールは、上にのってしまうことに気を付ける。身のこなしなどの練習をしていく。 | (有)・無 | 6/30 | (擦り傷) ひっかき 打撲 | 切り傷 かみつき その他 | 未然 |

| 集計 | | 事故 | 未然 |
|---|---|---|---|
| 年齢 | 1歳児 | | |
| | 2歳児 | | |
| | 3歳児 | | |
| | 4歳児 | | |
| | 5歳児 | | |
| | その他（　） | | |
| | 合計 | | |
| 場所 | 室内保育室 | | |
| | 散歩先 | | |
| | 園庭 | | |
| | トイレ/テラス | | |
| | その他（　） | | |
| | 合計 | | |
| けがの種類 | 擦り傷 | | |
| | 切り傷 | | |
| | ひっかき | | |
| | かみつき | | |
| | 打撲 | | |
| | その他（　） | | |
| | 未然 | | |
| | 合計 | | |
| 時間帯 | 早番 | | |
| | 午前 | | |
| | 昼 | | |
| | 午後 | | |
| | 遅番 | | |
| | 合計 | | |

ニーズ対応　防災・安全

# 保健計画

## おさえたい ③ つのポイント

### ❶ 健康を保つために

子どもたちが健康で毎日を過ごせるように、健康診断や各種の検診は欠かせません。お医者さんを恐がらないように、みんなを守ってくれるヒーローとして親しみがもてるよう計画をねりたいものです。

**ねらい**
一年を見通し、期に応じたねらいを具体的に書きます。健康に過ごすために、おさえたいことです。

**行事**
その期に行われる検診など、保健に関わる行事を書きます。

**援助**
低年齢児は疾病への抵抗力が弱いので、一人一人の様子を把握しながら予防を心がけます。

|  | 1期（4・5月） | 2期（6〜8月） |
|---|---|---|
| ねらい | ●新しい環境に慣れる。<br>●生活リズムが整う。 | ●梅雨を快適に過ごす。<br>●暑い夏を無理なく過ごす。 |
| 行事 | ●0歳児健診（毎週火曜日）<br>●春の検診<br>●歯科検診<br>●身体測定1回／月（4月は頭囲、胸囲、カウプ指数） | ●プール前検診<br>●プール開き |
| 園児への保健教育 | ●生活リズムを整えられるようにする。 | ●歯みがきの大切さを話す。<br>●水分補給に気を付ける。 |
| 援助 | ●個々の健康状態、発達・発育を把握し、保護者と情報交換する（バイタルサイン、生活リズム、排泄、食事、アレルギー、予防接種、虐待の有無）。<br>●SIDS予防。<br>●つかまり立ち、伝い歩き、歩行による転倒防止に努める。<br>●感染予防に努める。 | ●温度、湿度に合わせた衣類の調整をする。<br>●冷房使用時は外気温との差に気を付ける。<br>●発汗による皮膚トラブルを予防していく。<br>●虫刺されの予防とケア。<br>●夏の感染症の早期発見と拡大予防をする。<br>●プールの衛生管理、健康管理、安全に配慮していく。<br>●熱中症の予防。 |
| 職員との連携 | ●配慮が必要な子どもの対応、保健マニュアルの活用をすすめる。<br>●看護師連絡会での情報を知らせていく。<br>●新人保育者の保健教育を行う（嘔吐・下痢処理、SIDSの知識と予防対策の確認、子どもの病気と観察、保護者対応など）。 | ●プールでの安全面、応急処置について伝える。<br>●心肺蘇生法について伝える。 |
| 家庭・地域との連携 | ●検診時、結果を通知し、必要に応じてアドバイスや受診をすすめる。<br>●保護者会で、0歳児は赤ちゃんの健康管理について、1歳児は生活リズムについて伝える。<br>●SIDSについて予防対策などを伝える。<br>●伝えたい内容は、保健だより、クラスだより、掲示を活用していく。<br>●子育て相談を随時行う。 | ●休日の過ごし方を伝え、生活リズムが乱れないようにしてもらう。<br>●水遊び、プール遊び時の観察・体調管理を知らせていく。<br>●家でも皮膚の観察をしてもらい、清潔に努めてもらう。<br>●虫刺されの予防とケアをしてもらう。<br>●伝えたい内容は、保健だより、クラスだより、掲示を活用していく。<br>●子育て相談を随時行う。 |

**職員との連携**
園内で共通理解しておかなければならないことを洗い出し、意識できるようにします。

## ❷ 病気にならない、うつさない

まずは病気にならないように予防します。病気が見つかったら、早目に治療を開始します。感染症の場合は、他の子にうつらないよう対策しなければなりません。嘔吐物の処理など、手順を確認しておきましょう。

## ❸ 家庭や医療機関と手を携えて

予防は園だけでは不十分。家庭にも園の方針を伝え、同じように心がけてもらう必要があります。園医とも密に連絡を取り、最新の情報をもとに病気にならない生活の仕方を伝えていきましょう。

| 3期（9〜12月） | 4期（1〜3月） |
|---|---|
| ●戸外遊びで体力をつける。 | ●寒さに負けず体を動かして元気に遊ぶ。 |
| ●秋の検診 | ●新入園児検診 |
| ●手洗いの仕方を丁寧に伝える。 | ●手洗いとうがいの仕方を丁寧に教える。 |
| ●夏の疲れによる体調の崩れに注意していく。<br>●無理せず休息を取りながら活動していく。<br>●発達、体調に合わせた活動を多く行う。<br>●けが予防に努める。<br>●衣類の調節をする。<br>●暖房使用時の温度(18〜20℃)、湿度(50〜70%)を設定。<br>●皮膚の乾燥、炎症の観察とケア。<br>●感染症の早期発見と予防。 | ●正月休み中の体調を把握し、生活リズムを整えていく。<br>●体調に合わせた活動にし、体調の悪化を予防する。<br>●予防接種・検診の有無を確認。 |
| ●嘔吐・下痢処理法の確認。<br>●インフルエンザにかかった子どもを伝える。<br>●転倒・落下などでけがをしないように注意して見守っていく。 | ●室温・湿度・換気を確認する。<br>●新年度の引き継ぎをする。 |
| ●冬の感染症について知らせる。<br>●スキンケアの大切さを伝える。<br>●適切な靴選びを伝え、準備してもらう。 | ●保護者会で生活リズム・風邪予防などの話をする。<br>●未接種の予防接種を促す。<br>●発育が気になる子どもについては、保護者に伝え個別に相談する。 |

**家庭・地域との連携**

家庭と情報交換すべきことや、園に通っていない地域の子どもに対する配慮なども記します。

**園児への保健教育**

子どもたちへ伝えることについて書きます。また、身に付いているか時々確認する必要があります。

# 保健計画

## 命を守る使命感を

子どもは適切なケアがなければ、命を落としてしまう、か弱い存在です。清潔で快適な環境のもとでの生活を保障し、検診も定期的に受診できるよう計画します。毎年見直して、よりよい計画にしていきましょう。

|  | 1期（4・5月） | 2期（6〜8月） |
|---|---|---|
| ねらい | ●新しい環境に慣れる。<br>●生活リズムが整う。 | ●梅雨を快適に過ごす。<br>●暑い夏を無理なく過ごす。 |
| 行事 | ●0歳児健診（毎週火曜日）<br>●春の検診<br>●歯科検診<br>●身体測定1回／月（4月は頭囲、胸囲、カウプ指数） | ●プール前検診<br>●プール開き |
| 園児への保健教育 | ●生活リズムを整えられるようにする。 | ●歯みがきの大切さを話す。<br>●水分補給に気を付ける。 |
| 援助 | ●個々の健康状態、発達・発育を把握し、保護者と情報交換する（バイタルサイン、生活リズム、排泄、食事、アレルギー、予防接種、虐待の有無）。<br>●SIDS予防。<br>●つかまり立ち、伝い歩き、歩行による転倒防止に努める。<br>●感染予防に努める。 | ●温度、湿度に合わせた衣類の調整をする。<br>●冷房使用時は外気温との差に気を付ける。<br>●発汗による皮膚トラブルを予防していく。<br>●虫刺されの予防とケア。<br>●夏の感染症の早期発見と拡大予防をする。<br>●プールの衛生管理、健康管理、安全に配慮していく。<br>●熱中症の予防。 |
| 職員との連携 | ●配慮が必要な子どもの対応、保健マニュアルの活用をすすめる。<br>●看護師連絡会での情報を知らせていく。<br>●新人保育者の保健教育を行う（嘔吐・下痢処理、SIDSの知識と予防対策の確認、子どもの病気と観察、保護者対応など）。 | ●プールでの安全面、応急処置について伝える。<br>●心肺蘇生法について伝える。 |
| 家庭・地域との連携 | ●検診時、結果を通知し、必要に応じてアドバイスや受診をすすめる。<br>●保護者会で、0歳児は赤ちゃんの健康管理について、1歳児は生活リズムについて伝える。<br>●SIDSについて予防対策などを伝える。<br>●伝えたい内容は、保健だより、クラスだより、掲示を活用していく。<br>●子育て相談を随時行う。 | ●休日の過ごし方を伝え、生活リズムが乱れないようにしてもらう。<br>●水遊び、プール遊び時の観察・体調管理を知らせていく。<br>●家でも皮膚の観察をしてもらい、清潔に努めてもらう。<br>●虫刺されの予防とケアをしてもらう。<br>●伝えたい内容は、保健だより、クラスだより、掲示を活用していく。<br>●子育て相談を随時行う。 |

## ♣ 年間目標

● 心身共に健康で毎日を過ごす。

| | 3期（9～12月） | 4期（1～3月） |
|---|---|---|
| | ● 戸外遊びで体力をつける。 | ● 寒さに負けず体を動かして元気に遊ぶ。 |
| | ● 秋の検診 | ● 新入園児検診 |
| | ● 手洗いの仕方を丁寧に伝える。 | ● 手洗いとうがいの仕方を丁寧に教える。 |
| | ● 夏の疲れによる体調の崩れに注意していく。<br>● 無理せず休息を取りながら活動していく。<br>● 発達、体調に合わせた活動を多く行う。<br>● けが予防に努める。<br>● 衣類の調節をする。<br>● 暖房使用時の温度(18～20℃)、湿度(50～70%)を設定。<br>● 皮膚の乾燥、炎症の観察とケア。<br>● 感染症の早期発見と予防。 | ● 正月休み中の体調を把握し、生活リズムを整えていく。<br>● 体調に合わせた活動にし、体調の悪化を予防する。<br>● 予防接種・検診の有無を確認。 |
| | ● 嘔吐・下痢処理法の確認。<br>● インフルエンザにかかった子どもを伝える。<br>● 転倒・落下などでけがをしないように注意して見守っていく。 | ● 室温・湿度・換気を確認する。<br>● 新年度の引き継ぎをする。 |
| | ● 冬の感染症について知らせる。<br>● スキンケアの大切さを伝える。<br>● 適切な靴選びを伝え、準備してもらう。 | ● 保護者会で生活リズム・風邪予防などの話をする。<br>● 未接種の予防接種を促す。<br>● 発育が気になる子どもについては、保護者に伝え個別に相談する。 |

# 食育計画

## おさえたい ③ つのポイント

### ① 食べることは楽しいこと

十分に体を動かして遊ぶと、おなかがすきます。食べたいと願い、その食欲が満たされるのは嬉しいこと。保育者と微笑みを交わす食卓が楽しいと感じられるようにします。

## 食育計画 ①

月齢別に「内容」を設定し、「子どもの姿」を具体的に書き、どのような援助が必要かを考えます。調理員が配慮すべきことや、家庭と連携することも明記します。

### ① ねらい
その年齢における食育で培いたい姿です。

### ② 内容
月齢ごとの区分になっています。「ねらい」に近づくために経験させたい事柄です。

### ③ 子どもの姿
その月齢の子どもが見せる、食に関する姿です。発達段階を意識します。

### ④ 環境構成と保育者の援助
「内容」を経験させるために、どのような環境を準備し、どのような援助をするのか明記します。

### ⑤ 調理員の配慮
調理員がすべきことと、保育者と連携を図ることについて書きます。

### ⑥ 家庭との連携
保護者からの要望や、家庭での様子、園から伝えることなどを記します。

## 食育計画 ②

食育を6つの項目に分け、それぞれについて「内容」と「保育者の援助」をのせています。月齢に応じた内容の進み方も、項目ごとに見渡すことができます。

### ① ねらい
年間を通して、すべての月齢に通じる「ねらい」です。保育者間で相談して決めます。

### ② 食べ物と健康について
好き嫌いせず、いろいろな味に慣れるための項目です。

### ③ 食器の使い方について
発達に伴い、徐々に食具が使えるように導きます。

### ④ マナーについて
食に対する姿勢として育みたいことを、月齢ごとに配列しています。

### ⑤ 楽しく食べるために
食を楽しむための環境づくりや配慮することについての項目です。

### ⑥ バイキング
自分の食べられる量を把握し、自分で食品を選ぶ能力を育みます。

### ⑦ 食材・栽培について
野菜を育てたり、クッキングをしたりする活動も経験できるようにします。

## ❷ 食具への興味・関心を

自分でコップを持つ、スプーンやフォークを使うなどの、手を使う動きの種類が増えてきます。「上手ね」とほめながら、自信をもって食具を使えるようになることを支えます。

## ❸ 自分から食べること

自分でやりたい、自分で食べたいという気持ちを大いに認め、進んで食べようとする意欲を高めていきます。食事を手でこねたり、こぼしたりするので時間がかかるのは承知の上で関わります。

### 食育計画 ❸

食育における「園の目標」を明記し、各年齢ごとの「年間目標」「調理員との関わり」を載せています。個人の計画のベースとなる、期の「ねらい」と「保育者の援助」を明記します。

**園の目標**
園として大切にしたい食についての目標を書きます。すべての年齢に共通です。

**年間目標**
各年齢ごとに、この1年で期待する育ちについて書きます。

**調理員との関わり**
実際に調理してくれる人と触れ合うことで、子どもには大きな学びがあります。積極的な関わりを計画しましょう。

| ▼園の目標 | ●楽しく食事をする。<br>●身近な野菜を育て、収穫する喜びを味わい親しみをもつ。 | ●いろいろな食材について、興味・関心をもつ。 |
|---|---|---|
| **年間目標** | **調理員との関わり** | |
| ●いろいろな食べ物を見たり、触れたり、食べたりすることで、食事に興味・関心をもつ。<br>●収穫した野菜の名前を知り、触れることで、食材に親しみをもつ。<br>●自分で意欲的に食べようとする。 | ●食べている様子を見てもらったり、声をかけてもらったりし、調理員に親しみがもてるようにする。<br>●調理員に簡単な調理の仕方を直接見せてもらう。 |  |

| | 1期（4・5月） | 2期（6～8月） | 3期（9～12月） | 4期（1～3月） |
|---|---|---|---|---|
| ねらい | ●食事前後のあいさつを保育者と一緒にする。<br>●園の食事に慣れ、穏やかな雰囲気の中で食事をする。<br>●手づかみやスプーンを使って自分で食べようとしたり、介助されながら食べたりする。<br>●両手でコップを持ち、飲もうとする。<br>●椅子に座って食べる。 | ●食事前後のあいさつを言葉でする。<br>●苦手な物も促されて少しずつ食べてみようとし、様々な食材に慣れる。<br>●保育者の声かけにより、よくかみスプーンを使って食べようとする。<br>●食器に手を添えて食べることを知る。<br>●テラスで野菜を育てる。 | ●苦手な物も促されて少しずつ食べ、いろいろな食事に慣れる。<br>●スプーンを使い、握り持ちや鉛筆持ちで促され食べようとする。<br>●コップや汁椀を持ち、ほとんどこぼさないようにして飲む。 | ●苦手な物を促されて食べる。<br>●メニューによっては、汚さないで食べられるようになる。<br>●椅子に座り、正しい姿勢で食事をする。<br>●冬野菜を収穫し、食べる。 |
| 保育者の援助 | ●食事の様子を保護者から聞いておき、一人一人に合わせて対応する。<br>●食べ物への興味をもち、自ら意欲的に食べようとする気持ちを受け止めて、楽しく食べられるよう声をかける。 | ●苦手な物も保育者の食べる姿を見て、食べてみようと思えるよう働きかける。<br>●梅雨時の衛生に配慮する。<br>●暑さから食欲が落ちることもあるので、量を加減して無理なく進める。<br>●野菜の生長に気付かせる。 | ●正しい姿勢で食べられるよう、テーブルや椅子の高さを調整する。<br>●食器に手を添えて食べることを知らせる。 | ●食事が楽しめる会話をする。<br>●食事量を一人一人に合わせて調整し、最後まで食べられた満足感を味わえるようにする。 |

**ねらい**
期ごとに食育のねらいを立てます。もちろん個別には異なりますが、その園の年齢ごとに担任が相談して決めます。

**保育者の援助**
ねらいに合わせた保育者の援助を書きます。これをベースに、家庭での食事の様子や個人差を配慮して、個別の計画を立てます。

# 食育計画①

ニーズ対応 → P196-P197 食育計画1

## 食育計画① ここがポイント！

### かんで飲み込むことができるようにする

　かむことは、大人がやってみせて子どもがまねをすることで学習します。「かみかみ」と言いながら口をモグモグと動かす様子を見せましょう。まねができたら「上手ね」と認め、身に付くようにしていきます。飲み込むことが苦手な子もいます。「ゴックン」と言葉を添えて飲み込ませ、いつまでも口の中にためておかないようにしましょう。

**ねらい**　●いろいろな食材に慣れ、喜んで食べる。

| | 内容 | 子どもの姿 |
|---|---|---|
| 1歳～2歳未満 | ●食べ物に興味をもち、自分から食べることを楽しむ。<br>●食べたい、食べてみようとする気持ちをもつ。<br>●食事を楽しむ。<br> | ●離乳食から幼児食へ移行する。<br>●自分で食べたいという意欲が芽生える。<br>●自分で手づかみで食べることを喜ぶ。<br>●目と手の協応性が発達する。<br>●楽しい雰囲気で食事をすることを喜ぶ。<br>●味覚を広げる。<br>●食材に興味をもつ。<br>●自分で食べる意欲をもつ。 |
| 2歳～3歳未満 | ●いろいろな種類の食べ物や料理を味わう。<br>●食生活に必要な基本的な習慣や態度を身に付ける。<br>●保育者や友達と一緒に食事をすることを楽しむ。<br>  | ●いろいろな食べ物を喜んで食べる。<br>●手洗いやうがいなど、身の回りを清潔にして食事をすることを知る。<br>●食べ物に関心をもち、スプーンやフォークや箸を使って食べる習慣を身に付ける。<br>●楽しい雰囲気の中で一緒に食事をすることから、友達や調理をしてくれた人などに関心をもつ。<br>●友達と一緒にいる雰囲気を大切に、穏やかな環境の中で食事をする。 |

●家庭との連携の下で、望ましい食事習慣を身に付ける。

| 環境構成と保育者の援助 | 調理員の配慮 | 家庭との連携 |
|---|---|---|
| ●一人一人に見合った分量を盛り付け、少しずつ食べる量を増やしていく。<br>●フォークやスプーンの使い方を手を添えながら知らせる。<br>●手でつかみやすいように食器を配置し、自分で食べたという気持ちを大切にする。<br>●こぼれてもよい食事環境を整える。<br>●保育者も一緒に食事をし、おいしく食べる言葉や人的環境としての姿を見せる。<br>●「もっと食べたい」という気持ちを大切にし、分量を個々に合わせ、おかわりができるようにする。<br>●ゆったりとした食事の雰囲気を大切にする。 | ●離乳食に見合った食材を提供する。<br>●食事に一人一人の名前を付けて取り違いのないように提供する。<br>●食材は手づかみしやすい形や長さに切る。<br>●季節に合った食材の提供を心がける。<br>●様々な食材を用意し、味覚の幅が広がるようにする。<br><br> | ●手づかみの大切さや、子どもの食べ具合を保護者に伝える。<br>●一人一人の生活リズムを基本に、連携を図りながら進める。<br>●家族が一緒に食事をすること、そばに付いて見守ることをお願いする。<br>●家族が一緒に食事をすることの大切さを伝える。<br>●食事の量や食べ方など家庭と連絡を取り合い、食事が楽しいという経験をしてもらう。<br><br> |
| ●食べ物に興味をもち、自分で食べようとする姿を大切に、一人一人に声をかける。<br>●清潔の習慣は一人一人の個人差を十分に把握し、その子に合った援助をする。<br>●フォークや箸の使用は慌てず発達差を考慮し、子どもが自ら使いたいと思う意欲を大切にして進める。箸の使い始めは、そばに付いて一緒に食事をしながら身に付けさせる。<br>●友達や保育者と一緒のテーブルで食べると楽しいという雰囲気を大切にしながら食事をし、おいしく食べられるような言葉をかける。 | ●食材を子どもたちが見られるように事前に展示したり、野菜の絵をはったりして知らせる。<br>●子どもたちが食べやすいように食材の切り方を工夫する。<br>●味付けは薄味を心がけ、子どもたちの味覚を育てるようにする。<br>●個人差を把握し、食事の量、形、固さなど、調理形態について保育者と連携を図り決める。<br>●フォークから箸への移行は保育者と連携を図り、余裕をもって準備するなどして進める。 | ●食事の状況を家庭に知らせ、子どもたちが興味をもてるようにする。<br>●一人一人の食事の状況（形、量、固さ）について、こまめに連絡を取り合い、食事をおいしく味わえるようにする。<br>●箸の導入は家庭と連携しながら個々の状態に合わせて無理なく進める。子どもが自分で食べようとする気持ちがもてるようにする。<br>●保育者や友達と一緒に食事を楽しむ姿を知らせ、家庭でも家族と一緒に食事を楽しんでもらうように伝える。 |

ニーズ対応

食 育

# 食育計画②

## 食育計画②
### ここがポイント！

**一人一人のペースに合わせた食事の援助を**

食が細い子もいれば、何でもよく食べる子もいます。また、食べるのが速い子もいれば、ゆっくりと食べる子もいます。一人一人の食の傾向を把握し、その子に応じた援助を心がけましょう。遅いからといって急かされては食事を楽しむことができなくなります。まず、食を楽しむことを基本におきましょう。

### ねらい
●"食"に興味・関心をもち、みんなと一緒においしく食べる。

| | | 食べ物と健康について | 食器の使い方について（スプーン、フォーク、箸の持ち方と時期） |
|---|---|---|---|
| 1歳〜2歳未満 | 内容 | ●いろいろな味や食材を食べてみる。<br>●いろいろな食べ物を見る、触る、かんで味わう経験を通して、自分で進んで食べる。 | ●手づかみ、スプーン、フォークを使って食べる。<br>●コップやお椀など、両手で食器を持つ。 |
| 1歳〜2歳未満 | 保育者の援助 | ●楽しい雰囲気を心がけ、自分で食べる意欲を大切にする。<br>●かむことの大切さが身に付くように知らせる。少しずついろいろな食べ物に接することができるようにする。 | ●一人一人の様子に合わせて、正しい持ち方を知らせる。<br>●取っ手の付いたコップやスプーンなど、発達段階に合った使いやすい食具を使用する。 |
| 2歳〜3歳未満 | 内容 | ●いろいろな食べ物や料理を食べてみようとする。<br>●いろいろな食べ物に関心をもち、進んで食べる。 | ●スプーン、フォークを正しく持って食べようとする。<br>●食器に手を添える。 |
| 2歳〜3歳未満 | 保育者の援助 | ●楽しい雰囲気を心がけ、自分で食べる意欲を大切にする。<br>●いろいろな食べ物に接する機会を設ける。<br>●個人差に応じて、食品の種類や量などを調整する。 | ●保育者が見本となり、正しい持ち方を知らせる（スプーン、フォークを下から3本の指で持つ）。 |

| マナーについて<br>（手洗い、あいさつ、座り方など） | 楽しく食べるために | バイキング | 食材・栽培について<br>（クッキングなど） |
|---|---|---|---|
| ●食事の前に保育者に手伝われ一緒に手洗いをする。<br>●食前食後は保育者と一緒にあいさつをする。 | ●よく遊び、よく眠り、おいしく食べる。<br>●保育者や友達と一緒に食事をする。 | ●簡単な料理をつくるのを見たり、取り分けてもらったりする雰囲気を楽しむ。 | ●園庭の植物を見たり触れたりする。<br>●絵本や紙芝居を通していろいろな食材に興味をもつ。 |
| ●自分でやりたい気持ちを大切にしながら一緒に手を洗い、清潔を保つ。<br>●保育者が見本となり、一緒に行いながら習慣を知らせる。 | ●一人一人の生活リズムを大切にする。<br>●座る位置をおおまかに決め、ゆったりと安定した雰囲気をつくる。 | ●栄養士や給食員と連携し、バイキングの機会をつくる。 | ●子どもの目につくところにプランターなどを用意し、気付きに耳を傾け、一緒に楽しむ。<br>●興味や関心が広がるように、子どもと一緒に楽しむ。 |
| ●食事の前に自分で手を洗う。<br>●正しい姿勢を知る。<br>●食前食後にあいさつをする。<br>●食器を片付ける。<br>●食後に口をゆすぐ。 | ●よく遊び、よく眠り、おいしく食べる。<br>●保育者や友達と一緒に食べる楽しさを味わう。 | ●おやつバイキングや給食バイキングなど、普段と違ったスタイルで食事を楽しむ。 | ●身近な植物に関心をもち、栽培する。<br>●トウモロコシやタマネギなどの皮むきを楽しむ。 |
| ●そばに付いて、洗い方を知らせる。<br>●椅子に座って足がつかない子には台を用意する。<br>●片付けの場所を分かりやすく設置し、保育者が一緒に行いながら習慣を身に付ける。 | ●一人一人の生活リズムを大切にする。<br>●落ち着いて食べられる雰囲気を心がける。 | ●落ち着いた雰囲気で食べられるようにする。<br>●2歳児クラスと一緒の雰囲気を楽しみながらも、1歳児用のテーブルを用意して安心して楽しめるようにする。 | ●絵本や紙芝居などを用い、栽培を通していろいろな食材に興味をもつようにする。<br>●給食に出る食材に触れることで、興味や関心をもてるようにする。 |

# 食育計画③

## 食育計画③ ここがポイント！

### 食べることは嬉しいこと！

まだ上手には食べられないかもしれませんが、食べるのはおいしくて嬉しくて、体が喜ぶこととしてとらえてほしいもの。「きちんと」より、笑顔を優先させましょう。スプーンは、初め上から握りますが、慣れたら下から握るように変え、スムーズに鉛筆持ちに移行できるようにしましょう。

### 園の目標
- 楽しく食事をする。
- 身近な野菜を育て、収穫する喜びを味わい親しみをもつ。

### 年間目標
- いろいろな食べ物を見たり、触れたり、食べたりすることで、食事に興味・関心をもつ。
- 収穫した野菜の名前を知り、触れることで、食材に親しみをもつ。
- 自分で意欲的に食べようとする。

|  | 1期（4・5月） | 2期（6〜8月） |
|---|---|---|
| ねらい | ●食事前後のあいさつを保育者と一緒にする。<br>●園の食事に慣れ、穏やかな雰囲気の中で食事をする。<br>●手づかみやスプーンを使って自分で食べようとしたり、介助されながら食べたりする。<br>●両手でコップを持ち、飲もうとする。<br>●椅子に座って食べる。 | ●食事前後のあいさつを言葉でする。<br>●苦手な物も促されて少しずつ食べてみようとし、様々な食材に慣れる。<br>●保育者の声かけにより、よくかみスプーンを使って食べようとする。<br>●食器に手を添えて食べることを知る。<br>●テラスで野菜を育てる。 |
| 保育者の援助 | ●食事の様子を保護者から聞いておき、一人一人に合わせて対応する。<br>●食べ物への興味をもち、自ら意欲的に食べようとする気持ちを受け止めて、楽しく食べられるよう声をかける。 | ●苦手な物も保育者の食べる姿を見て、食べてみようと思えるよう働きかける。<br>●梅雨時の衛生に配慮する。<br>●暑さから食欲が落ちることもあるので、量を加減して無理なく進める。<br>●野菜の生長に気付かせる。 |

●いろいろな食材について、興味・関心をもつ。

### 調理員との関わり

●食べている様子を見てもらったり、声をかけてもらったりし、調理員に親しみがもてるようにする。
●調理員に簡単な調理の仕方を直接見せてもらう。

| 3期（9〜12月） | 4期（1〜3月） |
| --- | --- |
| ●苦手な物も促されて少しずつ食べ、いろいろな食事に慣れる。<br>●スプーンを使い、握り持ちや鉛筆持ちで促され食べようとする。<br>●コップや汁椀を持ち、ほとんどこぼさないようにして飲む。 | ●苦手な物を促されて食べる。<br><br>●メニューによっては、汚さないで食べられるようになる。<br>●椅子に座り、正しい姿勢で食事をする。<br>●冬野菜を収穫し、食べる。 |
| ●正しい姿勢で食べられるよう、テーブルや椅子の高さを調整する。<br>●食器に手を添えて食べることを知らせる。 | ●食事が楽しめる会話をする。<br>●食事量を一人一人に合わせて調整し、最後まで食べられた満足感を味わえるようにする。 |

# 子育て支援の指導計画

## おさえたい 3 つのポイント

### 1 在園児も園外の子も幸せに

子どもが幸せであるためには、子育てをしている人が幸せでなければなりません。辛い思いをしているなら、相談できる場を用意しましょう。子育ての喜びを伝えたいものです。

## 子育て支援の指導計画 ①
### 在園向け

保護者の悩みを想定し、どのように対応したら保護者と子どもが幸せになるかを考え、支援の内容を具体的に書きます。

### 行事
期ごとに保護者に関わる行事をピックアップします。子どもの育ちを感じることができるよう配慮します。

| | 1期（4・5月） | 2期（6～8月） | 3期（9～12月） | 4期（1～3月） |
|---|---|---|---|---|
| 行事 | ●保護者会<br>●春の健康診断 | ●保育参観<br>●個人面談<br>●水遊び、沐浴開始 | ●運動会<br>●保育参観<br>●個人面談 | ●祝い会<br>●保護者会 |
| 保育者の支援 | ●連絡帳や送迎時の保護者との会話を通して、家庭での子どもの様子を知る。また、園での様子を伝え保護者が安心感をもって園に預けられるよう信頼関係を築いていく。<br>●日々の健康状態について、送迎時や口頭で連絡を密にして、体調の変化などについては即座に気付き、すばやい対応を心がける。<br>●子育てに関する不安や気になることを、解消できるように対応していく。<br>●育ちの記録（母子健康手帳）を通して、発達段階の共有・共通認識を図っていく。<br>●気候に合わせた衣服の大切さなどを細かく知らせていく。 | ●天候や気温の変化により、体調の変化を起こしやすいので、家庭や園での様子を丁寧に伝え合うようにする。<br>●あせもができやすい時期なので、清拭や沐浴を行うことを伝える。また、その準備物も分かりやすく説明をし、協力してもらえるようにしていく。<br>●保育参観や個人面談を通して、保護者からあがった質問や不安点については、すぐにこたえていく。 | ●家庭や園での成長の様子を伝え合い、なんでも話せる信頼関係を深めていく。<br>●子どもの興味・関心を伝え、成長した姿を喜び合う。<br>●気候の変化が激しく体調を崩しやすい時期なので、健康状態や園での様子など、丁寧に伝えていきながら連携をとっていく。<br>●運動会に一緒に参加していく中で、子どもと共に過ごす時間を楽しんでもらえるようにする。<br>●寒さが感じられるようになったら、着脱のしやすい、調節のきく衣類の用意をお願いする。<br>●自分でやろうとしている姿を伝えながら、扱いやすい好ましい服を伝えて用意してもらう。<br>●個人面談を実施し、園での様子を伝え成長を喜び合いながら、保護者の悩みや質問などに丁寧にこたえていく。 | ●感染症が流行しやすい時期のため、子どもの健康状態をこまめに連絡を取り合い把握し、体調の変化に気を付けていく。<br>●風邪予防法を伝える。冬に多い感染症についても伝えていく（インフルエンザ、ノロウイルス、ロタウイルスなど）。<br>●暖房の使用で汗ばむことがあるので、衣服で調節するなど工夫していく。戸外は園用の上着を用意してもらう。<br>●自分でできることを見守る大切さと共に、言葉でのコミュニケーションの大切さも伝えていく。<br>●園での様子を伝えながら、子どもの成長を喜び合い、成長に合わせた関わりを知らせていく。<br>●祝い会では、一年間の成長を見てもらい、子どもの成長を共に喜び合えるようにしていく。<br>●保護者会では、成長を喜ぶと共に、現在の悩みについて話し合ったりして思いを共有していく。<br>●進級に向けての質問には丁寧に対応し、不安を取り除いていく。 |

### 保育者の支援
保護者が安心して子育てができるように、情報を提供したり相談にのったりします。特にその時期に必要な支援について説明します。

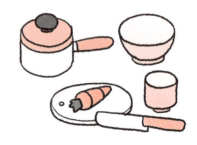

## ❷ 保護者それぞれへの支援

ひとり親、外国籍家庭、育児不安、親の障害など、保護者が様々な困難を抱えている場合があります。状況を理解し、個別の支援を計画的に行いましょう。秘密は厳守することも伝えます。

## ❸ 地域との連携を大切に

子育て広場を設けたり、公民館を利用できるようにすることは、社会とつながるチャンスがなかった人々の世界を広げることになります。新しい出会いやネットワークがつくられるように働きかけましょう。

### 子育て支援の指導計画❷ 地域向け

初めて訪れた親子にとっても居場所となるような空間と、役に立つ情報を提供できるように、活動や援助の方針を記します。

**年間目標**：一年を通して、訪れた親子に対して、どのような支援をしていくのかを具体的に書きます。

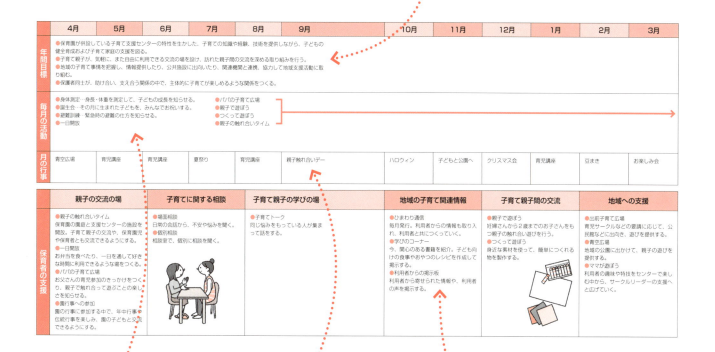

| | 4月 | 5月 | 6月 | 7月 | 8月 | 9月 | 10月 | 11月 | 12月 | 1月 | 2月 | 3月 |
|---|---|---|---|---|---|---|---|---|---|---|---|---|
| 年間目標 | ●保育園が併設している子育て支援センターの特性を生かした、子育ての知識や経験、技術を提供しながら、子どもの健全育成および子育て家庭の支援を図る。<br>●子育て親子が、気軽に、また自由に利用できる交流の場を設け、訪れた親子間の交流を深める取り組みを行う。<br>●地域の子育て事情を把握し、情報提供したり、公共施設に出向いたり、関連機関と連携、協力して地域支援活動に取り組む。<br>●保護者同士が、助け合い、支え合う関係の中で、主体的に子育てが楽しめるような関係をつくる。 ||||||||||||
| 毎月の活動 | ●身体測定…身長・体重を測定して、子どもの成長を知らせる。<br>●誕生会…その月に生まれた子どもを、みんなでお祝いする。<br>●避難訓練…緊急時の避難の仕方を知らせる。<br>●一日開放 |||||| ●パパの子育て広場<br>●親子で遊ぼう<br>●つくって遊ぼう<br>●親子の触れ合いタイム ||||||
| 月の行事 | 青空広場 | 育児講座 | 育児講座 | 夏祭り | 育児講座 | 親子触れ合いデー | ハロウィン | 子どもと公園へ | クリスマス会 | 育児講座 | 豆まき | お楽しみ会 |
| 保育者の支援 | **親子の交流の場**<br>●親子の触れ合いタイム<br>保育園の園庭や支援センターの施設を開放。子育て親子の交流や、保育園児や保育者とも交流できるようにする。<br>●一日開放<br>お弁当を食べたり、一日を通して好きな時間に利用できるような場をつくる。<br>●パパの子育て広場<br>お父さんの育児参加のきっかけをつくり、親子で触れ合って遊ぶことの楽しさを知らせる。<br>●園行事への参加<br>園の行事に参加する中で、年中行事や伝統行事を楽しみ、園の子どもと交流できるようにする。 || **子育てに関する相談**<br>●場面相談<br>日常の会話から、不安や悩みを聞く。<br>●個別相談<br>相談室で、個別に相談を聞く。 || **子育て親子の学びの場**<br>●子育てトーク<br>同じ悩みをもっている人が集まって話をする。 || **地域の子育て関連情報**<br>●ひまわり通信<br>毎月発行。利用者からの情報も取り入れ、利用者と共につくっていく。<br>●学びのコーナー<br>今、関心のある書籍を紹介。子ども向けの食事やおやつのレシピを作成して掲示する。<br>●利用者からの掲示板<br>利用者から寄せられた情報や、利用者の声を掲示する。 || **子育て親子間の交流**<br>●親子で遊ぼう<br>妊婦さんから2歳までのお子さんをもつ親子の触れ合い遊びを行う。<br>●つくって遊ぼう<br>身近な素材を使って、簡単につくれる物を製作する。 || **地域への支援**<br>●出前子育て広場<br>育児サークルなどの要請に応じて、公民館などに出向き、遊びを提供する。<br>●青空広場<br>地域の公園に出かけて、親子の遊びを提供する。<br>●ママが遊ぼう<br>利用者の趣味や特技をセンターで楽しむ中から、サークルリーダーの支援へと広げていく。 ||

**毎月の活動**：一年間に、どのような活動を催し、どのような遊びの場を提供するのかを書いておきます。

**月の行事**：毎月する活動の他に、その月ならではの行事を記入します。月によって偏りがないように調整します。

**保育者の支援**：子育て支援の活動内容を、この欄で紹介しています。「遊びの場」「相談の場」など多角的な場を設定します。

# 子育て支援の指導計画 ❶ 在園向け

**子育て支援の指導計画❶ ここがポイント！**

ニーズ対応 → P204-P205 子育て支援 I

## 保護者が何に困るかを察知する

保護者が、何にとまどい、何に困難を感じやすいのかを考えます。時期によって悩みも違うので、予測しながら早めに声をかけましょう。言われるのを待つのではなく、こちらからを心がけます。

| | 1期（4・5月） | 2期（6〜8月） |
|---|---|---|
| 行事 | ●保護者会<br>●春の健康診断 | ●保育参観<br>●個人面談<br>●水遊び、沐浴開始 |
| 保育者の支援 | ●連絡帳や送迎時の保護者との会話を通して、家庭での子どもの様子を知る。また、園での様子を伝え保護者が安心感をもって園に預けられるよう信頼関係を築いていく。<br>●日々の健康状態について、送迎時や口頭で連絡を密にして、体調の変化などについては即座に気付き、すばやい対応を心がける。<br>●子育てに関する不安や気になることを、解消できるように対応していく。<br>●育ちの記録（母子健康手帳）を通して、発達段階の共有・共通認識を図っていく。<br>●気候に合わせた衣服の大切さなどを細かく知らせていく。 | ●天候や気温の変化により、体調の変化を起こしやすいので、家庭や園での様子を丁寧に伝え合うようにする。<br>●あせもができやすい時期なので、清拭や沐浴を行うことを伝える。また、その準備物も分かりやすく説明をし、協力してもらえるようにしていく。<br>●保育参観や個人面談を通して、保護者からあがった質問や不安点については、すぐにこたえていく。 |

## ♣ 年間目標

- 子どもが健康に過ごせるように明るい気持ちで育てる。

| 3期（9～12月） | 4期（1～3月） |
|---|---|
| ●運動会<br>●保育参観<br>●個人面談 | ●祝い会<br>●保護者会 |
| ●家庭や園での成長の様子を伝え合い、なんでも話せる信頼関係を深めていく。<br>●子どもの興味・関心を伝え、成長した姿を喜び合う。 | ●感染症が流行しやすい時期のため、子どもの健康状態をこまめに連絡を取り合い把握し、体調の変化に気を付けていく。 |
| ●気温の変化が激しく体調を崩しやすい時期なので、健康状態や園での様子など、丁寧に伝えていきながら連携をとっていく。 | ●風邪予防法を伝える。冬に多い感染症についても伝えていく（インフルエンザ、ノロウイルス、ロタウイルスなど）。 |
| ●運動会に一緒に参加していく中で、子どもと共に過ごす時間を楽しんでもらえるようにする。<br>●寒さが感じられるようになったら、着脱のしやすい、調節のきく衣類の用意をお願いする。<br>●自分でやろうとしている姿を伝えながら、扱いやすい好ましい服を伝えて用意してもらう。<br>●個人面談を実施し、園での様子を伝え成長を喜び合いながら、保護者の悩みや質問などに丁寧にこたえていく。 | ●暖房の使用で汗ばむことがあるので、衣服で調節するなど工夫していく。戸外は園用の上着を用意してもらう。<br>●自分でできることを見守る大切さと共に、言葉でのコミュニケーションの大切さも伝えていく。<br>●園での様子を伝えながら、子どもの成長を喜び合い、成長に合わせた関わりを知らせていく。<br>●祝い会では、一年間の成長を見てもらい、子どもの成長を共に喜び合えるようにしていく。<br>●保護者会では、成長を喜ぶと共に、現在の悩みについて話し合ったりして思いを共有していく。<br>●進級に向けての質問には丁寧に対応し、不安を取り除いていく。 |

# 子育て支援の指導計画❷ 地域向け

**子育て支援の指導計画❷ ここがポイント！**

ニーズ対応 → P206-P207 子育て支援2

### 気軽に参加してもらえるように

「開設時間中はいつでも自由に来てください」という気持ちを示しつつ、人と人をつないでいきます。楽しい活動を提示し、参加してよかったという思いをもてるようにしましょう。

| | 4月 | 5月 | 6月 | 7月 | 8月 | 9月 |
|---|---|---|---|---|---|---|
| 年間目標 | ●保育園が併設している子育て支援センターの特性を生かした、子育ての知識や経験、技術を提供しながら、子どもの健全育成および子育て家庭の支援を図る。<br>●子育て親子が、気軽に、また自由に利用できる交流の場を設け、訪れた親子間の交流を深める取り組みを行う。<br>●地域の子育て事情を把握し、情報提供したり、公共施設に出向いたり、関連機関と連携、協力して地域支援活動に取り組む。<br>●保護者同士が、助け合い、支え合う関係の中で、主体的に子育てが楽しめるような関係をつくる。 ||||||
| 毎月の活動 | ●身体測定…身長・体重を測定して、子どもの成長を知らせる。<br>●誕生会…その月に生まれた子どもを、みんなでお祝いする。<br>●避難訓練…緊急時の避難の仕方を知らせる。<br>●一日開放 ||| ●パパの子育て広場<br>●親子で遊ぼう<br>●つくって遊ぼう<br>●親子の触れ合いタイム |||
| 月の行事 | 青空広場 | 育児講座 | 育児講座 | 夏祭り | 育児講座 | 親子触れ合いデー |

| | 親子の交流の場 | 子育てに関する相談 | 子育て親子の学びの場 |
|---|---|---|---|
| 保育者の支援 | ●親子の触れ合いタイム<br>保育園の園庭と支援センターの施設を開放。子育て親子の交流や、保育園児や保育者とも交流できるようにする。<br>●一日開放<br>お弁当を食べたり、一日を通して好きな時間に利用できるような場をつくる。<br>●パパの子育て広場<br>お父さんの育児参加のきっかけをつくり、親子で触れ合って遊ぶことの楽しさを知らせる。<br>●園行事への参加<br>園の行事に参加する中で、年中行事や伝統行事を楽しみ、園の子どもと交流できるようにする。 | ●場面相談<br>日常の会話から、不安や悩みを聞く。<br>●個別相談<br>相談室で、個別に相談を聞く。 | ●子育てトーク<br>同じ悩みをもっている人が集まって話をする。 |

| 10月 | 11月 | 12月 | 1月 | 2月 | 3月 |
|---|---|---|---|---|---|
| | | | | | |
| ハロウィン | 子どもと公園へ | クリスマス会 | 育児講座 | 豆まき | お楽しみ会 |

| 地域の子育て関連情報 | 子育て親子間の交流 | 地域への支援 |
|---|---|---|
| ●ひまわり通信<br>毎月発行。利用者からの情報も取り入れ、利用者と共につくっていく。<br>●学びのコーナー<br>今、関心のある書籍を紹介。子ども向けの食事やおやつのレシピを作成して掲示する。<br>●利用者からの掲示板<br>利用者から寄せられた情報や、利用者の声を掲示する。 | ●親子で遊ぼう<br>妊婦さんから2歳までのお子さんをもつ親子の触れ合い遊びを行う。<br>●つくって遊ぼう<br>身近な素材を使って、簡単につくれる物を製作する。 | ●出前子育て広場<br>育児サークルなどの要請に応じて、公民館などに出向き、遊びを提供する。<br>●青空広場<br>地域の公園に出かけて、親子の遊びを提供する。<br>●ママが遊ぼう<br>利用者の趣味や特技をセンターで楽しむ中から、サークルリーダーの支援へと広げていく。 |

ニーズ対応　子育て支援

## 子育て支援の指導計画 事例レポート

# 保護者を孤立させない多方面からの援助を

ここでは園に併設という特性を生かして、子育て親子を支援している園の事例をご紹介します。

### 子どもだけでなく保護者も安心できる場を提供する

「子ども・子育て支援新制度」も始まり、各園では様々な形での子育て支援をしていくことになります。この園では、五つの活動を軸にして、子育て親子に寄り添う取り組みを長年にわたって行っています。

園に併設という特性を生かして、「いつ遊びにきてもいいですよ」という開放的な雰囲気を大切にして、月曜〜土曜まで常時開けるようにしています。子育て支援に重要なことは、保護者同士をつないでいくこと。「あそこに行くと、あの人がいそうだから行ってみようかな……」「ちょっとおしゃべりに行こうかな」と思ってもらうことが、一番だと考えています。

### 押し付けでなく相手が来るのを待つこと

保護者支援の一つの柱に「相談」があります。特に第一子の場合、睡眠や食事、発育など心配の種は尽きないもの。核家族化が進み、多くの保護者が一人で抱え込んでしまうケースがほとんどです。専門家に聞きたいこと、先輩の保護者にちょっと確認したいことなど、相談の大小は様々です。そんなときにここに来てもらえば、子どもが遊んでいる間に相談できる強みがあります。園長は、「相談してくれるようになるまで待つことも大切です」と言います。相談されるようになったら、もう信頼関係は築かれはじめています。後はどんな内容でも「相手の気持ちに寄り添う」姿勢で、相談に応じるだけなのです。

## 相談・指導

- 育児不安についての相談・指導
- 身体測定などの健康相談
- 保健師・歯科衛生士による育児講座

## 子育て親子の交流の場を提供・促進

- 親子で遊びなどを体験する、催し物の開催
- 父親の育児参加を促す、催し物の開催
- 子育て親子間の交流を促進する、企画の実施

## 情報の提供

- 広報紙の発行
- 地域の実情に応じた情報提供
（地域の遊び場情報、地域のサークル・育児講座情報、幼稚園・保育園情報など）

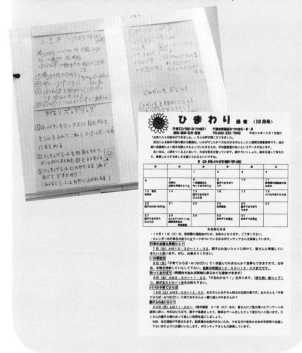

## 地域支援活動

- 公共施設に出向いての地域支援活動
- 子育てサークルへの技術指導・支援
- 子育てサークルへの保育室の開放や貸し出し

## 講習などの実施

- 地域での子育てサークルに対する講習会
- 育児講座（絵本の読み聞かせ、子どもの発達と心理など）

ニーズ対応　子育て支援

## こんなときどうする？ ニーズ対応 Q & A

### 防災・安全

**Q** いつ避難訓練するのかは決めていますが、それだけでは不十分でしょうか？

**A** 振り返りから次の実践へ

　避難訓練は、実施して終わりではありません。実際に行ってみて子どもの動きや様子はどうだったのか？　保育者の対応は適切だったのか？　常に振り返り次の計画に進む必要があります。PDCAを意識しましょう。

### 食育

**Q** 食物アレルギーの子どもには、個別の計画を立てなくてはならないのでしょうか？

**A** 個人案に書き込むのが基本

　園で提供できるのは除去食のみです。食べてよい物・いけない物・配慮する点などは、入園時にしっかり書いておきます。成長に伴って対応を変える際も、明記します。その子の食育計画が別にあった方がやりやすい場合は、新たに作成してもよいでしょう。

### 子育て支援

**Q** どうしても計画が、保護者中心になってしまいます。よいのでしょうか？

**A** 保護者も子どもも大切

　保護者中心になっていると感じるなら、子どもに対する配慮を進んで書きましょう。それは子どもにとってよいことか、これで子どもが幸せかという視点を常にもっている必要があります。保育者は、物言えぬ子どもの代弁者です。両者にとってよい支援ができるようにしましょう。

### 保健

**Q** 保健計画を立てるうえで、子どもの健康をどのような視点で見ていくことが必要でしょうか？

**A** 健康を維持するための方策も考えて

　いつも力いっぱい活動できるかを見ていきましょう。病気の有無だけなく、そこには予防の活動も入ります。清潔を保つことや生活習慣も大きな要素となるでしょう。大人が守るだけでなく、子ども自身が生活の中で心がけていく姿勢を育てていくことが重要です。

# CD-ROMの使い方

付属のCD-ROMには、本誌で紹介している文例が、Word形式とテキスト形式のデータとして収録されています。CD-ROMをお使いになる前に、まず下記の動作環境や注意点をご確認ください。

## ●CD-ROM内のデータについて

CD-ROMを開くと章別にフォルダ分けされており、章フォルダを開いていくと、掲載ページ別のフォルダがあります。このフォルダの中に、そのページで紹介している文例のデータが入っています。

## ●CD-ROMに収録されているデータの見方

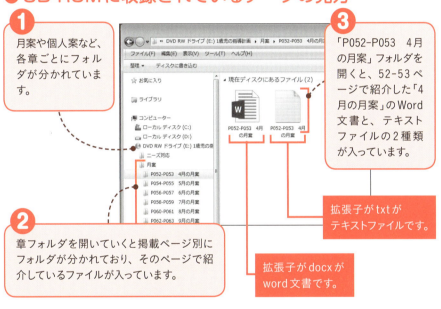

**①** 月案や個人案など、各章ごとにフォルダが分かれています。

**②** 章フォルダを開いていくと掲載ページ別にフォルダが分かれており、そのページで紹介しているファイルが入っています。

**③** 「P052-P053　4月の月案」フォルダを開くと、52-53ページで紹介した「4月の月案」のWord文書と、テキストファイルの2種類が入っています。

拡張子がdocxがword文書です。

拡張子がtxtがテキストファイルです。

### Wordの内容を自分の園に合った指導計画に作り変えよう

●Wordの文章をコピーして、園の表に貼って使う

（※「Microsoft Word」をお持ちでない方は、同梱されているテキストファイルを使えば、同様に文章だけコピーして自分の園の表に貼り付けることができます。）
→ **P.212**

●CD-ROMのWordファイルをそのまま使って、園の表をつくる → **P.214**

## CD-ROMをお使いになる前に

■動作環境
対応OS　：Microsoft Windows 7／10
ドライブ　：CD-ROMドライブ
アプリケーション：Microsoft Word 2010／2013／2016
（「Microsoft Word」をお持ちでない方は、同梱のテキストファイルを使えば、文章を自由にコピーして利用できます。）

■使用上の注意
●付属CD-ROMに収録されたコンテンツは、WindowsおよびWordの使い方を理解されている方を対象に制作されております。パソコンの基本操作については、それぞれの解説書をお読みください。
●本誌では、Windows 10上でMicrosoft Office 2016を使った操作手順を紹介しています。お使いのパソコンの動作環境によって、操作方法や画面表示が異なる場合があります。

●お使いのパソコンの環境によっては、レイアウトなどが崩れて表示される場合がありますので、ご了承ください。
●作成した書類を印刷するには、お使いのパソコンに対応したプリンタが必要です。

■付属CD-ROMに関する使用許諾
●本誌掲載の文例、および付属CD-ROMに収録されたデータは、営利目的ではご利用できません。ご購入された個人または法人・団体が私的な目的（指導計画などの園内の書類）で使用する場合のみ、ご利用できます。
●付属CD-ROMのデータを使用したことにより生じた損害、障害、その他いかなる事態にも、弊社は一切責任を負いません。

## はじめに　CD-ROMに入ったWordファイルを開く

### ① CD-ROMを挿入する

付属CD-ROMを、パソコンのCD-ROMドライブに挿入します。すると自動再生ダイアログが表示されるので、「フォルダーを開いてファイルを表示」をクリックします。

### ② 目的のフォルダを開く

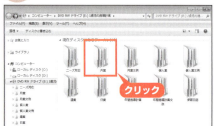

CD-ROMの内容が開き、各章の名前が付いたフォルダが一覧表示されます。ここでは「月案」フォルダをダブルクリックして開きます。次に「P052-P053 4月の月案」を開くと52-53ページで紹介した、「4月の月案」のWordファイルとテキストファイルがあります。

### ③ デスクトップにコピーする

「4月の月案」のWordファイルをクリックしたまま、ウィンドウの外にスライドし、デスクトップ上でマウスのボタンを離します。これでデスクトップ上にファイルがコピーされます。

### ④ Wordファイルを開く

デスクトップにコピーした、「P052-P053 4月の月案」のWordファイルをダブルクリックします。

Wordが起動して、このように「P52-P53 4月の月案」の文例が表示されます。

> **アドバイス**
> CD-ROMを挿入しても自動再生されないときは、スタートメニューをクリックし、「コンピューター」をクリックします。そしてCD-ROMドライブのアイコンをダブルクリックすると、CD-ROMの中身が表示されます。

## Wordの文章をコピーして、園の表に貼って使う

### ① Wordの文章をコピーする

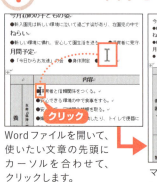

Wordファイルを開いて、使いたい文章の先頭にカーソルを合わせて、クリックします。

マウスの左ボタンをクリックしたまま、使いたい文章の終わりまでスライドします。文字列の色が変わり選択状態になります。

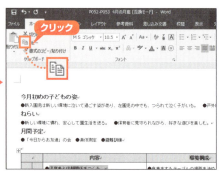

「ホーム」タブにある「コピー」ボタン（「貼り付け」ボタンの右隣、3つあるボタンの真ん中です）をクリックすれば、選択した文章がコピーされます。

## ② 自分の園の表を開く

文章をコピーしたら、続いて自分の園のファイルをダブルクリックして開きます。

文章を貼り付けたい表の位置にカーソルを合わせ、クリックして入力状態にします。

## ③ 園の表に貼り付ける

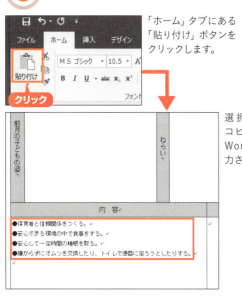

「ホーム」タブにある「貼り付け」ボタンをクリックします。

選択した箇所に、コピーしておいたWordの文章が入力されます。

## ④ 貼り付けた文章を一部書きかえる

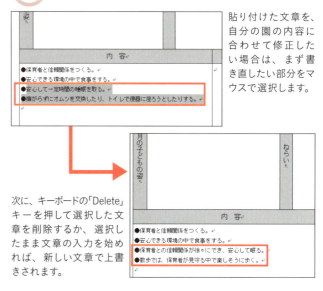

貼り付けた文章を、自分の園の内容に合わせて修正したい場合は、まず書き直したい部分をマウスで選択します。

次に、キーボードの「Delete」キーを押して選択した文章を削除するか、選択したまま文章の入力を始めれば、新しい文章で上書きされます。

## ⑤ 名前を付けて保存する

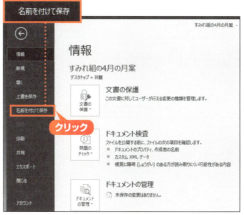

編集したWordファイルを保存するには、「ファイル」タブを開いて「名前を付けて保存」をクリックします。また「ファイルの種類」で「Word 97-2003文書」を選択しておくと、古いソフトでも開ける形式で保存できます。

---

　書体や文字の大きさをかえたいときは、次の手順で行います。

### ❶ マウスで文章を選択

変更したい文章をマウスで選択状態にします。

### ❷ 好きな書体を選ぶ

「ホーム」タブのフォント欄右にある「▼」をクリックすると、変更できるフォント一覧が表示されます。好きな書体が選べます。

### ❸ 文字のサイズを選ぶ

フォントサイズ欄の右にある「▼」をクリックすると、文字のサイズが選べます。

左クリックして確定すれば、サイズが変更されます。

213

# CD-ROMのWordファイルをそのまま使って、園の表をつくる

## ① タイトルや内容を書き直したい

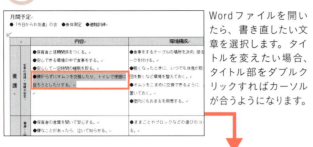

Wordファイルを開いたら、書き直したい文章を選択します。タイトルを変えたい場合、タイトル部をダブルクリックすればカーソルが合うようになります。

自分の園の内容に合わせて文章を書き直しましょう。キーボードの「Delete」キーを押して選択した文章を削除するか、選択したまま文章の入力を始めれば、新しい文章で上書きされます。

## ② 枠を広げたい・狭めたい

Word文書内の表の枠のサイズを変更したい場合は、広げたい枠の部分にカーソルを合わせましょう。カーソルのアイコンが左のように変わります。

このアイコンの状態で枠を上下左右にスライドして動かせます。

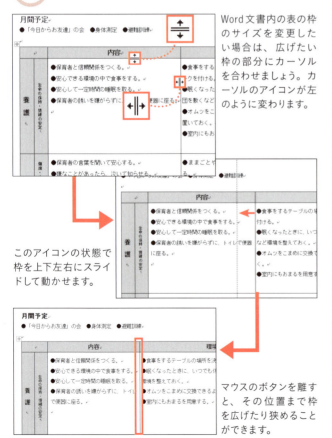

マウスのボタンを離すと、その位置まで枠を広げたり狭めることができます。

## ③ 枠を増やしたい

枠内をクリックすると「レイアウト」タブが表示されるようになるので、これをクリックします。

枠を増やすには、増やす箇所の枠を選択して「セルの分割」ボタンをクリックします。

「セルの分割」ダイアログが表示されるので、その枠を分割する❶列数/❷行数を指定して❸「OK」をクリックします。

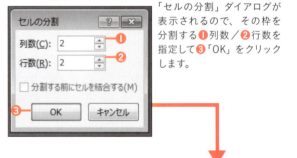

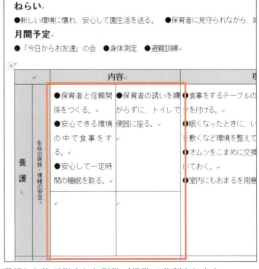

選択した枠が指定した列数/行数で分割されます。

## ④ 枠を減らしたい

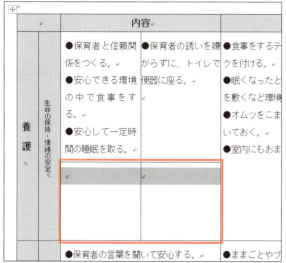

枠を結合して減らしたいときは、結合したいつながった複数の枠を、マウスで選択状態にします。

▼

複数の枠を選択すると「セルの結合」ボタンが有効になるので、これをクリックします。

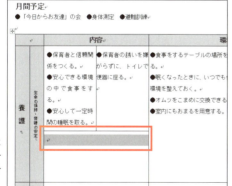

すると、選択した複数の枠が、一つの枠として結合されます。

### アドバイス

**選択した枠だけを移動したい**ときは、一緒に移動したくない枠を、次の⑤の手順で一度分割します。上下左右でつながった枠線は一緒に移動しますが、繋がっていなければ単独で動かせます。

### アドバイス

**間違えて違う文章を消してしまったとき**は、左上の「元に戻す」ボタンをクリックすれば一つ前の操作に戻せます。レイアウトが崩れてしまったときも同様です。

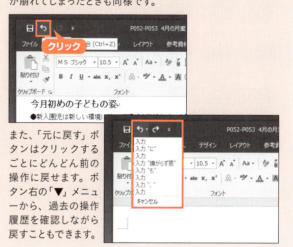

また、「元に戻す」ボタンはクリックするごとにどんどん前の操作に戻せます。ボタン右の「▼」メニューから、過去の操作履歴を確認しながら戻すこともできます。

## ⑤ 表を分割したい

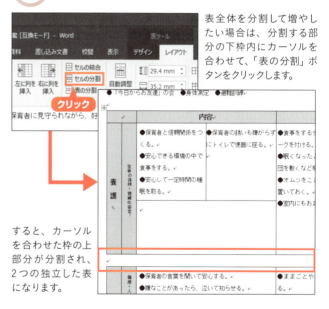

表全体を分割して増やしたい場合は、分割する部分の下枠内にカーソルを合わせて、「表の分割」ボタンをクリックします。

すると、カーソルを合わせた枠の上部分が分割され、2つの独立した表になります。

## ⑥ 名前を付けて保存する

213ページの説明と同様に、「ファイル」タブの「名前を付けて保存」をクリックして保存しましょう。「Word 97-2003文書」を選択すると、古いソフトでも開ける形式で保存できます。

● 編著者

**横山洋子**（よこやま ようこ）

千葉経済大学短期大学部こども学科教授。
富山大学大学院教育学研究科学校教育専攻修了。
国立大学附属幼稚園、公立小学校勤務ののち現職。
著書は『保育の悩みを解決！ 子どもの心にとどく指導法ハンドブック』、『子どもの育ちを伝える 幼稚園幼児指導要録の書き方＆文例集』（ナツメ社）、『根拠がわかる！ 私の保育総点検』（中央法規出版株式会社）、『U-CANの思いが伝わる＆気持ちがわかる！ 保護者対応のコツ』（株式会社ユーキャン）など多数。

カバーイラスト／佐藤香苗
本文イラスト／石崎伸子
カバーデザイン／株式会社フレーズ
本文・レーベルデザイン／島村千代子
本文DTP・データ作成／株式会社明昌堂
CD-ROM作成／株式会社ライラック
編集協力／株式会社スリーシーズン、植松まり、
　　　　　株式会社鷗来堂
編集担当／遠藤やよい（ナツメ出版企画株式会社）

● 執筆・協力

＊年間指導計画／月案／個人案／保育日誌／食育計画

千葉県浦安市立高洲保育園

＊防災・安全計画

東京都世田谷区立豪徳寺保育園　園長　柄木田えみ

＊防災・安全計画／保健計画／食育計画／子育て支援の指導計画

東京都世田谷区立上北沢保育園　園長　大里貴代美／
杉本裕子／苅部 愛

＊子育て支援の指導計画

千葉県千葉市　みつわ台保育園　前園長　御園愛子

＊協力

千葉県浦安市立猫実保育園　園長　三代川紀子
東京都世田谷区 子ども・若者部 保育課

本書に関するお問い合わせは、書名・発行日・該当ページを明記の上、下記のいずれかの方法にてお送りください。電話でのお問い合わせはお受けしておりません。
・ナツメ社webサイトの問い合わせフォーム
　https://www.natsume.co.jp/contact
・FAX(03-3291-1305)
・郵送（下記、ナツメ出版企画株式会社宛て）
なお、回答までに日にちをいただく場合があります。正誤のお問い合わせ以外の書籍内容に関する解説・個別の相談は行っておりません。あらかじめご了承ください。

---

**CD-ROM付き　記入に役立つ！ 1歳児の指導計画**

---

2013年3月8日　初版発行
2018年3月8日　第2版発行
2025年7月1日　第2版第18刷発行

編著者　横山洋子　　　　　　　　©Yokoyama Yoko, 2013, 2018
発行者　田村正隆

発行所　株式会社ナツメ社
　　　　東京都千代田区神田神保町1-52　ナツメ社ビル1F（〒101-0051）
　　　　電話　03-3291-1257（代表）　FAX　03-3291-5761
　　　　振替　00130-1-58661
制　作　ナツメ出版企画株式会社
　　　　東京都千代田区神田神保町1-52　ナツメ社ビル3F（〒101-0051）
　　　　電話　03-3295-3921（代表）
印刷所　TOPPANクロレ株式会社

---

ISBN978-4-8163-6370-2　　　　　　　　　Printed in Japan

＜価格はカバーに表示してあります＞
＜乱丁・落丁本はお取り替えします＞
本書の一部または全部を著作権法で定められている範囲を超え、ナツメ出版企画株式会社に無断で複写、複製、転載、データファイル化することを禁じます。